山东省社会科学规划研究项目"莫言《红高粱》跨媒介传播研究"（16CZWJ09）

莫言

《红高粱》

跨媒介传播研究

宫爱玲

著

中国社会科学出版社

图书在版编目（CIP）数据

莫言《红高粱》跨媒介传播研究／宫爱玲著.
北京：中国社会科学出版社，2024.10. -- ISBN 978-7
-5227-4006-5

Ⅰ. I207.411；G206

中国国家版本馆 CIP 数据核字第 2024D93J62 号

出 版 人	赵剑英
责任编辑	刘志兵
责任校对	夏慧萍
责任印制	李寡寡

出　　版	中国社会科学出版社
社　　址	北京鼓楼西大街甲 158 号
邮　　编	100720
网　　址	http://www.csspw.cn
发 行 部	010-84083685
门 市 部	010-84029450
经　　销	新华书店及其他书店

印　　刷	北京明恒达印务有限公司
装　　订	廊坊市广阳区广增装订厂
版　　次	2024 年 10 月第 1 版
印　　次	2024 年 10 月第 1 次印刷

开　　本	710×1000　1/16
印　　张	16.25
插　　页	2
字　　数	241 千字
定　　价	89.00 元

目　录

导　论

一　问题的产生与现象的思考：中国现当代小说跨媒介传播现象

　　和中国古代小说的跨媒介传播比较起来，中国现当代小说，尤其是当代小说的跨媒介传播现象很突出。古代小说，特别是四大名著被广泛改编为同名影视剧、动画艺术以及戏剧作品，其他作品的跨媒介传播则相对较少。综观中国现当代文学，有很多文学名著被改编为影视或其他艺术形式，譬如现代文学史上的《祝福》《子夜》《家》《雷雨》等，再如十七年文学中的以《红岩》《红日》《红旗谱》《青春之歌》等为代表的经典小说几乎无一例外地被改编成影视剧作品。以《红岩》为例，小说《红岩》自面世以来，已被改编成电影、电视剧、歌剧、舞剧、小人书等艺术形式，产生了极为广泛而深远的影响。

　　再看新时期文学作品，其影视改编现象更为突出。譬如陈忠实的小说《白鹿原》被改编成话剧、电影、电视剧、广播剧等多种艺术形式。余华的小说《活着》也先后被改编为话剧、电影、电视剧，小说《许三观卖血记》被改编为同名韩国电影。王朔的小说早在 20 世纪八九十年代就被广泛改编，并取得了很大的社会轰动效应。刘震云的小说改编频率也很高，如近年来的《手机》《我不是潘金莲》《一句顶一万句》都被改编成电影作品，都取得了较大的影响。冯唐也有多部小说被改编，其中《万物生长》较有代表性。小说作为文学母本，源源不断地为中国电影提供绝佳故事和题材。以张艺谋为例，他的绝大多数电影作品都改编自新时期小说，如《大红灯笼高高挂》改编自苏童小说《妻妾成群》，《活着》改编自余华小说《活着》，《秋菊打官司》改编自陈源斌小说《万家诉讼》。他曾说过，文学是电影的拐棍，"我们研究中国当代电影，首先要研究中国当代文学。因为中国电影永远没离开文学这根拐杖。……就我个人而言，我离不开小说"①。至于当下占据中国大片文学江山的网络文学，其影视改编更是如火如荼，从《第一次的亲密接触》到《滚蛋吧，肿瘤君》，再到《盗墓笔记》《后宫·甄嬛传》《芈月传》《三生三世十里桃花》，文学成为影视艺术改编最亲密的"战友"。

在此背景之下，我们来看莫言小说《红高粱》，会发现该作品的传播经历了和其他现当代文学作品相似的传播轨迹，即从小说到影视、戏剧、话剧、歌剧、舞剧等多种艺术形式。莫言作为首位中国籍诺贝尔文学奖获得者，他的文学成就和社会影响使得《红高粱》取得了更为广泛的传播。迄今为止，莫言《红高粱》已被改编为相关艺术作品29件，涵盖戏剧、国画、连环画、小人书、面塑、剪纸、书法、舞蹈、影视等艺术形式（详见书末附表）。

二　本书选题和研究意义

莫言长篇小说《生死疲劳》和中篇小说《红高粱》入选中国改革开放四十周年最有影响力小说。综合来看，《红高粱》是莫言影响力最大的小说。就其传播的范围、领域、样式、影响来看，小说《红高粱》可算作莫言的代表作。在此背景下，讨论和研究小说《红高粱》具有典型意义和重要价值，如莫言小说的写作特色和艺术价值研究、

---

① 李尔葳：《当红巨星——巩俐、张艺谋》，北京十月文艺出版社 1994 年版，第 121—122 页。

莫言小说传播与接受史研究、当代小说海外传播与接受研究、当代小说跨媒介传播研究、中国文学创作规律研究、莫言与中国创意写作研究等。该选题涉及莫言研究、中国当代文学研究、文学传播研究、文学影视改编研究、创意写作研究等诸多研究领域。以上几点，构成了本论题的重要研究起点。

上文提到莫言《红高粱》存在极为明显的跨媒介传播现象，然而这一现象并未得到研究者的高度关注。作为首位中国籍诺贝尔文学奖获奖者的代表作品，《红高粱》既是莫言的代表作，也是中国当代文学史上的重要代表作，它对当代文学的教学与研究都有重要的意义。一部《红高粱》关涉诸多地域性、民族性与世界性的文学命题，关涉到极为丰富的中国文学与文化命题。综合研究《红高粱》将尝试探讨与之相关的当代文学、中国文学乃至中华文化的诸多相关命题，如由小说《红高粱》思考当代文学的叙事变革和跨媒介传播、由莫言文学道路探讨中国文学未来变革之路、由莫言的海外传播探究中华文化海外传播与交流、由中国文学思索文化自信等。在此背景下，综合研究《红高粱》更凸显其重要性和必要性。本书除在理论层面探究《红高粱》关涉的文学与文化命题外，还具有较强现实意义。

首先，作为首位中国籍诺贝尔文学奖获得者，莫言是从山东高密走出去的世界级作家。莫言获奖引发全世界对中国、对山东、对高密的瞩目，在此背景下，深入研究莫言、探究莫言文学成就，对发展山东文学、中国文学，建设山东文化强省、建设中国文化强国，都有重要的意义。另外，本研究成果将为莫言家乡高密的文化、旅游、经济建设提供智力支持。

其次，通过对《红高粱》的综合学术研究，为中国当代文学的学习者、研究者提供学术性较强的专题《红高粱》研究资料和成果参考。综观当代小说的跨媒介传播研究，已有小说《红嫂》《白鹿原》的专题性研究，却没有小说《红高粱》的专题性研究。譬如关于小说《红嫂》的跨媒介传播研究，以孙士生的博士学位论文《小说〈红嫂〉及其跨媒介传播研究》（苏州大学，2012）最具代表性，该论文以红色革命经典小说《红嫂》为例，研究小说《红嫂》的文化内蕴、京剧改编及演变、芭蕾舞剧和样板戏、相关沂蒙影视作品的改编，并深入探究了"红嫂"的传播价值。关于小说《白鹿原》的跨媒介传播研究，研究者多从跨媒介传播视角，或研究《白鹿原》中的关中文化（高盛楠，2014），或从《白鹿原》的电影热播看消费时代文学传播媒介（李战权，2014），另有研究者比较《白鹿原》的广播、话剧和电影版本（王斐斐，2014）。

三 本书研究思路及研究方法

（一）研究思路

本书拟对莫言《红高粱》的跨媒介传播进行全面梳理和研究，首先对小说《红高粱》跨媒介传播的全部版本分类进行研究，借助文学、影视、戏曲、舞蹈等多重研究视角，深入分析，继而对所有媒介版本进行综合研究，总结莫言《红高粱》跨媒介传播的规律。与之相关联，本书也将借助文化传播学、文化产业学、文化符号学等理论视角，探究由莫言《红高粱》生发而来的红高粱文化产业开发，思考高密这座因莫言获诺贝尔文学奖而改变命运的城市其文化建设与产业开发的策略。

本书计划对与莫言《红高粱》相关的文学、艺术、传播等文化现象进行全面系统的理论研究。对相关艺术作品的思想内容和艺术成就做基础性理论研究（包含个体研究和比较研究），探讨其国内和海外传播与接受情况，思考《红高粱》在中国当代文学史教学中的新思路，探究中国文学（尤其是当代文学）和中华文化海外传播与交流方式与途径，兼及与《红高粱》密切相关的高密红高粱文化研究，并最终将本研究部分成果应用于高密莫言旧居建设、莫言名人文化产业开发等。

（二）研究方法

文献研究法：自小说《红高粱》诞生以来，关于其小说文本和影视剧改编等的研究成果非常多，本书将首先立足现有研究成果，全面梳理、掌握《红高粱》研究资料。

比较研究法：首先，鉴于莫言《红高粱》被改编成多种艺术形式，实现多媒介、跨媒介传播，因此，本书将采取比较研究法，分析《红高粱》在文学、影视、戏剧、舞蹈等不同领域的传播与接受。其次，将《红高粱》的国内传播与接受和海外传播与接受进行比较研究。

综合研究法：本书将在研究内容和视角上采取综合研究方式，研究内容包括《红高粱》跨媒介传播与接受，《红高粱》文化现象和文化产业，《红高粱》海内外传播与接受等。研究视角包括文学研究视角、影视艺术研究视角、戏曲艺术研究视角、文化产业研究视角等。

实地考察法：首先，笔者多次奔赴莫言家乡高密进行实地考察，探究莫言的成长环境对其文学创作尤其是《红高粱》的影响，参观莫言旧居、莫言文学馆、单家大院、红高粱影视城等，现场参与红高粱文化节等活动，与潍坊市和高密市相关部门和人员取得联系，进行交流，获取研究资料，开展合作研究，以推动研究的深入开展。其次，计划与海外汉学家和海外高校中文系师生取得联系并交流，以期获得《红高粱》海外传播的资料。

访谈法：在研究《红高粱》跨媒介传播与接受部分，将采用访谈法，采访茂腔《红高粱》、舞剧《红高粱》等编导主创人员，了解其创作和国内外演出交流情况，获取第一手资料。

理论与实践结合：笔者已与莫言文学馆负责人达成初步协议，双方将深入开展合作。在此背景下，本书既可从莫言家乡文化产业项目中汲取灵感，也将为相关项目建设提供理论参考，实现理论与实践的结合。

四　本书研究内容及创新之处

（一）研究内容

莫言《红高粱》跨媒介传播，指莫言"红高粱"系列作品在影视、戏剧、绘画等多种媒介中的传播。本书所论对象主要是中篇小说《红高粱》，也涉及"红高粱家族"中的其他四部小说，即《高粱酒》《狗道》《高粱殡》《奇死》，故以"莫言《红高粱》"统称。莫言《红高粱》在传播过程中，其所承载的故事文本、文化意义和媒介形式、艺术载体发生变化，并引发红高粱文化现象。研究内容主要包括：

荧屏"红高粱"：影视《红高粱》的改编与传播研究。影视《红高粱》是莫言《红高粱》跨媒介传播的重要内容。电影《红高粱》对莫言《红高粱》的传播乃至莫言获得诺贝尔文学奖，具有重要意义。电视剧《红高粱》则是小说《红高粱》获诺贝尔文学奖后影响较大的大众化艺术形式，同为荧屏艺术的影视《红高粱》在影视台本、影像呈现上各具特色和价值。

舞台"红高粱"：戏剧《红高粱》的改编与传播研究。由小说《红高粱》改编而成的四大戏剧（茂腔《红高粱》、晋剧《红高粱》、豫剧《红高粱》、评剧《红高粱》）在文体叙事、美学意蕴、地域文化、方言使用、人物形象、艺术形式上各具魅力，是莫言《红高粱》跨媒介传播的重要现象和组成部分。

舞蹈"红高粱"：舞剧《红高粱》的改编与传播研究。研究舞剧《红高粱》作为文化产业开发的成功案例，包含其台本文本、舞台艺术、舞剧改编、国内外演出和交流情况等。舞剧《红高粱》曾获舞蹈界大奖，成为莫言《红高粱》跨媒介传播的重要作品。

美术"红高粱"：美术《红高粱》的改编与传播研究。莫言《红高粱》被改编成 17 种美术作品，如国画、年画、剪纸、小人书、油画、连环画、面塑等，美术《红高粱》是莫言《红高粱》跨媒介传播的显著现象和重要内容。

文化"红高粱"：《红高粱》文化产业开发研究。主要研究"红高粱"文化产业开发情况，含莫言旧居建设与开发、莫言名人文化产业开发、莫言文学馆建设、红高粱影视城建设与开发、红高粱抗战馆建设。

本书在具体章节安排上，主要包含八部分，分别为：导论、第一章"莫言《红高粱》的电影改编与传播"、第二章"莫言《红高粱》的电视剧改编与传播"、第三章"莫言《红高粱》的戏剧改编与传播"、第四章"莫言《红高粱》的美术改编与传播"、第五章"莫言《红高粱》的舞剧改编与传播"、第六章"莫言《红高粱》文化产业开发研究"、第七章"色彩艺术与红高粱精神的呈现:刘铁飞油画《红高粱》系列"。

基于以上研究内容,本书重点是对《红高粱》跨媒介传播的各种形式进行单独研究和比较研究。研究莫言《红高粱》在影视、戏剧、美术、舞蹈等艺术形式传播中,其在人物塑造、主题表达、审美追求等方面的成就价值,比较其在不同艺术形式传播中的审美异同和文本变动。本书研究难点是红高粱文化产业开发,研究莫言家乡高密如何对红高粱文化进行产业开发,包括红高粱影视城建设、莫言名人文化产业开发、红高粱抗战馆建设等。

(二) 创新之处

从研究选题和研究视野来看,莫言《红高粱》的跨媒介传播现象,目前学界关注还不够,本书对该现象的研究具有较强开拓性和创新性。莫言《红高粱》的跨媒介传播现象突出,具有极高研究价值,它对探究小说《红高粱》乃至当代小说的传播方式都具有重要意义。

从研究意义和研究价值来看,本书注重理论性与实践性相结合,既有对莫言《红高粱》跨媒介传播现象的理论研究,也有对莫言家乡红高粱文化产业开发的实践研究。研究成果具有较强应用价值,可为莫言家乡高密的莫言名人文化产业开发提供智力支持和理论参考。

从研究方法和研究内容来看,本书以跨媒介传播视角研究莫言《红高粱》,首次系统研究与莫言《红高粱》相关的所有文学艺术作品和文化艺术现象,在搜集大量珍贵文献资料的基础之上,力图对莫言《红高粱》跨媒介传播做出最为全面、最为系统的梳理和研究。

第一章　莫言《红高粱》的电影改编与传播

第一节　电影《红高粱》艺术分析

电影《红高粱》迥异于小说原著的文字符号，以奇特震撼的视听语言，写就了高粱地里的爱情传奇，演奏了一曲民间抗日奇章。电影《红高粱》根据莫言小说《红高粱家族》改编而成，塑造了诸多传奇：张艺谋的传奇、巩俐的传奇、莫言的传奇。对张艺谋而言，电影《红高粱》让他在国内外斩获大奖，包括柏林电影节金熊奖。对巩俐而言，这部电影让她一举成名，进而成为国际知名影星。对莫言而言，电影《红高粱》极大地提升了他的文学作品影响力，助力他 2012 年获得诺贝尔文学奖。研究者指出，电影《红高粱》对莫言《红高粱》的传播起到重要作用。

电影《红高粱》在叙事视角上，采用与小说原著相同的第一人称，讲述我奶奶的故事。我奶奶九儿被迫嫁给十八里坡的李大头。李大头患有麻风病，五十多岁才娶上这门亲。七月初九，是奶奶出嫁的日子。我爷爷余占鳌作为轿夫，带头颠轿，奶奶被颠哭了。青杀口遇匪，土匪逼迫众人交出钱财，并逼迫我奶奶往高粱地里走。奶奶用眼神向爷爷求助，终被爷爷带头救下。奶奶新婚之夜，以剪刀相逼，在恐惧中坐了一夜。第三天，曾外祖父接奶奶回门，走到高粱地时，爷爷将奶奶劫进高粱地，二人在高粱地里相亲相爱。李大头被杀，奶奶回到李大头家。她劝住众伙计继续留在烧酒作坊。土匪秃三炮劫走奶奶，众人凑钱赎回。爷爷在酒缸里醉了三天，终于醒来。看到奶奶被劫，他恼羞成怒，赶去找秃三炮算账。日军逼迫百姓修公路，逼迫屠户胡二活剥人皮。胡二气极，一刀捅死秃三炮，并愤怒地拿刀杀向鬼子，被日军扫射而死。瘦徒弟被逼继续活剥人皮，投奔共产党的罗汉惨遭活剥人皮，其状甚惨。爷爷和奶奶奋起抗日，和众乡亲一起伏击日军的汽车队。奶奶和其他女人给男人们送饭，中弹身亡。整片高粱地都变成了红色。

一 爱情·抗战·生命：影片多重主题分析

小说《红高粱》有两条主线，一条主要讲述我爷爷和我奶奶的爱情故事，另一条主要讲述乡亲们抗日的故事。这两条线索，在笔者看来，后者内容所占比重较大，小说通篇讲述的都是我爷爷余占鳌带领我父亲豆官和众乡亲们抗日杀鬼子的故事，在这条线索的间隙，穿插了我爷爷和我奶奶的故事。而在电影《红高粱》中，讲述我奶奶的故事成为影片的重点，抗日杀敌虽然在影片中占据重要地位，但比较而言，偏弱一些。影片虽然讲述了罗汉投靠共产党，但罗汉如何投靠、如何被捕等都未曾交代，乡亲们杀敌抗日更多出于民间义愤，而非政治大义。日军滥杀无辜，丧心病狂，乡亲们愤而反抗，伏击日本汽车队。综合来看，电影《红高粱》有多重主题表达：爱情主题、抗日主题、生命主题。

（一）爱情主题

和小说原著相比，电影《红高粱》重点讲述了我爷爷和我奶奶的爱情故事，从两人初次相识暗生情愫，到高粱地野合，再到我爷爷闯入李家杀死李大头，光明正大地"霸占"我奶奶，与其共同生活，生儿育女，成为事实上的夫妻。这段爱情虽无法律仪式，但很牢固。只是从世俗角度来看，影片《红高粱》中的爱情违背乡村伦理道德：余占鳌劫持九儿到高粱地野合，违背法律，不合法规；九儿作为已婚女子与其他男子野合，违背婚约，不合道德；余占鳌杀人，更是为法律所不容。但影片并未在此道德层面和法律层面过多停留，而是将重点放置于我爷爷和我奶奶敢爱敢恨、蔑视世俗的精神层面。和父母包办、毫无爱情、终生守寡苦守道德牌坊坟墓一般的封建婚姻相比，九儿和余占鳌的爱情故事散发着奇异夺目的另类光彩，他们勇于追求爱情、渴望结合、敢爱敢恨的精神深深打动观众。

（二）抗日主题

如莫言先生所说，小说《红高粱》创作时逢抗战胜利40周年，部队要求大家创作跟抗日题材有关的小说和电影作品。在此背景之下，莫言创作了小说《红高粱》。因此，抗日主题是小说题中应有之义。跟电影相比，小说《红高粱》中抗日线索所占比重超过我爷爷和我奶奶爱情故事这一情节线索，小说从一开始就讲述我爷爷余占鳌带着我父亲和乡亲们，在高粱地里穿行隐藏，去伏击日本鬼子，一直到小说结尾，写到二奶奶和小姑姑被日军杀死，其间穿插讲述我爷爷和我奶奶以及其他人的故事。根据莫言《红高粱》改编的其他形式的艺术作品无一例外地都高扬抗日主题，如电视剧《红高粱》、晋剧《红高粱》等，都旗帜鲜明地亮出以此片纪念世界抗日战争胜利暨世界反法西斯战争胜利70周年。

（三）生命主题

张艺谋拍摄电影《红高粱》，是要通过人物的个性塑造来赞美生命，赞美生命的那种喷涌不尽的勃勃生机，赞美生命的自由、舒展。小说《红高粱》处处表达了"我"对先祖们的崇拜和热爱。他们敢爱敢恨，敢生敢死，活得洒脱，死得壮烈。这也是小说《红高粱》最初打动张艺谋的重要原因。影片通过讲述我爷爷与我奶奶敢于冲破封建伦理大胆结合的爱情故事、乡亲们不惧死亡勇于反抗日军暴行的抗战故事，表现了伟大宝贵的反抗精神和自由张扬的生命主题。影片中敢于追求爱情的余占鳌、勇于冲破封建道德枷锁的戴凤莲、视死如归痛骂日军的共产党人刘罗汉都体现了自由张扬的生命主题。生命主题的表现一方面在于故事情节和人物塑造，另外也在于红高粱这一特殊的植物。在拍摄电影《红高粱》期间，张艺谋每天都在高粱地里转悠，他说：

> 那些日子，我天天在地里转，给高粱除草浇水。高粱这东西天性喜水，一场雨下过了，你就在地里听，四周围全是乱七八糟的动静，根根高粱都跟生孩子似的，嘴里哼哼着，浑身的骨节全发脆响，眼瞅着一节节往上蹿。直觉着满世界都是绿，满耳朵都是响，满眼睛都是活脱脱的水灵。这正是我要表现的生命感觉。我当初看莫言的小说，就跟在这高粱地里的感觉一样，生生死死狂放出浑身热气和活气，随心所欲地透出做人的自在和欢乐。①

二　影片人物形象分析

张艺谋说，咱这部戏里有三个主角：一个男人，一个女人，加上一块高粱地。影片中涉及的主要角色并不多，我爷爷，我奶奶，刘罗汉。这三个人物不仅成为影片的主要人物，在很多由莫言《红高粱》改编的艺术作品中，如戏剧《红高粱》中主要角色也大多是这三个人物。有的版本会出现曹梦久，但小说中占有较重要戏份的曹梦久（莫言言），在电影《红高粱》中是缺席的。

（一）我奶奶戴凤莲

影片中的我奶奶是一个年轻貌美、婚姻不幸的女性形象。迫于父亲安排，十九岁的她被逼嫁给五十多岁的麻风老头李大头。她无力反抗这桩婚事，虽然渴望美好的爱情，却被迫嫁给患麻风病的李大头。面对轿夫余占鳌那一身阳刚的肌肉，我奶奶从轿中偷看，并面露微笑。这是她与我爷爷的第一次结缘。别人家新婚夜喜气洋洋，我奶奶却是手持剪刀、满怀恐惧地坐了一夜。嫁过来三天，丈夫就莫名其妙地死掉了，我奶奶怕染上麻风病，深夜一个人睡在空旷的院子里，众人都

---

① 林间：《莫言和他的家乡》，厦门大学出版社 2013 年版，第 116 页。

觉得她可怜。后与我爷爷结合，她生下豆官，操持烧酒作坊，酿造高粱酒，在给杀鬼子的男人们送饭途中，被日军枪杀。我奶奶还是敢于反抗、敢爱敢恨的女性。比如上轿前，长辈一再嘱咐"盖头不能掀，盖头一掀，必生事端"。我奶奶还是一上轿就拽下盖头，表情一脸严肃气愤。又如，当罗汉被残忍杀死，我奶奶和众人发誓为罗汉报仇、伏击日本人的汽车队，直至牺牲。对罗汉的爱和对日本人的恨使得我奶奶性格鲜明。

（二）我爷爷余占鳌

我奶奶出嫁那天，李大头只雇了一个轿把式，别的都是李大头的伙计。这个轿把式是方圆百里有名的轿夫，后来成了我爷爷。我爷爷不是传统意义上的好人。他敢爱敢恨，喜欢我奶奶，就在花轿上攥住我奶奶的小脚，暗中传情；他爱我奶奶，就将我奶奶劫进高粱地，野合相爱。他恨麻风病人李大头娶我奶奶，就将他杀死；他恨日本人残暴狠毒，就带领众人伏击日本人的汽车队；他恨秃三炮绑架我奶奶，就去找秃三炮算账。他想爱就爱，想恨就恨，想做就做。他当着众人的面，诉说和我奶奶在高粱地里的风流故事；他当着众人的面，脱掉裤子，对着刚出锅的新高粱酒撒尿，竟意外酿成了远近闻名的十八里红。他敢杀劫匪，敢杀日本鬼子，既是王八蛋，也是英雄好汉。他与我奶奶的爱情故事虽有违伦理道德，却是动人的，从花轿上眉目传情、送回奶奶小脚传情，到抬轿完毕与蒙着盖头的我奶奶依依惜别，再到高粱地野合直至成为烧酒作坊主人、有了豆官，整个故事都有违常规伦理，没有明媒正娶，有的是我爷爷和我奶奶之间真挚炽烈的爱。

（三）刘罗汉

在小说中，刘罗汉并非主要人物，但在电影中，刘罗汉却是重要角色。他在影片中有几处给观众留下深刻印象：一处是对着九儿掌柜的长，掌柜的短，怎么也改不过口来；一处是带领伙计，祭祀酒神，唱酒神曲；一处是被日军活剥人皮。小说中罗汉只是普通农民，电影中的他却投奔了共产党。综合来看，罗汉是一个勤劳忠实、有革命觉悟的农民形象，他从一个烧酒作坊的伙计进步成为抗日共产党员，从事抗日活动而被日军残忍杀害。

三 影片艺术特色分析

(一) 极具民族风情的电影音乐

1. 配乐

音乐是电影艺术的重要元素，具有渲染背景气氛、刻画人物心理、烘托气氛等作用。比如在电影《红高粱》中，我奶奶嫁过来第一天晚上，拿着剪刀坐在炕上的角落里，音乐是悲凉的。又比如九儿回门结束，回到李大头家，跟大家一起用高粱酒消毒完毕，住房重新洗刷一遍，被褥也换成新的。九儿坐在炕头上，拿着剪刀剪纸时，一派喜气洋洋。九儿心情舒畅，有获重生之感，此时欢快的唢呐声有力地衬托出喜悦祥和的气氛。

影片中最引人关注的是唢呐的声音。迎娶新娘子，音乐是唢呐声。爷爷和奶奶野合时，音乐也是唢呐声。当爷爷扛起奶奶走向高粱地时，低沉的鼓点声响起；随着奶奶闭眼躺倒，爷爷跪下，音乐换成高亢的唢呐声。影片最后，奶奶送饭，被日军枪杀，爷爷和众人冲出高粱地和鬼子拼命，此时的音乐，虽与迎亲音乐相同，但却变得极为悲壮。

2. 插曲

影片中多次出现的音乐插曲，都给观众留下了极为深刻的印象。第一首插曲，《妹妹你大胆地往前走》。这首歌曲在电影中出现两次，第一次出现是在爷爷与奶奶在高粱地野合之后，奶奶骑着小毛驴在乡间小道里行走，爷爷在高粱地里高唱：

哎，妹妹你大胆地往前走哇，往前走……莫回呀头，通天的大路，九千九百，九千九百九哇……哎，妹妹你大胆地往前走哇……往前走，莫回头。从此后你，搭起那红绣楼哇，抛撒着红绣球哇，正打中我的头哇……与你喝一壶哇，红红的高粱酒哇……红红的高粱酒哎，呀嘿。

此处的这首歌曲，对于烘托爷爷和奶奶的美好爱情，起到了重要作用。这首歌曲的第二次出现，是在影片结尾，奶奶中弹倒地，爷爷再次唱起这首歌曲，表达了对奶奶逝去的痛苦和怀念的心情。

第二首插曲为祭酒歌。这首歌曲在影片中出现过两次，第一次出现是在烧酒作坊出新酒之后，众人祭拜酒神，罗汉领唱《酒神曲》。

> 罗汉唱：九月九，酿新酒，好酒出在咱的手
>
> 众合唱：好酒
>
> 罗汉领唱：喝了咱的酒哇
>
> 众合唱：上下通气不咳嗽
>
> 罗汉唱：喝了咱的酒哇
>
> 众合唱：滋阴壮阳嘴不臭
>
> 罗汉唱：喝了咱的酒哇
>
> 众合唱：一人敢走青杀口
>
> 罗汉唱：喝了咱的酒
>
> 众合唱：见了皇帝不磕头。一四七、三六九……
>
> 众合唱：九九归一跟我走，好酒……
>
> 众合唱：好酒，好酒

此处的《酒神曲》，将伙计们酿成新酒的喜悦心情和淳朴善良表现得一览无遗。第二次出现《酒神曲》，是罗汉被日本人杀害之后。大家悲愤交加，悼念罗汉大哥，众人在爷爷领唱下，再次唱起《酒神曲》。他们神情肃穆凝重，曲调悲哀凄凉，就连小小的豆官也跟着一起唱。

第三首，童谣。影片结尾处，出现豆官唱的童谣：

> 娘，娘，上西南，宽宽的大路，长长的宝船。娘，娘，上西南，溜溜的骏马，足足的盘缠。娘，娘，上西南，你甜处安身，

你苦处化钱。

此处的童谣，表达了豆官对母亲的深切思念，和着再次响起的锣鼓声和唢呐声，将故事带入尾声，也留给观众无限想象的空间。

第四首，颠轿歌。轿夫们抬着奶奶前往李大头家的半路上，颠轿折腾新娘子，轿夫们边颠轿，边唱曲：

客没走，席没散，四下新郎寻不见呀，寻呀么寻不见，哎，新郎就寻不见哪，急猴猴，新郎官，钻进洞房把盖头掀，盖头掀，哎呀呀呀呀呀，我的个小乖蛋，嘿，我的个小乖蛋。

定神看，大麻点，塌鼻豁嘴翻翻眼，翻呀么翻翻眼，哎，翻呀么翻翻眼哪，鸡脖子，五花脸，头上虱子接半碗，接半碗，哎呀呀呀呀呀，我的个小乖蛋，哎，我的个小乖蛋。

丑新娘，我的天，龇牙往我怀里钻，怀呀么怀里钻，哎，怀呀么怀里钻哪，扭身跑，不敢看，二旦今晚睡猪圈，睡猪圈，哎呀呀呀呀呀，我的个小乖蛋，我的个小乖蛋。

这首颇具民俗色彩的颠轿歌，从歌词看具有喜剧色彩，但是因为奶奶的不合理婚姻，使得这首颠轿歌，凸显悲剧和滑稽色彩。"配合着一群光着脊背，抬着花轿的男子的齐唱画面……更表现出一种旺盛的生命力，这种激情与热烈给观众一种特别强烈的躁动感，触及了观众内心最深处的那根神经。"[1]

（二）绚烂至极的色彩艺术

张艺谋电影的色彩艺术历来为人所称道，他的每一部电影几乎都是色彩艺术的经典案例，如《英雄》《满城尽带黄金甲》《秋菊打官司》《大红灯笼高高挂》《菊豆》。《英雄》是张艺谋色彩艺术的代表性作品，影片中收集了张艺谋青睐的颜色，红、蓝、黄、白、绿、黑，

_____

[1] 童敏帆：《以电影〈红高粱〉为例，论民歌在电影中的作用》，《北方音乐》2013 年第 8 期。

并用红、蓝、白三种色调来讲述三个故事。《满城尽带黄金甲》中用铺天盖地的金黄色讲述了古代《雷雨》式乱伦故事。《秋菊打官司》中处处可见的红辣椒象征了秋菊泼辣的性格。《大红灯笼高高挂》中红红的灯笼和冷暖色调在陈府大院使用，讲述了男权统治下女性的悲剧境地和命运。《菊豆》将故事场地搬到了染坊，大面积鲜艳的染布实现了色彩表意的艺术功能。众所周知，色彩艺术的使用既与张艺谋摄影专业出身有关，也与他的美学追求有关。他擅长运用色彩语言来表现电影内涵。在众颜色当中，张艺谋对红色情有独钟，他的多部影片运用了红色，如《红高粱》《大红灯笼高高挂》《菊豆》《英雄》《十面埋伏》。此处，以《红高粱》为例进行分析。

1. 主色调：红色

在电影《红高粱》中，红色是主色调。一个"红"，带出了铺天盖地的红色意象，如红高粱、红轿子、红嫁衣、红裤子、红盖头、红头绳、红耳坠、红鞋子、红对联、红高粱酒（十八里红）、红色鲜血、红色火焰、红色太阳等。接下来，具体分析影片《红高粱》中的红色意象。

（1）红色出嫁

影片一开头展示的便是奶奶的红色出嫁。按照中国传统习俗，出嫁要穿红戴红，譬如红头绳、红盖头、红嫁衣、红鞋子。外表看起来十分喜庆的红色交代了故事的背景。新婚之红色本来喻示喜庆，但我奶奶所嫁之人是五十多岁的李大头，且患有麻风病，这新婚便笼罩了浓重的悲剧氛围，因为在那个年代，麻风病是令人避之唯恐不及的疾病。莫言小说多次写到麻风病，譬如小说《红高粱》《麻风的儿子》《麻风女的情人》《欢乐》《姑妈的宝刀》中都写到了麻风病。最为著名的当属小说《红高粱》中的麻风病书写。貌美如花之妙龄女子嫁给五十多岁麻风病人，对新娘子而言，是巨大的婚姻悲剧和命运悲剧。通过分析可知，奶奶的婚姻是喜在外、悲在内。而这其实是封建婚姻的共同特征，譬如在影片《黄土地》中妙龄女子翠巧被老父亲许配给苍老丑陋的男人，婚姻也十分不幸。相同的是，影片《黄土地》也有浓墨重彩的关于新婚的表现，既有翠巧看别的女孩结婚的场景，也有翠巧自己新婚的场景。影片对翠巧新婚红色的展示，诸如红色对联、红色喜字、红色杯子、红色盖头、红色嫁衣，与夫家简陋破败的窑洞形成鲜明对比。影片同样用喜庆的红色反衬了包办婚姻的悲剧内核。这和影片《红高粱》中红色的反衬作用相同。除了红色出嫁仪式的表现，张艺谋还着力表现多个红色新婚之夜。中国人的红色新婚之夜本应是喜庆幸福的，但《红高粱》中九儿的新婚之夜是在手持剪刀的惊恐防范中度过的；《大红灯笼高高挂》中颂莲的新婚之夜，先是被陈老爷要求抬高灯笼照脸以便他看得更清楚，这场景就像主人买了一头驴子或者牛马，要验货检查，可见颂莲等姨太太们的地位实则十分低下；《黄土地》中翠巧的新婚之夜极其安静，没有夫妻之间的对话，只有翠巧在初次见到丈夫老丑面容后紧张而害怕的急促呼吸声。正如张艺谋所说，红色有正衬和反衬的作用，同样的颜色，在不同的情境中出现，会使人产生不同的感受。按常规，红色是一种火焰般的颜色，象征着热烈和奔放。但将红色用在不同的段落中，情绪上就给人以迥然不同的感受。电影《红高粱》中奶奶的红色出嫁起到的便是反衬作用。

（2）红色辣椒

影片《红高粱》中有红色辣椒的镜头，这既交代了农家背景，同时也表达了特定的审美意趣。在张艺谋其他影片中常见红色辣椒，譬如《大红灯笼高高挂》《秋菊打官司》《我的父亲母亲》中都有红色辣椒的镜头。先看《大红灯笼高高挂》，辣椒出现在厨房墙上，当做饭的女仆们讨论为什么今天吃肉而不是吃素的时候，影片以大远景表现了这一对话场景。大远景中的厨房外墙上悬挂着大串的红色辣椒，起到很好的装饰作用，也交代了季节，即颂莲刚嫁到陈府时是夏季。同样的厨房外墙上，在冬季时节，则堆放着翠绿色的白菜。这其实也表现了北方的民俗，即北方人在冬天囤购大白菜过冬，白菜意味着故事发生在北方。和辣椒一样，白菜也意味着时间的变化，即由夏季转为冬季。在《秋菊打官司》中，更有无处不在的红辣椒。此处的红辣椒首先交代了当地民俗和饮食习惯。民俗便是当地人以种植辣椒、出售辣椒为生,饮食习惯上也是喜食辣椒,特别是在吃面的时候要加上辣子。辣椒还象征了秋菊不服输的倔强性格,为了获得村长的真诚道歉和讨个说法,她不惜挺着大肚子多次上告,这种性格是泼辣的,与实物辣椒构成对照关系。在影片《我的父亲母亲》中,也有红辣椒的出现。当父亲到母亲家中吃饭时,母亲站在门框外面等候,又幸福又害羞,木门两旁是色彩艳丽的农产品,即大而圆的南瓜、串成串的蒜头、细长条的豆角以及干红的小辣椒,这些农产品烘托了母亲的美好爱情,让迎接父亲到来时的母亲像一幅绝美的"画作"。

(3)红色剪纸

影片《红高粱》中九儿在麻风病人李大头死后,开始了全新的生活。她坐在炕头上心情愉快地剪纸,她剪了福字,表达了对此后美好生活的向往。张艺谋不仅在其电影《红高粱》中表现剪纸,还在电影《我的父亲母亲》中表现剪纸。一处是招娣苦等骆老师不归,就去破败的教室中重新装裱打扫,她给窗户贴了新的窗户纸,并在窗户上贴了剪纸,整个场景以暖色调为主,画面温馨,体现出此时心中想念父亲的母亲处于幸福状态。还有一处是父亲到家中吃派饭,母亲一大早就起床张罗做饭,她起床时,后面的窗上也贴有剪纸。

张艺谋为什么要在电影中表现剪纸?原因有二:第一,莫言《红高粱》及高密文化的影响与体现。小说多次写到高密剪纸,譬如小说写我奶奶心灵手巧会剪纸,奶奶家窗户上也贴有剪纸,如:"爷爷用手巴骨打着墙壁,阳光斜射进来,照着擦得锃亮的炕桌上摆着的高密泥塑。白窗户上贴满了奶奶亲手剪出的构思奇巧、花样翻新的剪纸。"① 小说中的剪纸实则是高密剪纸文化的体现。高密四宝剪纸、茂腔、泥塑、扑灰年画都被莫言写进小说。譬如剪纸被写进小说《红高粱》;茂腔被写进小说《檀香刑》,并改名为"猫腔";泥塑被写进小说《蛙》;扑灰年画则被写进小说《红高粱》。高密剪纸不仅为莫言小说创作带来灵感,同时也有两部根据莫言《红高粱》创作的剪纸作

---

① 莫言:《红高粱家族》,人民文学出版社 2012 年版,第 206 页。

品，即齐秀花剪纸和邓辉剪纸。第二，张艺谋家乡陕西西安也有浓郁的剪纸文化氛围，在其家乡诞生了著名剪纸作品《红高粱》，为陕西咸阳交警马团周创作。

（4）红色火焰

影片《红高粱》多次出现红色火焰，表达了不同的含义。首先，消毒祛邪的火焰。在李大头被杀死之后，九儿和伙计们把掌柜的用过的家具物品全部烧毁，熊熊燃烧的火焰意指破旧除新，九儿迎来新的生活。

其次，希望的火焰。九儿来到烧酒作坊看伙计们酿造高粱酒，她想知道高粱怎么变成高粱酒。她的到来深受伙计们的欢迎，伙计们邀请她拉风箱、参与酿酒，大家心情都很愉悦。此时的火焰是酿酒的火焰、孕育的火焰，喻示希望。

再次，残暴的火焰。日军逼迫乡亲们到高粱地里踩踏高粱，以便修筑胶平公路。现场点起了火焰，日军用这火焰烧烤驴肉吃，增加了屠杀的恐怖气氛，为接下来的大肆屠杀和活剥人皮营造气氛。日军侵华期间，烧杀抢掠，无恶不作，这火焰就是日军暴行的象征。

又次，复仇的火焰。刘罗汉被日军活剥人皮而死，激发了乡亲们复仇的火焰。九儿告诉大家喝完高粱酒，明天把日军的汽车队打了，为罗汉报仇。在九儿身后是熊熊燃烧的火焰，在桌子上摆放的是酒碗，碗中燃烧着红色火焰。这些外在的物质的有形的火焰与九儿们内心的无形的愤怒的复仇的火焰构成隐喻关系，令观众感知到乡亲们复仇的决心。同时通过火焰的燃烧、酒碗的点燃、祭酒仪式的重复，交代了抗日和出战的仪式。

最后，爆炸的火焰。影片最后，乡亲们在武器落后的情况下，抱着点燃的酒坛子冲向日军，随着一声巨响，日军汽车被炸得粉碎。影片给予巨大的红色的爆炸火焰以特写镜头，这复仇的火焰表达了复仇的快感和死的神力崇拜，乡亲们活得自由自在，活得痛痛快快，为报仇奋起抗争，哪怕为此而死，也死得自由自在，痛痛快快。① 张艺谋

---

① 林间：《莫言和他的家乡》，厦门大学出版社 2013 年版，第 120 页。

比较喜欢在影片中运用火焰意象，除了电影《红高粱》，他还在影片
《菊豆》中运用了火焰意象。

（5）红色高粱酒

影片《红高粱》中多次出现高粱酒以及与高粱酒相关的红色意象，
譬如高粱酒坛、祭酒红烛等。除了一个男人余占鳌、一个女人九儿、一
片高粱地这三个主角外，影片中的高粱酒也占据非常重要的地位。影
片自始至终都有高粱酒的参与。首先是酿新高粱酒。九儿到烧酒作坊
上和伙计们一起酿造高粱酒，待第一碗新酒酿出后，伙计们首先请她
来喝。之后，大家用高粱酒消毒祛邪。接下来是祭酒神喝高粱酒，伙
计们用隆重的仪式表达了对酒神的敬畏和对美好生活的向往，抒发了
豪迈之情。伏击战打响前，我爷爷抱着豆官往红高粱酒里撒尿。至此，
父子两人都完成了往高粱酒里撒尿的仪式：父亲余占鳌因为往酒里撒
了一泡尿，意外酿成了十里飘香的十八里红；儿子豆官的撒尿则成就
了战前的重要仪式。影片结尾处，九儿挑着高粱酒送饭不幸被日军射
杀，高粱酒罐碎了一地，高粱酒泼了一地。我爷爷也和乡亲们一起抱
着高粱酒坛子成功炸掉了日军的汽车队，取得胜利。

影片多次对大红色的高粱酒进行渲染表现，赋予高粱酒以神力。
神奇的高粱酒可以消毒、祛邪、壮胆、杀敌，男女老幼皆可饮用。刘
罗汉说高粱酒能消千病百毒，因此在李大头死后，九儿和伙计们泼洒
高粱酒来消毒，大家心情舒畅，九儿摆脱了不幸的婚姻，伙计们摆脱
了恐怖的麻风传染。罗汉把掌柜的用过的钥匙也用高粱酒消毒浸泡，
九儿让罗汉用高粱酒把十八里坡整个泼上三遍。因为惧怕麻风病，九
儿夜宿院中，罗汉见其可怜，就在九儿四周口吐高粱酒为其消毒祛邪。

影片中两次出现祭酒神的仪式，第一次是刘罗汉带领众伙计们高
唱酒神曲，表达了乡亲们对酒神的崇敬和对美好生活的向往。第二次
是我爷爷带领乡亲们高唱酒神曲，此时刘罗汉已被日军活剥人皮，乡
亲们再次唱起酒神曲，表达了对日军的无比仇恨和复仇的坚定决心。

值得注意的是，影片《红高粱》中的高粱酒是大红色，而实际上
是透明的，无色的。莫言说，高粱酒不可能是红色的，只能是透明的。

又不是葡萄酒，怎么能是红色的呢？据此得知，影片中的红色高粱酒是导演张艺谋有意为之的色彩技巧。较之透明的高粱酒，大红色的高粱酒意义更为丰富，它把激情、仇恨、反抗等内涵全都包含进去。

（6）红色屠杀

电影《红高粱》中有两处红色屠杀情节。第一处是爷爷去找秃三炮算账，因为他动了自己的女人，复仇地点是屠宰肉铺。在小说原著中，奶奶被土匪花脖子绑去，爷爷去找花脖子复仇的地点是在墨水河畔。爷爷用苦练而成的七点梅花枪法打死花脖子。到影片《红高粱》中，土匪花脖子改名为秃三炮，爷爷找土匪秃三炮复仇这场戏被导演放置于肉铺当中，周边都是被屠宰得血肉模糊的牛肉，看起来十分恐怖。这不免引人思考，张艺谋为何要将复仇放在屠宰环境中？据笔者理解是为突出爷爷和秃三炮的英雄性和土匪性。为何要突出其英雄性和土匪性？是根据小说原著而来的，莫言在其小说中写到高密东北乡"无疑是地球上最美丽最丑陋、最超脱最世俗、最圣洁最龌龊、最英雄好汉最王八蛋、最能喝酒最能爱的地方"①。其中最英雄好汉、最王八蛋很好地概括了祖辈们兼有英雄性和土匪性两面。小说原著中爷爷余占鳌是非常复杂的人物形象，他既是领导伏击战大捷的抗日英雄，也是无恶不作杀人放火的活土匪，他既深爱九儿这个女人，同时又和恋儿、刘氏有男女关系，并非忠贞不贰的男子形象。这一形象的塑造与其原型来源有关，莫言说余占鳌这个人物是他根据诸多原型创造出来的，包括高密著名历史人物刘连仁。刘连仁的故事被莫言写进《野人》《丰乳肥臀》《红高粱》中，《野人》里的我爷爷、《丰乳肥臀》里的鸟儿韩、《红高粱》中的我爷爷都有被劫掠到日本做劳工、在北海道深山老林生活十几年的情节，而这些情节便是刘连仁真实的历史遭遇。他被日军掠到日本煤矿做劳工，忍受非人毒打后逃到深山老林长达14年，侥幸活了下来，于1958年回到故乡高密。小说原著中的余占鳌也是在1958年从日本北海道回来。除了刘连仁，还有土匪兼英

① 莫言：《红高粱家族》，人民文学出版社2012年版，第2页。

雄高润生。高润生曾是高密有名的土匪，他人高马大，武艺高强，作恶多端，同时又在抗战中展现出刚健不屈的男儿血性，兼具土匪和英雄双重特质。另外，原型还有曹克明、曹直正①，二人领导了孙家口伏击战大捷，在小说和电影《红高粱》中，二人的抗日壮举被改编到余占鳌身上，突出其英雄性。另外，也有学者认为董希瞻是最接近余占鳌的人物原型。董希瞻在抗战期间一直活跃于高密、平度一带，一生有着众多传奇故事。②综合来看，余占鳌的人物原型将英雄性和土匪性融为一体，导致莫言以这些原型创造余占鳌形象时，也塑造了他英雄性和土匪性兼具的多面性。而将复仇场景置放于肉铺这一四周遍是红色尸体的血腥环境中，能够更好地凸显我爷爷和秃三炮的土匪性。

影片中的第二次屠杀是日军对乡亲们的屠杀。日军将秃三炮和刘罗汉高高绑起，并命令胡二活剥秃三炮的人皮。胡二走投无路，出于良知，便一刀结果了秃三炮，给了他一个痛快的死，胡二自己则被日军扫射而死。胡二死后，日军命令瘦徒弟活剥刘罗汉人皮。在刺刀和狼狗的死亡威逼下，瘦徒弟对刘罗汉实施了残忍的活剥人皮。导演运用对比蒙太奇和隐喻蒙太奇来表现这场屠杀。在活剥人皮的现场，导演安排了活剥驴皮、切割驴肉的镜头，活剥驴皮与活剥人皮构成对比关系，切割驴肉与切割人肉构成对比关系，通过两处对比蒙太奇，更加突出了日军的惨无人道和恐怖暴行。在这场屠杀中，除了运用对比蒙太奇和隐喻蒙太奇，影片还突出了红色的运用。为什么要突出红色屠杀？屠杀意味死亡和流血，另外小说原著对活剥人皮给予了恐怖而生动的描写，不仅写了剥皮的过程，还写了剥皮的现场，可谓残忍至极。因此，影片通过突出红色，来表现日军对刘罗汉血腥而残忍的屠杀。

（7）红色太阳

影片中的红色意象还有红色太阳，富有隐喻含义。九儿三日回门，走过高粱地的时候，迎着太阳消失在镜头当中。这里的太阳是美好的

---

① 李晓燕：《莫言笔下余占鳌形象创作原型探源》，《中国政法大学学报》2018年第5期。
② 刘铁飞红高粱抗战馆解说词。

象征，因为接下来九儿将迎来和余占鳌的爱情。野合之后，九儿从太阳的光芒中走出，此时她是幸福的，她的嘴角洋溢着笑意。此处的太阳也喻示着她的幸福。影片结尾也表现了红色的太阳，整个荧幕都变为红色，这既是张艺谋的艺术创新，也是来自小说原著的艺术灵感。譬如小说写到日军屠杀村民，"鬼子撤退时，点燃了村里所有的房屋，冲天大火，经久不息，把半个天都烧红了。那天晚上的月亮，本来是丰厚的、血红的，但由于战争，它变得苍白、淡薄，像颜色消退的剪纸一样，凄凄凉凉地挂在天上"①。这里至少有两种醒目而恐怖的红色，一种是被屠杀的乡亲们流出的鲜血，一种是日军放大火燃烧时的色调。无论哪一种红色，都是日军施暴的后果。

（8）红色鲜血

影片《红高粱》中还有红色鲜血这一红色意象，包含血红的驴皮、血红的驴肉，还有奶奶、乡亲们中弹后流淌的鲜血。毫无疑问，红色鲜血与屠杀密切相关，这屠杀有人类对动物的屠杀，也有人类对人类的屠杀，即日军对乡亲们的屠杀。在张艺谋导演的电影中多次表现红色鲜血，特别是红色鲜血喷溅的镜头。如电影《金陵十三钗》中被日军轮暴的豆蔻在反抗后被日军刺死，鲜血四处喷溅；影片中的教会女孩被日军子弹击中脖子，鲜血喷溅到对面的妓女脸上。电影《满城尽带黄金甲》中，元成造反时，他手下的武士被大王武士杀死，鲜血喷溅到屏风上；结尾处元杰王子自杀谢罪，其鲜血喷溅到王后药饮之中，突出表现了宫廷兵变屠杀的血腥。同时，不少表现鲜血喷溅的镜头中都带有"噗"的喷溅声音，表现了杀戮的惊心动魄。

除了电影《红高粱》，在张艺谋导演的其他影片中也多运用红色，譬如电影《菊豆》《大红灯笼高高挂》《秋菊打官司》《山楂树之恋》《归来》《金陵十三钗》。值得注意的是，在张艺谋的很多影片中都有女主角穿红衣的镜头，这几乎成了张艺谋的一种执念，一种张氏风格，即"不穿红衣非张艺谋"。举例来看，电影《山楂树之恋》中的静秋

---

① 莫言：《红高粱家族》，人民文学出版社 2012 年版，第 148 页。

穿过红色，老三认为她穿红衣服最好看，到供销社去给她买红布做红衣。老三弥留之际，静秋特意穿上了老三喜欢的红衣服去看他。电影《归来》中的丹丹也穿过红衣。在跳芭蕾舞《红色娘子军》时，她穿着大红色的芭蕾舞衣；过年时她和母亲都穿上红衣，她穿的是大红色的外套，母亲穿的是暗红色的坎肩，两人穿着红衣去给父亲送饺子。电影《金陵十三钗》中的玉墨虽未穿着全红旗袍，但其前期所穿旗袍包含大红色调。电影《我的父亲母亲》中的招娣只穿过两种颜色的棉袄，一种是大红色，一种是粉红色，这两种红色调都彰显了年轻母亲的清纯与美貌。电影《秋菊打官司》中的秋菊也穿着红色，只不过在她红色棉袄上点缀有白花图案，但总体上仍是红色。电影《菊豆》中的菊豆在杨金山瘫痪后和杨天青私下对酌成亲，此时的她满心欢喜，身穿喜庆的大红衣服，头戴娇美的粉色头花，凸显她的喜悦心情。在被杨金山发现她与杨天青私通的夜晚，她也是穿着大红衣服对杨金山挑明儿子杨天白是杨天青的，此时的她不再是那个被欺侮的、孤苦伶仃的女子，而是有了反抗和还击能力，有了知冷知热的"情人"。

那么，张艺谋在影片《红高粱》中运用红色起到什么样的作用？首先，红色是人性讴歌和旺盛生命力的象征。张艺谋在介绍《红高粱》使用的色彩时说，画面充分营造色感，主角穿红衣，最后画面全是红色，红色成了电影的主调，传达了一种强烈的感觉……《红高粱》是想表达热烈的情感，而故事是简单的。通过一个男人和女人的故事，在高粱地发生种种奇奇怪怪的事，简单的思想表达出一种对生活热烈的态度，舒展生命的活力，是一种人生的态度，用红色就是最适合不过的了。故电影大量用红色，保持其中的冲击力。

张艺谋多部电影中的女主角都是由巩俐出演，而由巩俐主演的角色大多是年轻貌美、洋溢生命活力的女性形象，比如《菊豆》中的菊豆、《红高粱》中的九儿。九儿与菊豆相似，同样年轻，同样被父亲以得到财产为前提许配了老头丈夫，婚姻极为不幸，菊豆婚后备受杨金山的虐待打骂，九儿虽未受夫君的虐待打骂，但是婚姻也不美满，年龄极不匹配，且新婚即寡。虽承受了命运的不幸，但是这些女性角色却拥有姣好的面容，旺盛的生命力。

其次，红色营造了极具视觉冲击力的艺术效果。影片中的红高粱酒给人留下深刻印象。在九儿和伙计们一起用高粱酒消毒时，到处泼洒的红高粱酒颜色极为艳丽；同样，九儿中弹倒地后，酒坛子碎了一地，红高粱酒洒了一地，颜色也极为艳丽。影片结尾，满屏都是血红色，太阳、高粱、天空全都变成了血红色，这极美的血红色笼罩着九儿和乡亲们的尸体，极具悲壮意味。

最后，以红色与其他色调的对照来实现表意功能。第一，红与黑。影片开头字幕呈现采用黑底红字（仅"西安电影制片厂"黑底黄字），给观众强烈的视觉冲力，黑色象征压抑、恐怖和死亡，红色象征热烈、喜庆和生命，二者形成鲜明对比。这种黑底红色的影片名称不仅在影片《红高粱》中出现，在电影《三枪拍案惊奇》中也是黑底红色。在影片《大红灯笼高高挂》中更是如此，影片有小片名和大片名，小片名是夏、秋、冬、夏，这四个字都是黑底上的红色。大片名是"大红灯笼高高挂"，也是黑底红色。小片名与大片名风格一致，且各有深意。按常规一年四季包含春夏秋冬，但小片名中却没有"春"，这是张艺谋对陈府大院中女人命运的暗喻，即女人们命运悲惨，没有幸福，如同没有美好的春天。大片名"大红灯笼高高挂"这几个大字外形上圆润生动，和圆形灯笼的外形较为相似，几个红字并排列在一起，像几个圆形灯笼高高悬挂。影片《菊豆》《活着》的字幕也是采用黑底红色，在黑色字幕上凸显出两个红色的大字"菊豆""活着"，十分醒目，甚至蕴含了几分触目惊心。

第二处对比是接下来的约30秒钟的黑场之后，出现九儿年轻貌美的脸和浑身红色喜气的新娘嫁衣。红与黑再次形成强烈对比，这两种颜色将九儿婚姻的荒诞凸显无遗。九儿年仅十九岁，花朵一般美丽，所嫁之人却是五十多岁患有麻风病的老头，红黑强烈对照暗示了九儿婚姻中夫妻角色的强烈反差和不幸命运。

第二，红与黄。在大片的黄土地上，光着膀子的轿夫们抬着一顶红色的轿子颠轿、舞蹈、唱曲，在这段极具民俗色彩的颠轿情节中，大片黄中一抹红极具原始的张力和野性的刺激。[①] 还有九儿蒙着红盖头、穿着红嫁衣走向李大头家时，九儿的一身红和李大头家萧条的黄色土墙构成鲜明对比。

第三，红与绿。红与绿的对照在影片中出现多次，譬如劫轿情节、野合情节、民歌情节中都有红与绿的对比。劫轿情节段落中，屏幕上一半是红彤彤的红嫁衣，一半是绿油油的高粱地，红与绿形成鲜明对比，最终九儿在余占鳌的救助下，化险为夷，有惊无险。野合情节段落中，九儿一身红，周围是大片绿色高粱。这里的红色是激情的象征，绿色则是生命的象征，二者的对照和结合，衬托了爱情的美好。民歌情节段落中，野合之后九儿骑着毛驴子继续赶路，余占鳌则在高粱地里大声唱"妹妹你大胆地往前走"，此时九儿的红色棉袄与绿油油的高粱地形成鲜明对比，而无论是高粱地还是红棉袄，都是极具生命活力的象征，以此衬托出二人爱情的美好。另外，影片中的高粱经历了从绿高粱到红高粱的变化，经历岁月的洗礼和日军的屠杀，绿高粱变为红高粱，以此表现生命的顽强，进而表现了生生不息的生命主题。无论是绿高粱还是红高粱，不仅见证了祖辈们的爱情故事和抗日故事，还体现了红高粱精神。所谓"红高粱精神"，莫言将其概括为"正直向上，坚韧顽强，宽容淳朴，努力争光"。这种色彩变化的手法在电影《山楂树之恋》中也运用过，山楂树原来开白花，抗日先烈被日军杀害于树下，山楂树便从此开红花，通过这种色彩的变化来突出革命先烈的牺牲精神和革命精神。

张艺谋为什么如此钟情于红色？首先，由于专业素养与个人喜好。张艺谋偏爱艳丽的颜色，特别偏爱红色。这艳丽的颜色体现为艳丽的服饰、艳丽的场景、艳丽的意象等。他希望通过艳丽的色彩获得特殊的艺术效果，并唤起观众的丰富想象，进而表现主题。此种审美倾向在张艺谋电影中得到了淋漓尽致的体现。譬如艳丽的服饰，以电影

---

① 刘称心：《非凡的红：电影〈红高粱〉艺术特色浅析》，《视听》2012 年第 12 期。

《金陵十三钗》《三枪拍案惊奇》最具代表性。《金陵十三钗》讲述的是以南京大屠杀为背景的故事，总体上具有极其浓郁的悲剧色彩，但影片仍未缺少艳丽的色彩，譬如爆炸后在空中飞扬的五颜六色的纸花，而十三位金陵女子身穿艳丽服饰并以浓妆艳抹的姿态初次登场似乎给观众一种不适的感觉，但在救赎面前，她们内心深处的善良迸发出来。《三枪拍案惊奇》中面馆老板娘及众伙计们所穿服饰也极其艳丽，是典型的戏曲二人转的服饰风格。艳丽的意象则以《金陵十三钗》《长城》《满城尽带黄金甲》较具代表性。《金陵十三钗》中的教堂有五颜六色的玻璃，这些玻璃在影片中被多次表现。譬如教会女孩被日军子弹击中脖子瞬间喷溅出触目惊心的鲜血，这子弹便是射穿彩色玻璃进来的；另外，孟书娟多次通过彩色玻璃张望教堂外面的情况，玻璃成为她观察的窗口。影片中的教堂玻璃也是经过严格打造的，美工多次返工都未能符合导演要求，张艺谋对这块玻璃的要求是透亮且鲜艳，最终在完成色彩调制后还要经过弹弓打孔试验。艳丽的玻璃在影片《长城》中再次出现，将士们转战京城汴梁对战饕餮怪兽，塔中玻璃流光溢彩、艳丽无比。《满城尽带黄金甲》则表现了皇宫中艳丽的走廊以及廊柱。这些艳丽的意象足见张艺谋的艺术执拗和偏好到何种程度，即便是在悲剧故事如南京大屠杀、怪兽故事如饕餮入侵、兵变故事如王后王子造反，都不忘展现艳丽色彩。

其次，故乡文化和中国文化的影响。张艺谋出生于陕西西安，家乡文化深深影响了他。陕西土质黄中透红，陕西民间好红，秦晋两地在办很多事情时都用红色。这种风俗习惯影响了张艺谋，使他对红色有一种偏爱。而中国文化尚红也影响了张艺谋。无论是古代中国，还是当今中国，红色都有着特殊的含义。在古代中国，红色代表高贵，譬如朱门便代表富贵人家。在当今中国，红色是喜庆场面中最具代表性的色彩，譬如婚礼上到处可见红色，红地毯、红嫁衣、大红花；又如过年，家家户户要贴红对联，放大红鞭炮，挂大红灯笼。红色是最具中国特色的色彩。在当今很多重要的场合，中国人都要穿上喜庆的红衣，体现仪式的隆重。"中华民族崇尚红色。在中国，红色是被视为喜庆、吉祥的色彩，常常被称为中国红，是中国的象征。"①

再次，红色蕴含着张扬、奔放与激情。电影《红高粱》中的红色有自由、奔放、激情之寓意，而不是憋屈、压抑、扭曲。由于张艺谋特殊的成长背景，他不断在电影中表现特殊年代，譬如《归来》《活着》《山楂树之恋》都有关于特殊时代背景的表现。而压抑故事也被张艺谋反复讲述，譬如电影《黄土地》《菊豆》《三枪拍案惊奇》《大红灯笼高高挂》讲述的都是女性的压抑故事。《黄土地》中的翠巧从小被父亲定下娃娃亲，十几岁时被迫嫁给年老男子为妻，婚姻和命运十分不幸；《菊豆》中的妙龄女子王菊豆则被老头子杨金山买来做牛做马，夜夜遭受虐待；《三枪拍案惊奇》中面馆老板娘也遭受王五麻子虐待折磨长达十年；《大红灯笼高高挂》中的三太太梅珊因为偷情被处死、四太太颂莲因为目睹杀人现场而疯掉。这些故事看来都令人倍感绝望，反抗中的女性最后都以失败而告终，不是死掉，便是疯掉。如果说上述几部电影讲述的是女性的压抑故事，那么《归来》《一秒钟》《活着》讲述的则是男性的压抑故事。《归来》中的陆焉识作为海归教授被发配到西北改造二十年，因思念家人心切，中途逃回家中看望却被捉回。待他真正回归时，妻子却患上心因性失忆症，夫妻相见却不相识，实在悲哀至极。《一秒钟》中的张九声也在劳改农场改造，为了能"看"上女儿一眼，他不惜逃出农场到电影院中去看电影，也被捉回，他最后的希望女儿的胶片被农场押解人员随意抛弃。《活着》虽未表现福贵所受的直接伤害，却表现了他的女儿凤霞因为妇产科大夫被批斗无人救治而难产死去，王大夫因为被饿三天连吃七个馒头被撑得奄奄一息。与这些充满苦难的、令观众倍感压抑的影片比较起来，电影《红高粱》无疑太痛快淋漓了。故事里的男男女女活得自由洒脱、敢爱敢恨、敢生敢死、轰轰烈烈，敢于反抗封建包办婚姻，敢于反抗封建伦理道德，敢于反抗异族入侵屠杀，即便有悖伦理道德，即便面临死亡，也毫不畏惧，而这自由、洒脱、奔放、激情用红色来突

① 沈一倩：《张艺谋电影色彩审美研究》，硕士学位论文，长安大学，2019年，第18页。

出无疑是最为合适的。

又次，红色有反抗寓意。《红高粱》中的红色极好地体现了九儿强烈的反抗精神，这反抗经历了从个人命运到民族命运的变化。先是对封建婚俗的反抗。出嫁当天，长辈告诉她，不能掀盖头，不能哭轿，否则没有好报。① 但九儿并未放在心上，一进轿子，便把盖头扯掉，四处打量，体现其反抗精神。在伙计们颠轿的过程中，九儿被颠吐了，也被颠哭了。她出嫁当天，又哭又吐，可谓不吉利，但九儿并不在乎。之后是对父权的反抗。九儿三日回门，心中悲苦，不想再回麻风病人丈夫身边。父亲却让九儿吃完饭赶紧回去，并认为九儿嫁给这么有钱的人家应该感到知足和幸福，还特意提到亲家给了一头大黑骡子。父亲更多从物质角度看，认为女儿嫁给有钱人，从此吃穿不愁，是幸福的。九儿则更多从精神角度来看，她想嫁给一个知冷知热的体面丈夫，而不是一个麻风病老头子。面对父亲的粗暴，九儿气急败坏地掀翻桌子对父亲说："我走，我走，我再也不回来了"，"你和你的骡子过去吧"②。继而是对封建伦理道德的反抗。九儿三日回门途中，被余占鳌半路强行劫持到高粱地。九儿先是惊慌逃跑，后认出是救命恩人，便放弃反抗，静待余占鳌踩踏红高粱，搭建野合"圣坛"。九儿对野合的放弃反抗恰恰表达了她对封建包办婚姻"媒妁之言，父母之命"的强烈不满和反抗，也是对封建伦理道德的反抗。最后是对日军的反抗。众人目睹了刘罗汉被日军活剥人皮后，九儿痛饮高粱酒，要求众人喝下高粱酒，打掉日军汽车队，为罗汉大叔报仇。最终她为抗日而牺牲，她的勇敢和不屈令人敬佩。

最后，来自莫言《红高粱》的色彩启示。张艺谋电影中浓得化不开的红色除了来自他的艺术创新，还来自莫言小说《红高粱》的灵感启发。他把莫言小说《红高粱》中的精华提炼了出来，同时也对莫言小说中的色彩艺术进行了创新。莫言说他看完电影《红高粱》样片后

---

① 电影《红高粱》。
② 电影《红高粱》。

很震撼，有强烈的色彩冲击，认为自己的文本对"红色"有很多渲染，而这给了张艺谋很多启发。① 莫言认为张艺谋电影《红高粱》把他小说中最有力量的部分提取了出来，仿佛从一大堆花瓣里提取了一瓶香水。②

张艺谋在回答大江健三郎是出于什么动机拍摄莫言的小说这个问题时说："我被小说深深吸引了。我印象最深的是小说里对画面、对色彩的描述。电影里面能体现的色彩小说里都写出来了，那是一种非常写意的感觉。同时因为我也是北方人，与莫言一样有着特别典型的北方人性格，所以喜欢写得很豪迈、很壮阔的故事。人和人之间的行为都非常有力量，故事也非常有力量，这特别吸引我。……到现在为止，很多的中国观众还认为《红高粱》是我最好的作品，这应该归于小说的水平高，虽然我们改了很多故事情节，但电影中的神韵以及生命力释放出来的感觉，完全是小说提供的。说起来也很奇怪，从拍完《红高粱》至今，我的电影再也没有表现过这种张扬的生命力。我想要重复也重复不了。"③

从上述莫言自述和张艺谋自述中可见，莫言小说中的色彩确实对张艺谋电影《红高粱》产生了影响。笔者认为，在色彩艺术的运用上，莫言在文学创作中钟情于红色，张艺谋在电影拍摄上也钟情于红色，两人在将色彩艺术运用于创作这方面是知音。近年来，学者们也发现了莫言在其文学创作中特别钟情于红色。不仅以红色为标题的作品较多，如《红高粱》《透明的红萝卜》《红树林》《红蝗》等，而且有诸多红色意象群，譬如红萝卜（《透明的红萝卜》）、红高粱（《红高粱》）、红花朵（《怀抱鲜花的女人》）、红树林（《红树林》）、红蝗虫（《食草家族》）、红公鸡（《欢乐》）、红马驹（《食草家族》）、红缎面（《欢乐》）、红狐狸（《爆炸》）。具体到小说《红高粱》，"红色"是该小说出现次数最多的颜色，红色词汇"不仅仅可以描绘自然

① 林间：《莫言和他的家乡》，厦门大学出版社2013年版，第130页。
② 林间：《莫言和他的家乡》，厦门大学出版社2013年版，第130页。
③ 林间：《莫言和他的家乡》，厦门大学出版社2013年版，第130页。

景物，而且成为其小说叙事的起点，并且还蕴含着复杂的象征意义：象征着强大的生命力，浓郁的悲剧意识，崇高的民族精神等深刻的思想内容"①。

莫言创作为何如此钟情红色且善于运用色彩？一个很重要的原因是他从西方印象派画家的画作中获取创作灵感。他说："很多文学批评家都在研究我的小说受到了哪些外国文学家的影响，但是他们忽略了一点，我的小说实际上也受到了很多外国画家的影响。我记得我1985 年在北京的解放军艺术学院读书的时候，那时候我的书桌上就放着塞尚、凡·高、莫奈这些画家的画册，我当时最大的愿望就是用文字来表现色彩，用文字把画家用色彩所表现的精神表现出来，所以像凡·高笔下燃烧的火苗的树，旋转的星空，都在我的小说里有改头换面的表现。塞尚的绘画对我的小说也是很有影响的。……我从法国画家、欧洲画家那里学到的东西一点不比我从外国作家那里学到的东西少。"② 莫言在小说创作上深受凡·高、塞尚、莫奈、高更等西方画家的影响。早在 20 世纪 80 年代，莫言曾明确表达自己对印象派画家的偏爱："凡·高的作品极度痛苦极度疯狂，相比之下，我更喜欢高更的东西，它有一种原始的神秘感。小说能达到这种境界才是高境界。"③

2. 辅色调：蓝、黄、绿

除了红色，影片《红高粱》还辅以蓝色、黄色、绿色等色调来实现叙事表意的功能。

（1）蓝色

在电影《红高粱》中，尽管红色是整部电影的主体色调，可是还有多处情节是通过蓝色调进行渲染和烘托的，尤其是夜晚的戏大多是以蓝色调为主基调。比如，李大头被杀，九儿不敢进屋睡觉，怕染上

---

① 岳园：《浅论莫言小说〈红高粱家族〉中的红色词》，《内蒙古民族大学学报》（社会科学版）2014 年第 5 期。

② 莫言在法国艾克斯·马赛大学接受荣誉博士时的答谢词。

③ 陈紫、温金海：《与莫言一席谈》，《文艺报》1987 年 1 月 10 日、1 月 17 日。

麻风病，一个人躺在黑黑的院子里睡觉，十分凄凉，此时电影画面是暗蓝色。在这一情节片段中，蓝色有力地衬托出我奶奶新婚即寡不幸婚姻的悲苦处境。① 又比如，晚上罗汉闻着酒香四处找酒，发现被我爷爷恶作剧撒了尿的酒竟然成了难得的好酒，此时整个背景是清凉的蓝色。还有，众人再次唱起《酒神曲》，喝高粱酒，意欲为罗汉报仇的晚上，黑色的土墙上空是瓦蓝的夜空，悬挂半轮夜月。喝完酒，唱完酒神曲，已是半夜时分，整个背景是黑色蓝色共同营构的夜色。

（2）黄色

黄色在电影《红高粱》的色彩艺术中也有重要分量，影片中处处可见各种黄色物体和意象，比如黄土地、黄土坡、黄土墙、黄草堆、黄石桥、黄酒桶、黄马车、黄酒绳、黄水桶、黄皮肤等，令人印象最深刻的是黄土地和黄皮肤。黄土地是张艺谋电影中经常出现的元素。十八里坡放眼望去，到处都是黄土地，空旷而蛮荒。尤其是影片开头，从构图来看，从占满全部镜头的黄土坡里，走出了吹吹打打的红轿子，凸显出这桩婚姻的奇特性。十九岁的妙龄女子嫁给五十多岁的麻风病人，即便故事内核是悲苦的，然而形式仍然是喜气洋洋的，婚嫁故事的荒诞性凸显无遗。黄土地、红轿子是张艺谋常用的电影元素，在他担任摄影的电影《黄土地》中，上述电影元素便已出现。影片中的黄土地除了一望无际外，大片的黄色更具表意功能，这种黄色调在电影《红高粱》中同样存在。黄皮肤主要表现在我爷爷和烧酒作坊的伙计们身上。当他们干活的时候，一律光着膀子，露出颜色鲜明的黄皮肤，黄色皮肤彰显了鲜明的中国民族特色和旺盛的生命活力。

（3）绿色

影片名叫"红高粱"，实际上，在绝大部分镜头中，高粱都是绿色的，一直到影片最后，我奶奶被日本人打死，整部影片的基调全部变成了红色，此时的高粱才由绿高粱变成了红高粱。无论是我奶奶出嫁时，还是我爷爷与我奶奶野合时，高粱都是绿色的。罗汉离开十八

---

① 徐媛媛：《对电影〈红高粱〉中色彩设计艺术的解读》，《芒种》2014年第16期。

里坡多年之后，再次现身，九儿远远追过去，罗汉却不见身影，九儿四处张望，看到的只是不停摇摆的绿高粱。日本人刚来的时候，高粱是绿色的，在日本人的刺刀威胁下，乡亲们被逼着踩倒成片的绿高粱。此处的绿高粱像乡亲们一样被屠杀被摧毁。就是在这片高粱地，秃三炮被杀，刘罗汉被日军活剥人皮，残忍至极。

（三）民俗才是最雅的：电影《红高粱》中的民俗文化

张艺谋电影特别注重对中国民俗文化的展示和挖掘。张艺谋说，他想要的风格是扎根在我们中国老百姓骨子里的东西，那些东西是民俗，民俗的才是最雅的。在他的电影中，几乎随处可见各种民俗文化，比如《秋菊打官司》中秋菊儿子办满月酒，《满城尽带黄金甲》中有重阳节民俗的展示，民俗文化在电影《红高粱》中同样存在。

1. 出嫁民俗

主要指出嫁当天的民俗，具体包含梳妆民俗如净面、盖头民俗如不可掀盖头、花轿民俗如不可哭吐于花轿。

2. 颠轿民俗

影片《红高粱》中介绍"照那会儿的规矩，轿夫抬轿子，半路上要折腾新娘子"。轿夫们按照习俗开始颠轿，同时唱曲。颠轿情节自被莫言提取出来，在电影《红高粱》中首次突出出来，在其他由同名小说改编而成的艺术比如戏剧《红高粱》中都是作为核心情节来表现的。

3. 回门民俗

影片《红高粱》中交代"新婚三天，接闺女回门，是我老家的风俗"，"我曾外祖父接我奶奶回门"。也正是这三日回门风俗，成就了爷爷和奶奶的好事。

4. 祭祀酒神

烧酒作坊出新酒了，罗汉率众伙计祭拜酒神。这种祭拜既是老规矩，也是民俗仪式。面对香案烛火、酒神神像，伙计们唱起了酒神曲，表达酿出新酒的喜悦心情和对美好生活的企盼。

5. 民俗元素

除了上述民俗事象，影片中还使用了其他民俗元素，如年画、门神等。这些看起来很土很古老的元素，经导演张艺谋的艺术处理，极具地域色彩和民族风情，充分营造了一个百姓的日常生活世界。[①]

（四）生命强力和不屈生命的象征：红高粱意象

1. 红高粱见证了祖辈的奇特爱情故事

首先，我爷爷和我奶奶真正一见倾心是在高粱地。青杀口遇土匪，爷爷带头制服了土匪，得见奶奶的庐山真面，他看傻了眼，将奶奶的小脚送回轿子。其次，我爷爷和我奶奶真正相爱的地方是在高粱地。我爷爷将我奶奶劫进高粱地里，我奶奶先是逃跑，待认出是我爷爷后，不做反抗。我爷爷踩倒高粱，做了一个高粱地床，与我奶奶相亲相爱。最后，我爷爷和乡亲们埋伏在高粱地，伏击日本的汽车队，我奶奶前去送饭，不幸牺牲，绿高粱变成了红高粱。

2. 红高粱是自由不屈生命的象征

影片中多次出现狂野摇摆的红高粱。我爷爷和我奶奶野合时，伴随着高亢的唢呐声，镜头中全部是狂野摇摆的绿高粱，此时的高粱见证了蔑视传统礼法的我爷爷和我奶奶的相爱。影片结尾，我奶奶牺牲，天空、太阳和高粱全部变为红色，镜头中再次出现狂野摇摆的红高粱，低沉的鼓点、高亢的唢呐声和着豆官的童声呼喊，配着极具悲壮色彩的红色，摇摆的红高粱将观众带入了极具想象力的审美空间。

（五）符合人物性格的声音艺术

1. 人声

（1）旁白

影片《红高粱》采用了和小说相同的第一人称叙事，以"我"为叙事视角，讲述了我爷爷和我奶奶的故事，在向观众交代故事情节发展由来的同时，最大限度地带来了故事的真实感。电影一开始就采用旁白，交代故事的主要内容："我给你说说我爷爷我奶奶的这段事。这段

---

① 朱旭辉：《红色·人物·民俗——重温电影〈红高粱〉》，《电影文学》2007年第13期。

事在我老家至今还有人提起。日子久了，有人信，也有人不信。"① 接下去介绍了我奶奶的情况："这是我奶奶，那年的七月初七，是我奶奶出嫁的日子。娶我奶奶的是十八里坡烧酒作坊的掌柜李大头。五十多岁了才娶上这门亲，因为人们都知道，他有麻风病。"②

（2）对白

通过对白，推进了故事情节的发展，同时刻画了人物的性格特点。比如电影《红高粱》中我奶奶和曾外祖父的对白：

曾外祖父："闺女，你得回来，你得回李家来，多大的气派，张口就给咱一头大骡子，你不愿意归不愿意，你抢什么剪子？你得回来，你得回李家来！……掉在福窝窝里还整天五迷三道地转不过来，你看人家李家，给了咱一头大黑骡子，回去好好过日子，嫁了人，死活都是李家的人了。"

曾外祖父："狗杂种，想不认你爹，没那么便宜，我和你娘弄出你来，容易吗？"

仅看这两段台词，便可见一个专权霸道、贪财自私、粗暴固执的封建家长形象。他不顾女儿死活，狠心将女儿嫁给五十多岁的麻风病人为妻，只因对方给了大骡子，在这个父亲心中，女儿远没有大骡子重要，亲情寡淡到了极点。

再看九儿的对白：

九儿："我走，我走（掀翻桌子），你不是我爹，我没有你这样的爹！你就想拿我换一头黑骡子！你跟你的骡子过去吧！"

九儿："我走，我走，我再也不回来了！"

---

① 电影《红高粱》。
② 电影《红高粱》。

女儿无力反抗父权专制，只能以沉默中爆发、恶狠狠的对白来表达自己的不满、绝望、愤怒和反抗。

（3）其他人声

有日军的命令声、呵斥声。日军修公路时，影片中充斥着野蛮的命令声、呵斥声，日军的凶狠与残暴通过声音显露无遗。还有我爷爷的喊叫声。高粱地里，遇到劫持花轿的土匪，我爷爷大喊一声，扑上前去，打死土匪，救下奶奶。肉铺里，面对秃三炮，我爷爷大喊一声，扑上前去，制服秃三炮。被秃三炮反制后，他也大喊一声。爷爷的声音粗犷豪放，与他兼具土匪和好汉的性格特征十分相符。

2. 生动逼真的声响营造

影片中的音响营造生动而逼真，如高粱叶子哗啦哗啦的声音、深更半夜远处若隐若现的狗叫声、蟋蟀的鸣叫声、高粱酒哗啦哗啦流淌的声音，以及最后伏击日本汽车队的巨大爆炸声都给观众留下深刻印象。

（六）影片《红高粱》的重复蒙太奇

1. 看与被看的重复

主要体现在我奶奶和我爷爷之间的看与被看。影片《红高粱》中有多处我奶奶与我爷爷的看与被看。第一处，奶奶出嫁当天在高粱地里遇到劫匪，劫匪不仅劫财，还想劫色，他命令奶奶往高粱地里走，奶奶看向爷爷，用眼神向他求救。爷爷瞅准机会制服劫匪，救下奶奶。奶奶从高粱地里走出来时，爷爷痴痴地看着她，被其年轻貌美打动。奶奶发觉爷爷在看她，也抬眼看他。在这个故事段落中，镜头不断在我奶奶和我爷爷之间密集转换，营造两人通过眼神沟通心灵的情缘，从而为后面二人的野合和结合埋好感情的伏笔。第二处，轿夫们将奶奶护送到李大头家后便各奔东西。奶奶盖着盖头，在刘罗汉和婆子的搀扶下，转过身来看向爷爷，爷爷则站在高处的十八里坡看向奶奶，这里也有两人互看的镜头。第三处，奶奶被土匪秃三炮劫走放回，醉酒三天的我爷爷从酒缸中醒来。此时头发凌乱受到惊吓的奶奶转过身去看向爷爷，爷爷被复仇的火焰包围，头也没回径直去找秃三炮算账。

"眉目传情"在影片《红高粱》中体现得淋漓尽致,通过我爷爷和我奶奶的眉目传情,把二人的情缘、爱情表现得十分真切。几处回头交代了两人爱情之火的萌生与延续。

2. 十八里坡的重复

十八里坡是影片故事发生的重要场所,该场所在影片中多次重复出现,譬如爷爷抬轿走过这里,奶奶出嫁走过这里,豆官从高粱地里回家走过这里,曾外祖父接女儿回门走过这里,乡亲们打鬼子走过这里。十八里坡既见证了爷爷与奶奶的爱情故事,也见证了豆官的成长时光,更见证了罗汉投靠共产党的身影,以及乡亲们喝酒打鬼子的传奇故事。十八里坡是影片的核心故事场所之一。

3. 高粱地的重复

张艺谋说,《红高粱》这部影片讲述的是一个男人和一个女人以及一片高粱地的故事。在这片神奇的高粱地里,发生很多可歌可泣的神奇故事。奶奶出嫁时走过高粱地、爷爷奶奶野合在高粱地、乡亲们打鬼子在高粱地,高粱地是影片《红高粱》贯穿始终的核心意象和核心场所,成为影片中继一个男人余占鳌、一个女人戴凤莲之后的第三个主角。

4. 色彩的重复

影片中红色是占据主导地位的色调。影片不断重复红色意象,譬如红色出嫁、红色屠杀、红色高粱、红色火焰、红色爆炸、红色高粱酒等。另有绿色高粱、蓝色夜空、黄色土地等色彩意象的重复。

5. 火焰的重复

影片《红高粱》中还有火焰的重复,譬如李大头死后消毒时出现过火焰、烧酒作坊出新酒时有火焰、鬼子在高粱地杀人时有火焰、乡亲们饮酒摔碗发誓为罗汉报仇时有火焰、乡亲们炸掉日军汽车时有火焰。这五处火焰喻示了不同的含义:第一处火焰喻示了奶奶烧掉了过去的肮脏和丑恶,喜迎新生活;第二处火焰喻示了富有希望的美好孕育;第三处火焰喻示了鬼子的残忍和屠杀的恐怖;第四处火焰喻示了乡亲们对日军的怒火中烧;第五处火焰喻示了伏击日军的成功。

6. 高粱酒的重复

影片中的高粱酒十分神奇，既可以用来吃喝健身壮胆，也可以用来祭祀，还可以用来当作武器炸死日军。高粱酒在乡亲们这里是宝物一样的存在。另外，影片中有两处往高粱酒里撒尿的情节。第一处是我爷爷当众脱裤往高粱酒里撒尿，竟意外酿成了香飘万里的十八里红。此处情节颇具魔幻色彩，因为按照常理，往入口喝的酒里撒尿，便不能饮用，但在影片中，爷爷的这泡尿却意外成就了一坛好酒"十八里红"。这实则是忠实于小说的改编，因为小说中酿酒秘方之一便是用尿罐中的尿碱加入酒中方能酿出美酒。[①] 第二处是在打鬼子前，我爷爷让豆官往高粱酒里撒尿。影片并未交代此举有何意图，但是可以猜出，是一种类似战前的仪式，豆官撒了尿的红高粱酒被乡亲们拿来当作炸日军的武器。影片还表现了酿高粱酒的场景，九儿到烧酒作坊和伙计们一起拉风箱，酿出的高粱酒是红的，伙计们请九儿尝第一口。众人齐喝高粱酒，心情喜悦。之后是祭酒神仪式。祭祀仪式庄严而肃穆，寄托了乡亲们美好的愿望。在李大头死后，高粱酒则成为消毒驱邪的神器，九儿和刘罗汉及乡亲们用高粱酒消毒，把房屋、被褥、家具以及十八里坡都用高粱酒消毒，消毒的过程颇具有狂欢色彩，大家像过节一样到处泼洒红色的高粱酒，欢声笑语不断。对于伙计们而言，患有麻风病掌柜的死去，让大家不再恐惧麻风病这种十分恐怖的疾病；对九儿而言，她即将开始新的生活，心情愉悦。影片最后，在武器缺失的条件下，我爷爷和乡亲们抱着点燃的高粱酒坛子成功炸毁日军的汽车。

（七）空镜头的运用

张艺谋特别善于运用空镜头控制影片节奏、表达影片主题、营造艺术氛围。这一点在其电影《红高粱》中就已经初现端倪，在他之后的绝大多数影片中，都有空镜头的运用，譬如《长城》《英雄》《三枪拍案惊奇》《一秒钟》中的大漠风光都是张艺谋特别常用的空镜头，

---

① 莫言：《红高粱家族》，人民文学出版社 2012 年版，第 74 页。

营造了奇特壮美的艺术风格。

高粱地：从绿色的高粱到红色的高粱。电影中的高粱与小说中关于高粱的描述十分吻合。高粱们和乡亲们同样遭遇了苦难和屠杀，其色调在结尾处由绿色变为红色。影片在多处给予高粱地和高粱们以浓墨重彩的空镜头，譬如野合前、野合中、野合后，或疯狂摇摆或温柔飘拂的高粱极好地衬托了我爷爷和我奶奶既狂野又融柔情的爱情。同时，在日军屠杀前、屠杀中、屠杀后，也都有红高粱的空镜头，以此突出日军屠杀的血腥和残暴。

落日：我爷爷将我奶奶劫持进高粱地野合之后，在高粱地里高声唱"妹妹你大胆地往前走"，我奶奶则神情愉悦。之后，影片来了一个落日下的红高粱的空镜头，此时的落日、高粱地美丽安详，美好的景物与二人之间美好的爱情相互映衬。

十八里坡：见证了我爷爷与我奶奶的爱情，也见证了土匪的猖狂、罗汉大叔的离去，以及日军的屠杀和乡亲们的反抗。

太阳：我奶奶死后，太阳变成一片血红，奇特的太阳隐喻了我爷爷内心深处的悲苦。

（八）留白的艺术

留白的艺术是张艺谋电影中常用的艺术手法。影片《红高粱》的留白主要包含镜头的留白和人物的留白。

1. 镜头的留白

包含暴力镜头的留白和情爱镜头的留白。首先看暴力镜头，《红高粱》中瘦徒弟被日军逼迫活剥刘罗汉人皮，小说对如何活剥人皮进行非常详细的描写，包括剥皮的顺序、刘罗汉的惨叫，都给予生动展示，读来令人不寒而栗。而电影《红高粱》仅保留徒弟下第一刀和刘罗汉的第一声惨叫便戛然而止，余下的剥皮镜头全部留白，因此在第一刀镜头之后便是完成剥皮后徒弟疯掉大笑的镜头。影片省略了中间过于血腥的剥皮过程和被剥皮时罗汉的惨状。通过徒弟坐地摸刀疯狂大笑表现了日军的极度残暴。对于留白镜头，之后影片通过画外音进行补叙："据我老家的人说，我罗汉爷爷是当了共产党，受指派收编各路地方武装一同抗日。我看过县志，县志载：日军抓民夫累计40万人次，修筑张平公路，毁稼禾无数，杀人逾千。刘罗汉在青杀口前，被日军剥皮凌割示众。刘面无惧色，骂不绝口，至死方休。"[①] 对暴力镜头的留白，在影片《金陵十三钗》中同样存在，豆蔻被日军活捉轮暴，影片只表现了她被绑住的手脚，之后便是她对日军的大骂和被杀，其他镜头则省略掉。但通过这些做过留白处理的镜头，观众已经深感恐怖和愤怒。

其次，情爱镜头的留白。突出体现在野合情节中。野合情节是影片《红高粱》的核心情节之一，影片侧重表现野合前的挣扎与准备，并未表现野合的过程。当余占鳌将九儿劫持进高粱地，九儿放弃反抗后，余占鳌踩倒高粱做地床，九儿主动躺倒在地，呈大大的人字形，我爷爷则跪在九儿身边。这些都是野合前的情节，也是影片浓墨重彩表现的情节。但对之后野合的过程则进行留白处理，此时镜头里显示的是疯狂摇摆的红高粱，并伴以高亢的唢呐声。影片通过独特的画面和配乐表现两人野合的激情。

2. 人物的留白

首先，李大头的留白。关于九儿所嫁丈夫长相如何、脾气如何，影片干脆没让这个人物出场，他仅停留在旁人的口中。譬如通过伙计们说"谁家的姑娘可惜了"来突出李大头患有麻风病的恐怖，又如九儿父亲说"张口就是一头大黑骡子"突出李大头的财大气粗。总体来讲，对李大头这一人物的处理采用了非常彻底的留白。对于不重要的丈夫形象，以留白处理在张艺谋导演和参与的影片中多次出现，譬如在影片《黄土地》中就有对翠巧丈夫的留白处理，即并未让翠巧丈夫露面，只露出他的一只大黑手便足以说明一切。此种处理独具匠心。其次，土匪秃三炮的留白。秃三炮因何被日军捉住杀害，影片并未交代，观众只能通过推断，大致猜出他作为地方重要武装参加抗日活动被日军拘捕。最后，刘罗汉的留白。刘罗汉从烧酒作坊离开以后，

---

① 电影《红高粱》。

去了哪里、做了什么、因何被捉等问题影片都未交代，只用一句话提醒观众罗汉大叔加入了共产党，观众亦可猜测他因参加抗日活动被捉，至于被捉的时间、地点都未讲明。这和小说原著有所不同，小说原著详细讲述了罗汉逃跑途中因想牵回东家骡子被日军发现捉住的情节。

第二节　减法的艺术:电影《红高粱》的改编

和电视剧《红高粱》的"加法"改编艺术比较起来，电影《红高粱》采用"减法"艺术进行改编，这与影视的不同艺术属性相关，也与两者改编小说原著内容多寡有关。莫言《红高粱家族》包含《红高粱》《高粱酒》《狗道》《高粱殡》《奇死》五部中篇小说，电影《红高粱》改编自其中的《红高粱》和《高粱酒》，因此，诸多在后三部中篇小说中出现的人物和情节在电影《红高粱》中都未曾出现，这也是电影《红高粱》人物关系简单、剧情容量较小的原因之一。另外，影视《红高粱》采用"减法"与"加法"，还与两种艺术形式的时空容量不同相关。电视剧《红高粱》六十集约合六十个小时的时间容量，需要更多的故事、人物来支撑，而电影《红高粱》仅有一个半小时的时间，只能删繁就简，提取小说原著核心情节、人物和主题来表现。综合来看，电影《红高粱》采用减法改编艺术，对小说故事进行简化、改动、删减处理，表现为主要人物的简化、次要人物的留白、人物姓名的变动、核心情节的提纯、故事场景的挪移等。

一　主要人物的简化处理

小说原著涉及人物数量众多，关系纷繁复杂，电影《红高粱》将主要人物大幅简化。小说、电影《红高粱》中的人物及叙事如下表所示。

小说、电影《红高粱》中的人物及叙事对比

作品	人物	核心情节	叙事	结局
小说《红高粱》	我爷爷余占鳌、我奶奶九儿、刘罗汉、豆官、孙五、曹梦九、单扁郎、单廷秀、冷队长、江小脚、黑眼、九儿爹、九儿娘、土匪花脖子、恋儿、刘氏	颠轿、劫轿、野合、剥皮、伏击战、我奶奶牺牲、出殡	1. 爱情（我爷爷和我奶奶、刘氏、恋儿；我奶奶和我爷爷、黑眼）2. 抗日（我爷爷抗日、共产党江小脚抗日、国民党冷支队"抗日"、乡亲们抗日）	我奶奶中弹牺牲、恋儿和小姑姑死去、刘罗汉被剥皮死去、炸毁日军汽车
电影《红高粱》	我爷爷余占鳌、我奶奶九儿、刘罗汉、豆官、瘦徒弟、李大头、土匪秃三炮、九儿爹	颠轿、劫轿、野合、剥皮、伏击战、我奶奶牺牲	1. 爱情（我爷爷和我奶奶）2. 抗日（我爷爷、奶奶、乡亲们抗日）	我奶奶中弹牺牲、刘罗汉被剥皮死去、炸毁日军汽车

电影《红高粱》中的主要人物余占鳌、九儿、刘罗汉三人的命运和小说原著中的总体相同，只是进行了细微变动。首先，来看余占鳌。在小说中余占鳌是占据主导地位的一号主角，小说主要讲述了余占鳌带领豆官和乡亲们伏击日军汽车队的故事，并穿插了他和九儿、恋儿、刘氏的爱情故事。电影中的余占鳌则成为二号主角，其主导地位被九儿取代。再看九儿。在电影《红高粱》中，九儿成为占据主导地位的一号主角。影片重点讲述了九儿出嫁到李大头家、被余占鳌劫进高粱地野合、被土匪秃三炮绑走、英勇抗日牺牲的过程。随着九儿牺牲，影片便戛然而止，仅留余占鳌和豆官父子两人站在原地。最后看刘罗汉。无论是在小说中，还是在电影中，刘罗汉都是被日军捉住剥皮而死，所不同的是，小说中的刘罗汉是为牵回东家骡子被捉杀害，电影中的刘罗汉则是因为参加共产党抗日被捕杀害。其被捉的原因发生变化，小说中的刘罗汉是个人主义者，并无政治觉醒和民族大义，他心中所想的是东家财物，而电影中的刘罗汉则有政治觉醒，他参加共产党，进行有组织的抗日。如此而言，电影《红高粱》对刘罗汉这一人物进行了政治提升，其在被剥皮过程中大骂日军至死方休，体现了共产党人的钢铁意志和视死如归。

二　次要人物的留白处理

电影《红高粱》对次要人物多做留白处理，突出体现于李大头这一人物。作为我奶奶的合法丈夫，他本应是重要角色，却在电影《红高粱》中从未现身，影片只是间接交代他是麻风病人、他被人杀害的情节，他本人则自始至终都以"传说"形式"出场"。就连自己的新婚之夜，都被导演省掉露面机会，只以九儿父亲口中"抢什么剪刀"令观众知晓这位新郎在新婚之夜试图靠近九儿，却被九儿抢剪刀逼退。与电影对新郎官的极省处理相比，小说原著则详细描述了九儿眼中麻风病丈夫的样貌：

> 她看到炕下方凳上蜷曲着一个面孔痉挛的男人。那个男人生着一个扁扁的长头，下眼睑烂得通红，他站起来，对着奶奶伸出一只鸡爪状的手，奶奶大叫一声，从怀里摸出一把剪刀，立在炕上，怒目逼视着那男人。那男人又萎萎缩缩地坐到凳子上。这一夜，奶奶始终未放下手中的剪刀，那个扁头男人也始终未离开方凳。①

电影《红高粱》中的这位新郎却未出场，不仅相貌，就连声音都未出现，"消失"得十分彻底，这是典型的"留白"处理。而对无足轻重丈夫的"留白"处理也是张艺谋惯用的手法，他在侧重讲述女性故事的影片中，常将丈夫做"留白"处理，譬如影片《黄土地》中对翠巧丈夫的留白。翠巧新婚之夜初次见到丈夫，丈夫长相如何，不仅翠巧感到新奇，观众也是。但影片并未正面表现丈夫相貌，仅用一只伸向翠巧的黑手间接告知观众丈夫的年迈、苍老和丑陋。在影片《大红灯笼高高挂》中，颂莲新婚之夜，导演也多以远景和侧面镜头表现陈老爷，并未出现其特写镜头或正面镜头。

---

① 莫言：《红高粱家族》，人民文学出版社 2012 年版，第 60 页。

三　人物姓名的变动

小说原著中我奶奶的出嫁对象是麻风病人单扁郎，是一位年轻男子。而在电影《红高粱》中，其丈夫变为五十多岁的李大头，同样也患有麻风病。这种处理令人联想起张艺谋的另一部电影《菊豆》，影片中的菊豆同样年轻貌美，同样被父亲嫁给年老丈夫，一个同样生理病弱、心理变态的老男人。

另有土匪名字的变动。小说原著中绑架我奶奶的是土匪花脖子，我爷爷为复仇去找花脖子算账，用练就的"七点梅花枪"将其打死在墨水河里。而影片《红高粱》中的土匪变名为秃三炮，我爷爷复仇的地点改为屠宰肉铺。我爷爷先是制服了秃三炮，后被秃三炮制服，但最终被放走。

四　核心情节的提纯

小说原著的故事情节纷繁芜杂，人物关系并不单一。譬如我爷爷和我奶奶的爱情故事中既有轰轰烈烈的激情野合，也有我爷爷的花心，他和恋儿偷情同居并育有女儿。另外，在我奶奶死去以后，我爷爷和刘氏同居在一起。在我爷爷的家谱上，明确写着我奶奶、恋儿、刘氏这三个女人。这种并不单纯的爱情关系在电影《红高粱》中被剔除掉了，仅保留了我爷爷和我奶奶的单一爱情故事。

另外，小说原著里我爷爷在率领乡村武装抗日过程中，和共产党江小脚、和国民党冷麻子产生恩怨纠缠，这些情节在电影《红高粱》中也被剔除了，电影中我爷爷的抗日情节主要表现他带领乡亲们伏击日军的汽车队。电影同时剔除掉了我爷爷的土匪故事。通过提炼，影片《红高粱》的核心情节变为：颠轿、劫轿、野合、剥皮、祭酒、伏击战、牺牲。

五　故事情节的改编

一是罗汉剥皮情节的改编。首先，被剥皮人物的改编。小说原著中，被日军剥皮的仅为刘罗汉一人，而在电影《红高粱》中，被日军剥皮者变为两人，除了刘罗汉，还有土匪秃三炮。胡二拒绝给当家的即秃三炮剥皮，而是给他个痛快，一刀捅死了他，自己则被日军射杀。瘦徒弟则和小说中情节一样，都是被逼活剥刘罗汉人皮后疯掉。其次，剥皮者的改编。剥皮者在小说和影片中的表现也稍有不同。小说对其剥皮后的疯狂进行了详细描写："精神错乱，手舞足蹈，眼睛笔直，腮上肉跳，胡言乱语，口吐白沫，扑地跪倒"，孙五"疯了几个月，又添了新症候：他在一阵喊叫之后，突然口眼㖞斜，鼻涕口水淋淋漓漓，话也说不清了。村里人说这是上天报应"①。电影《红高粱》则仅仅表现瘦徒弟瘫坐在高粱地上疯狂举刀大笑的场景，没有其他疯狂表现。因此，电影对小说中剥皮情节进行了减法和留白处理。

二是野合情节的改编。首先，反抗情节。电影《红高粱》中的我奶奶在三日回门时被余占鳌劫进高粱地，初始她疯狂逃跑反抗，在认出是救命恩人余占鳌后便放弃了反抗。而小说中的我奶奶压根就没有反抗，她"无力挣扎，也不想挣扎……她甚至抬起一只胳膊，揽住了那人的脖子，以便他抱得更轻松一些"②。其次，野合情节。小说原著中我奶奶被余占鳌抱着放到地面上，软得像面条一样，眯着羊羔般的眼睛。余占鳌把蓑衣铺在高粱上后便把我奶奶抱到蓑衣上，并粗鲁地撕开奶奶的胸衣。③影片《红高粱》仅以两个动作便传神表达了这一场景，一个动作是我奶奶闭眼倒下躺在高粱上，一个动作是我爷爷对着我奶奶跪下，之后的情节做留白处理，以疯狂摇摆的高粱和高亢的唢呐声间接表现这一浪漫而激情的场景。比较而言，电影《红高粱》

---

① 莫言：《红高粱家族》，人民文学出版社 2012 年版，第 44—45 页。
② 莫言：《红高粱家族》，人民文学出版社 2012 年版，第 61—62 页。
③ 莫言：《红高粱家族》，人民文学出版社 2012 年版，第 62 页。

表现得极为含蓄，却取得了"此处无声胜有声"的绝佳艺术效果。

六 故事场景的挪移

小说原著中的故事发生在山东高密东北乡，而电影《红高粱》则将故事场景搬到了西北黄土高原，这一故事场景更有利于表现影片神韵，因为"在黄土高原上表现整个故事在视觉上显得更加壮阔，更加苍凉。让影片在视觉冲击力上更强，达到的心理冲击力更变强"①。以核心情节"颠轿"为例。在电影《红高粱》的颠轿情节中，首先，九儿和余占鳌并不相识；其次，颠轿给观众留下极为深刻的印象，几个光膀子的男子吹着唢呐，走在荒凉无比的黄土地上。在这荒凉而静寂的黄土地上，这些光膀子的男人却跳起了颇具挑逗和捉弄意味的颠轿舞蹈，他们舞步腾挪移动，唢呐声响上下飞扬，伴随着男人们虚无而热闹的狂欢的却是九儿的恐惧和委屈。比较而言，电视剧《红高粱》中颠轿这出戏相对来说较为写实，余占鳌已事先看上了九儿，虽然没有到谈婚论嫁的地步，但二人也算是相识，余占鳌曾将九儿救出土匪窝。这和电影《红高粱》中的二人从未谋面不同。电视剧《红高粱》中颠轿时周围有大片绿色的红高粱，轿夫们和吹鼓手们大多身着衣服，这和电影《红高粱》中光膀子男性所营造出来的男性强力和性的意味截然不同，虽然其中也穿插了恶作剧式的颠轿和花样舞蹈式的轿夫步伐，但"少了黄土地扬起的滚滚尘土，也便少了些许生命的豁达豪迈"②。总体上感觉其视觉冲击力和艺术效果要逊色于电影《红高粱》。

七 抗日主题的弘扬

众所周知，纪念抗战胜利 40 周年是莫言写作《红高粱》的重要

---

① 李浩界:《从文学改编角度谈影视版〈红高粱〉的不同》,《青年文学家》2015 年第 29 期。
② 党淑婷:《电视剧〈红高粱〉改编优劣论》,《今传媒》2015 年第 11 期。

背景，因此弘扬伟大抗战精神便成为小说题中应有之义。小说原著描写了诸多日军暴行，诸如杀人放火、活剥人皮、轮奸女性等，其暴行令人发指，激发读者愤怒。较之小说原著，电影《红高粱》由于特殊的时空容量使得故事讲述相对简洁，影片并未过多涉及日军其他暴行，只是集中表现了日军逼迫乡亲踩踏高粱、修建公路的情节，并重点表现日军逼迫胡二师徒活剥刘罗汉人皮的恐怖场景，以此突出日军惨无人道的暴行。此外，电影《红高粱》还表现了乡亲们伏击日军汽车队的战斗场面，乡亲们抱着高粱酒坛子成功炸毁日军汽车。在武器短缺原始落后的条件下，乡亲们仍然奋起反抗，不畏牺牲，这种抗战精神令人肃然起敬。

八 电影《红高粱》的艺术效果

比较影视《红高粱》，电影《红高粱》更具含蓄蕴藉之美。以野合情节为例，电视剧《红高粱》表现"野合"场面时余占鳌雷人直白的台词"我要睡你"使得意境全消，何况还重复了三遍。① 之后是余占鳌用胳膊夹着九儿在高粱地里穿行，九儿从最初的反抗到配合，二人的亲吻等场景都表现得非常完整全面。电视剧对"野合"情节的处理坦荡直白有余，却有失含蓄蕴藉之美。而电影《红高粱》中的"野合"则以空白美、含蓄美著称，处理得非常美妙。影片中的余占鳌蒙面追逐九儿直至九儿主动躺倒在地，余占鳌则轰然跪倒在九儿的身边，之后情节做留白处理，且两人全程静默，并无半句台词与言语交流，全靠眼神传递和心灵默契，达到了"不着一字，尽得风流"的艺术境界。此刻伴随着高亢唢呐声的不再是二人亲密野合的镜头，而是大片大片狂乱摇摆的红高粱，以植物的狂舞烘托出野合的激情，运用空镜头达到此处无声胜有声的效果，这种艺术效果就是"随着一声唢呐的

---

① 党淑婷：《电视剧〈红高粱〉改编优劣论》，《今传媒》2015 年第 11 期。

呐喊，人们的心绪被推上百感交集的峰顶"。①

第三节　电影《红高粱》的传播与接受

电影《红高粱》对莫言小说《红高粱》的传播起到了重要作用，莫言也认识到，遇到张艺谋这样的导演他很幸运。"电影的影响确实比小说大得多，小说写完后，除了文学圈也没有什么人知道。但当1988年春节过后，我回北京，深夜走在马路上还能听到很多人在高唱'妹妹你大胆地往前走'。电影确实是了不得。"② 电影自公映以来，好评如潮，获得多项大奖和大众喜爱，与此同时，在学术界也得到较为广泛而持久的关注和研究。搜索知网，关于电影《红高粱》的研究论文有130多篇。综观现有研究成果，学者们对电影《红高粱》的研究多集中于以下几个方面：色彩艺术、音乐研究、人物形象、影片主题、电影改编、哲学解读等。

一　电影《红高粱》色彩艺术研究

色彩艺术研究是电影《红高粱》研究中最为集中的方面。研究者指出电影《红高粱》中最突出的色彩是红色，认为影片运用了非凡的红（刘称心，2012）；指出电影《红高粱》不仅将红色贯穿影片始终，而且巧妙地将道具颜色和背景颜色融为一体，色彩艺术还有利地烘托了人物心理活动（徐媛媛，2014）；具体分析了影片《红高粱》中的色彩，如红色、黄色、黑色等色调，不同的色彩蕴含着不同的意义（高一萍，2019），色彩渲染对故乡、复仇、祖先崇拜等主题表达起到重要作用（刘萍，2019）。总体来看，关于电影《红高粱》中的色彩研究相对较多，且较为深入。

---

① 张暖忻：《红了高粱》，《当代电影》1988年第2期。
② 林间：《莫言和他的家乡》，厦门大学出版社2013年版，第119页。

二　电影《红高粱》音乐特色研究

此类研究具体分析了影片《红高粱》中的民歌、配乐等元素，认为影片中的《颠轿曲》《酒神颂》等音乐配乐既表现出民间文化的根，又合着时代的节拍，作出了可喜的探索（杨清波，1988）。有的学者从民歌角度研究，认为《颠轿歌》《酒魂曲》《妹妹你大胆地往前走》这三首代表性民歌对加强影片的情感色彩、增强影片的美学魅力、增强影片的民俗地域色彩起到重要作用（童敏帆，2013）。有的学者则从音乐作用角度研究，认为赵季平对地方民族音乐素材、民族乐器的运用是电影取得成功的一大关键，音乐对于电影《红高粱》起到了叙事推进和渲染作用（庞琪，2017）；音乐对电影《红高粱》中人物情绪营造与美学表达都起到重要作用（刘方，2015）。总体来看，关于电影《红高粱》中的音乐研究类成果数量并不多。

三　电影《红高粱》人物形象研究

此类研究数量较少，多集中于电影中的人物形象特别是女性形象的研究。宋艳飞（2015）通过深刻剖析影片《红高粱》中的女性形象，深度挖掘这部影片背后的女权主义。对女性形象的塑造和刻画更是对这部影片的重要阐述和表达，是对传统女性形象的彻底颠覆。①陈晨（2014）分析了我奶奶、我爷爷、我奶奶他爹、罗汉、屠夫、屠夫徒弟、我爹这七个人物，从全新的角度来阐述整部电影。认为我奶奶虽婚姻不幸却敢于反抗，性情刚烈；我爷爷是追求真爱、勇于抗日的英雄好汉形象；我奶奶他爹的自私、冷酷、无知源于封建思想的毒害；罗汉从一个忠实稳重的管家形象转变成了一名不畏生死的抗日英雄；屠夫则在日军的残暴面前由麻木转向了反抗；瘦徒弟的疯癫则揭

---

① 宋艳飞：《电影〈红高粱〉女性形象分析》，《电影文学》2015 年第 20 期。

示了日军的残暴。①

四　电影《红高粱》改编研究

有学者从小说到电影的改编艺术这一视角深入研究。赵树莹（2018）认为《红高粱》从小说到电影进行了多处改编：主题方面从爱恨家国变成生命礼赞，从错综复杂的叙事模式到简单集中的情节简化，由丰满复杂的人物转变为提纯净化的单一人物。② 尹秀丽（2016）指出电影《红高粱》对小说原著的改编采用故事主题单一化，比如具体化造型凸显生命主题、仪式化场景强化生命主题；采用叙事结构传统化，比如单线叙事结构和直线型叙事顺序；采用人物形象提纯化，比如塑造女主人公的清纯形象、淡化男主人公的匪气。③ 王海红（2016）则认为电影《红高粱》对小说文本进行了民俗化改编。总体来看，关于电影《红高粱》的改编研究类成果数量并不多。

五　电影《红高粱》其他研究

另外，还有对电影《红高粱》的主题研究，譬如高小康（1988）指出，电影《红高粱》的主题在于表达自由精神、原始力量与超人精神。④ 就自由精神而言，影片通过大气磅礴、富有个性化的电影语言，尽情展示了敢爱敢恨、敢生敢死的自由精神与生命气度。⑤ 还有学者从哲学理论视角展开研究。宿梦醒（2012）认为电影《红高粱》存在多方面冲突：从人性视角解读，存在社会性和自然性的冲突与融合；

---

① 陈晨：《电影〈红高粱〉中的人物角色分析》，《电影文学》2014 年第 16 期。
② 赵树莹：《改编修辞：从小说〈红高粱家族〉到电影〈红高粱〉》，《写作》2018 年第 5 期。
③ 尹秀丽：《〈红高粱〉从小说到电影的嬗变》，《电影文学》2016 年第 23 期。
④ 高小康：《原始力量与超人精神——电影〈红高粱〉交响主题解析》，《当代电影》1988年第 6 期。
⑤ 杨阿娣、石新文：《简析电影〈红高粱〉所彰显的自由精神》，《电影评介》2009 年第16 期。

从文化视角解读，存在东西方文化的交流与博弈。《红高粱》在当时获得了西方世界的一致认可，其实也包含其对中国文化的误解。① 另有对电影《红高粱》审美意象的研究（陈佳莹，2020）。

综合来看，对电影《红高粱》的研究以赞誉为主，但也有学者从后殖民主义视角解读电影《红高粱》，指出电影存在诸多方面的不足。认为"影片《红高粱》折射的落后文明是旧中国的真实写照，但是相应地迎合了西方东方主义者的欣赏品位"。"这部影片刻意营构了本土传统文化的愚昧和落后以取悦西方大众，使得西方观众对东方、东方文化以及东方人更感到好奇，满足了西方观众的猎奇心理。"②

附录1 电影《红高粱》获奖情况

获奖年份	获奖情况	获奖对象
1988 年	第 38 届柏林国际电影节金熊奖	《红高粱》
1988 年	第 8 届中国电影金鸡奖最佳故事片奖	《红高粱》
1988 年	第 8 届中国电影金鸡奖最佳摄影奖	顾长卫
1988 年	第 8 届中国电影金鸡奖最佳音乐奖	赵季平
1988 年	第 8 届中国电影金鸡奖最佳录音奖	顾长宁
1988 年	第 11 届大众电影百花奖最佳故事片奖	《红高粱》
1988 年	第 5 届津巴布韦国际电影节最佳影片奖	《红高粱》
1988 年	第 5 届津巴布韦国际电影节最佳导演奖	张艺谋
1988 年	第 5 届津巴布韦国际电影节故事片真实新颖	《红高粱》
1988 年	第 25 届澳大利亚悉尼国际电影节电影评论奖	《红高粱》
1988 年	摩洛哥第 1 届马拉什国际电影电视节导演大阿特拉斯金奖	《红高粱》
1989 年	第 16 届布鲁塞尔国际奇幻电影节广播电台听众评委会最佳影片奖	《红高粱》
1989 年	法国第 5 届蒙彼利埃国际电影节银熊猫奖	《红高粱》
1990 年	民主德国电影家协会年度奖	《红高粱》
1990 年	古巴年度发行电影评奖十部最佳故事片之一	《红高粱》
2022 年	新时代国际电影节·金扬花奖百年百部优质电影	《红高粱》

---

① 宿梦醒：《电影〈红高粱〉的哲学解读》，《时代文学》（下半月）2012 年第 11 期。
② 乔成林、李晓飞：《后殖民主义解读电影〈红高粱〉》，《大众文艺》（理论）2009 年第 22 期。

附录 2　电影《红高粱》的传播调查

1. 您的年龄是？

　　A. 18—20 岁　B. 21—30 岁　C. 31—40 岁　D. 40 岁以上

2. 您的性别是？

　　A. 男　　　　　B. 女

3. 您的职业是？

　　A. 公务员　　B. 编导　　　C. 大学老师　　D. 本科生

　　E. 研究生　　F. 博士（含博士后）　　　　G. 其他

4. 您的专业是？

　　A. 理工科　　B. 中文　　　C. 艺术　　D. 其他

5. 您看过电影《红高粱》吗？

　　A. 看过　　　　B. 没看过，想去看　C. 没看过，也不想去看

6. 你喜欢电影《红高粱》吗？

　　A. 喜欢　　　　B. 不喜欢

7. 您最初从哪里听说过电影《红高粱》？

　　A. 听别人说　　　　B. 从网络得知

　　C. 从电视剧《红高粱》得知

　　D. 老师布置的任务　E. 其他

8. 电影《红高粱》给您留下印象最深的是什么？（可单选可多选）

　　A. 九儿形象　　B. 余占鳌形象　C. 影片的色彩

　　D. 影片的结尾　E. 影片的故事

9. 您认为电影《红高粱》在中国电影史上的地位是？

　　A. 极为崇高　　B. 一般　　C. 很差

10. 您认为电影《红高粱》和电视剧《红高粱》，哪一种艺术形式的改编更加成功？

　　A. 电影《红高粱》　B. 电视剧《红高粱》　C. 不清楚

11. 您认为电影《红高粱》存在什么缺点？

　　A. 故事讲述不好　　B. 人物塑造不好

C. 结尾不好　　　　　D. 其他

12. 您的学校是？

A. 山东科技大学　　B. 中国海洋大学　　C. 青岛理工大学

D. 中国石油大学　　E. 香港大学　　　　F. 其他

收集到的 90 份调查问卷显示，在以理工科高校中文系为主体的受访者当中：

1. 关于是否看过电影《红高粱》的调查：68.89% 看过；24.44% 没看过，想去看；6.67% 表示没看过，也不想去看。

2. 关于是否喜欢电影《红高粱》的调查：89.89% 喜欢，10.11% 不喜欢。

3. 关于获取电影《红高粱》信息渠道的调查：48.89% 是从网络得知，占据最大比例；28.89% 是从电视剧《红高粱》得知。

4. 关于电影《红高粱》印象最为深刻对象的调查：位列第一的是九儿形象，占据 41.57%；位列第二的是影片的色彩，占据 22.47%。

5. 关于电影《红高粱》地位的调查：64.04% 认为在中国电影史上所占地位极其崇高；35.96% 认为一般。

6. 关于影视《红高粱》的比较调查：认为电影《红高粱》更为成功的占 48.31%；认为电视剧《红高粱》更为成功的占 30.34%。

第二章 莫言《红高粱》的电视剧改编与传播

第一节 加法的艺术：电视剧《红高粱》的改编

电视剧《红高粱》根据莫言《红高粱》改编而成，因其傲人的电视收视率和网络点击量而成为现象级电视剧，先后获得第 17 届华鼎奖三项大奖、第 21 届上海电视节白玉兰奖两项大奖等多项大奖。从对小说原著的改编艺术来看，电影《红高粱》主要采用"减法"以适用电影艺术有限的时间容量，而电视剧"长篇化的叙事'高容量'，需要大量情节参与内容的构织填充"[①]。相对宏大的时间容量和宽裕的叙事空间使得电视剧《红高粱》采用"加法"来丰富原著故事，具体表现为：增加叙事线索、丰富主题内涵、增多矛盾冲突、增强戏剧冲突。

一 叙事的加法：增加叙事线索

电视剧《红高粱》有四条叙事线索，分别是：爱情叙事线索、抗日叙事线索、家庭叙事线索、剿匪叙事线索。前两条保留了小说原著的两大主干叙事，额外新增家庭叙事和剿匪叙事，使得剧作多线并行，纷繁交错。

---

① 李轩：《戏剧性与情节性：电视剧审美接受的二元思辨》，《重庆邮电大学学报》（社会科学版）2021 年第 3 期。

（一）丰富爱情叙事

电视剧《红高粱》虽仍保留爱情叙事，却比小说原著做了进一步的丰富和增补。小说原著中的爱情故事主要发生在戴凤莲和余占鳌之间，除了戴凤莲，余占鳌还和恋儿、何氏等女子相好。比较来看，电影《红高粱》突出了戴凤莲和余占鳌的爱情故事，戏剧《红高粱》（如晋剧和茂腔《红高粱》）则在九儿和余占鳌相爱的基础之上，添加年龄相当的刘罗汉作为第三者，让九儿、余占鳌、刘罗汉构成三角爱情关系。电视剧《红高粱》则新添了更为丰富的爱情故事。

一是，丰富九儿与余占鳌的爱情故事。在《红高粱》中，九儿和余占鳌是无可动摇的主角，事关两人的爱情叙事也是作品的主要叙事线索。在对九儿和余占鳌爱情关系的处理上，电影《红高粱》有意提纯二人的爱情关系，通过颠轿、野合、酿酒等情节讲述了两人为世俗所难容却轰轰烈烈的爱情故事，除了九儿法定丈夫单扁郎之外，双方都没有牵扯到与他人的情感纠葛关系。

除电影《红高粱》之外，无论是小说原著还是其他艺术形式，九儿和余占鳌均涉及多重情感纠葛关系。在电视剧《红高粱》中，九儿除去丈夫单扁郎，还和张俊杰、花脖子、余占鳌有情感纠葛关系。至于余占鳌，则除去深恋九儿，还和恋儿在一起。在小说原著中，九儿和余占鳌的情感关系也是多重而复杂的，九儿和单扁郎、黑眼有情感关系，余占鳌外出长久未归，九儿抱着豆官投奔土匪黑眼，成了黑眼的女人，余占鳌回来后与黑眼决斗。出于对余占鳌的深情，九儿重回余占鳌身边。

在电视剧《红高粱》中，余占鳌和九儿原先并不相识，其情感阶段通过几件事情进行铺垫，逐步相知相爱。二人爱情经历以下几个阶段：野合、留宿、打情骂俏、生儿育女、互相救护、并肩作战。被电影《红高粱》浓墨重彩表现的野合在电视剧《红高粱》中同样存在，剧中表现了余占鳌和九儿的两次野合，第一次是九儿新婚不久，第二次是九儿出庭作证余占鳌并不具备杀死单家父子的作案时间，从而救下余占鳌。在电视剧《红高粱》中，多次表现余占鳌半夜留宿九儿家，二人嬉笑怒骂，虽常有骂人言语，观众却能透过这打情骂俏似的吵架体会到二人的痴爱和深情。

二是，新增九儿与张俊杰的爱情故事。电视剧《红高粱》新增了九儿和张俊杰的爱情故事。编剧赵冬苓也认为张俊杰作为新增人物，在小说原著和其他艺术形式的《红高粱》中都未曾出现，属于"虚构"人物。其实这个虚构人物并非空穴来风，是因小说原著写到我奶奶心目中的理想伴侣是"一个识字解文、眉清目秀、知冷知热的好丈夫"①。众所周知，莫言在多部小说中都写到了美丽女子的不幸婚姻。譬如《红高粱》中的我奶奶本想找一个好丈夫，却被贪财的父亲嫁给患有麻风病的单扁郎，出嫁之日被土匪劫持，新婚之夜手持剪刀惊恐度过，与别人欢天喜地的新婚之夜形成鲜明对比，最终和余占鳌相亲相爱，书写了高密东北乡可歌可泣、敢爱敢恨的爱情风流史。又如《檀香刑》中的媚娘花容月貌，从小裹小脚，她的姑姑按照做皇后娘娘的目标来打造媚娘，然而她命运不济，旧时代被视若珍宝的一双金莲小脚却偏偏赶上新时代，媚娘的小脚成为不合时宜的过时丑物。她最后只好委屈嫁给了以屠狗为生的傻子赵小甲，身心均难以获幸福，和长着一副美须髯、相貌堂堂的县太爷钱丁产生私情。再如《红树林》中的林岚美丽动人，却被迫嫁给白痴丈夫。她身为南江市的副市长，却有着不美满的爱情和婚姻。这些婚姻中的不幸女性其实最初或有初恋情人，如林岚；或有理想中的爱人，如九儿。电视剧《红高粱》中的张俊杰堪称莫言小说中女性的理想爱人，他在多部小说中并没有真名实姓，却是多位女性人物心目中理想的、虚构的丈夫形象，这个虚构的理想爱人形象在电视剧中则被落实为张俊杰这个人物。张俊杰是相貌堂堂、眉清目秀的读书人，出身富户却没有富家公子哥的恶习，和九儿青梅竹马，情投意合，私定终身。然而理想中的爱人形象终归化为虚无，九儿最终被迫嫁给麻风病人单扁郎，两人阴差阳错地分开。及至知道真相，九儿和张俊杰再也无法回归从前。但张俊杰

---

① 莫言：《红高粱家族》，人民文学出版社 2012 年版，第 35 页。

一直暗中护佑九儿，不容许别人亵渎伤害九儿。

三是，丰富恋儿和余占鳌的爱情关系。恋儿是小说里的人物，是我爷爷除我奶奶之外的第二个女人。小说中的恋儿刚出场的时候，是一个十四五岁的女孩，和大老刘婆子一起负责做饭。她原本是我奶奶的侍女，只比我奶奶小一岁，在我奶奶给外祖父回家奔丧的时间里，和我爷爷疯狂爱了三天。后被我奶奶当场捉奸，我爷爷带着恋儿出走，搬到与村子相隔十里路的咸水口子，买了一栋房子住下。很长一段时间，恋儿和我奶奶"平分"我爷爷，我奶奶为之吃醋，我爷爷却不为所动，他牵挂恋儿及其所生的女儿。电视剧《红高粱》中的恋儿也是未出嫁的大姑娘，被介绍到单家侍奉九儿。只是和小说中获得我爷爷真爱不同的，电视剧中的恋儿从未获得余占鳌的真心。她深爱余占鳌，一直想为他生孩子，却始终得不到余占鳌的真爱，因为余占鳌心里痴恋的是九儿，恋儿自始至终都没能实现为心爱之人余占鳌生儿育女的愿望。相同的是，两个恋儿都死于日军之手，小说中的恋儿和小姑姑，一个怀胎三月被日军轮奸致死、一个被鬼子用刺刀挑死，小说用不少的笔墨描写恋儿母女惨死的故事，最后一章《奇死》着重描写的便是惨遭蹂躏的恋儿临终之际被黄鼠狼附体、我爷爷为之请医看病的奇死过程，可谓惨不忍睹。如果说小说中的恋儿是个值得同情的受害者，那么电视剧中的恋儿则可悲可憎，她虽对九儿有救命之恩，却在"形式"上抢了九儿的男人余占鳌；恋儿还是一个目光短浅的女人，抗日大局面前，看不清政治局势，做了很多错事。譬如带人去抢四奎娘藏下为余占鳌赎罪的粮食，导致四奎娘死去；她不仅出卖余占鳌，劝服余占鳌降日，更是亲手葬送了余占鳌的女儿琪官，还搭上了自己的性命。两个恋儿虽都死于日军之手，但一个值得同情，一个却遭人唾弃。

四是，新增淑贤和罗汉的爱情关系。大嫂淑贤也是电视剧《红高粱》加法的产物，属新增人物，在小说原著中并没有淑贤这一人物形象。而和她产生爱情关系的人物是刘罗汉，这是值得关注的，因为刘罗汉这个人物非常特殊。小说原著关于刘罗汉的描述并不多，仅有少数文字涉及罗汉和我奶奶的关系，老太太嘴里七零八散的关于我奶奶的介绍中有一句是："罗汉，你们家那个老长工……他和你奶奶不清白咧，人家都这么说。"① 鉴于小说的这处描述，戏剧《红高粱》的改编多让刘罗汉和九儿产生爱情关系。其实在小说原著中，虽有关于刘罗汉和我奶奶暧昧关系的文字描写，譬如刘罗汉被鬼子抓走，他惦记家里热气腾腾的烧酒大锅，"更惦记我奶奶和我父亲。奶奶在高粱叶子垛边给他的温暖令他终生难忘"② 。但其实二人年龄差距很大，我奶奶新婚之际，年方十六，而罗汉大爷则是五十多岁。"扶我奶奶拜天地的是两个男人，一个五十多岁，一个四十多岁。五十多岁的就是罗汉大爷，四十多岁的是烧酒锅上的一个伙计。"③ 因有较大的年龄差距，我奶奶称呼罗汉为"大爷"④ 。

电视剧《红高粱》则摒弃刘罗汉和九儿的暧昧关系，改为他和淑贤产生爱情关系。二人的爱情故事也随着淑贤的增加而成为电视剧的新增情节线索。淑贤可怜可悲，命运悲苦，事事倚靠罗汉帮忙张罗；罗汉心地善良，却不思嫁娶，只因他和淑贤二人心心相印。他多次暗中帮扶淑贤，即便淑贤做出错事，仍帮其周全，真心安慰，他深知淑贤之苦。及至最后，淑贤放弃单家媳妇身份，和罗汉结为夫妇，和九儿和睦相处。最后罗汉因抗日被鬼子抓住枪毙，法场之上，救人无望的淑贤换上新娘服，为罗汉带去新郎服，二人法场之上双双殉情，令人动容。

五是，虚构张俊杰和灵儿的爱情关系。从人物性格上来看，张俊杰和灵儿属于同一人物类型。为了牵制土匪花脖子，张俊杰将花脖子的妹妹灵儿从青岛请回来。面对他深爱的妹妹，土匪花脖子难得地表现柔情万种。电视剧中朦胧地表现了张俊杰和灵儿的爱情关系，但是当所有人都意识到他们两个人相爱了，灵儿却突然死掉，让这段刚刚萌芽的爱情关系戛然而止。张俊杰和灵儿都是读书人，都特别单纯，

① 莫言：《红高粱家族》，人民文学出版社 2012 年版，第 10 页。
② 莫言：《红高粱家族》，人民文学出版社 2012 年版，第 16 页。
③ 莫言：《红高粱家族》，人民文学出版社 2012 年版，第 60 页。
④ 莫言：《红高粱家族》，人民文学出版社 2012 年版，第 114 页。

富有改造社会的理想和情怀，都在动荡的社会现实中遭遇挫折和打击。先看张俊杰，他抱着和九儿的理想爱情，却得不到父母的认可，最终被他们活活拆散。他幻想挽回九儿心意、改造余占鳌、改变朱豪三、兴办义学、教土匪们"认字"，都遭遇了无一例外的失败。即便如此，俊杰不改初心，奔走于余占鳌和朱豪三等人之间，为民请命。鬼子打进高密，他作为手无缚鸡之力的一介书生，和余占鳌、朱豪三化干戈为玉帛，一致对外抗日。他担任余占鳌部队的高密义勇军副司令，严肃军纪，不徇私情，果断枪毙强奸寡妇的九儿之兄。即便有余占鳌和九儿前去求情，也无济于事，可见张俊杰具有领军治军的才华，令人敬佩。再看灵儿，虽然有血缘关系，但她和当土匪的哥哥原本属于不同的世界，她单纯浪漫而富有理想，在认清哥哥是土匪的真相后，幻想留在高密改造哥哥的队伍，将这支欺压百姓的土匪队伍改良，却最终发现一切都是枉然。她身处朱豪三、余占鳌、花脖子等多方势力的恩怨争斗之下，最终成为惨死的牺牲品。综合来看，无论是张俊杰还是灵儿，都带有几分不切实际的理想主义者的特点，但他们为民请命、忧国忧民的理想和情怀还是让这类人物如鹤立鸡群一般令人难忘。

六是，呼应土匪花脖子和九儿的爱情故事。这段爱情故事是单相思，花脖子对长相俊美的九儿有意，想娶九儿为压寨夫人，九儿对花脖子无心。综合来看，九儿被土匪抢走看中的情节并非空穴来风。在电影《红高粱》中，九儿被土匪秃三炮抢走，后被重金赎回，余占鳌气愤之下找秃三炮算账。在小说原著中，九儿则被土匪花脖子绑架过，余占鳌为此以七点梅花枪打死花脖子。鉴于此，电视剧中的九儿多次被花脖子劫持到土匪窝，是对小说原著和电影相似情节的暗合。

七是，加入朱豪三和孙大脚的爱情关系。朱豪三取自小说中的曹梦九县长。原著中关于曹县长的文字描述并不多，但在电视剧《红高粱》中却一跃成为第四位次主角。剧作不仅详细讲述他的剿匪故事，还增加了他与妻子孙大脚的爱情故事，夫妻二人感情甚笃，肝胆相照，最终战死沙场，为国尽忠，生死不离，感人至深。

（二）增补家庭叙事

电视剧《红高粱》全面丰富了九儿的两大家庭关系，一是九儿与娘家的关系，二是九儿与婆家的关系，具体增补了三层家庭叙事：

第一层，新增九儿和淑贤的家庭故事。主要体现为九儿和嫂子淑贤爱恨情仇的家庭故事。在小说原著中，九儿嫁到单家，新婚不久即成寡妇，作为单家唯一儿媳，经苦苦挽留烧酒作坊的伙计们，九儿才得以继续单家烧酒生意。而在电视剧《红高粱》中，九儿出嫁时，单家已有守寡大嫂淑贤。前期淑贤为人狠毒，在九儿难产之际，拿走九儿药物，欲置九儿于死地，以便抢夺九儿孩子。不料九儿命大，躲过劫难。淑贤并不悔改，继续逼迫九儿过继儿子豆官给自己，并狠心逼迫九儿舍子改嫁。九儿万般无奈之际，将儿子豆官过继给淑贤，淑贤仍不满意，花钱雇请土匪绑走九儿取她性命。九儿终于狠心还击，找来花心男子钱玉郎勾引淑贤，将淑贤和玉郎当场捉奸在床，淑贤羞愧自尽，却被罗汉救下。淑贤有可恨的一面，也有可怜可悲的一面。她孤苦守寡一生，为了能在单家生存下去，禁止九儿和余占鳌来往，担心惹祸上身，更担心自己的家产被单老二和单老三分走，自己无立锥之地。虽然和九儿明争暗斗，但在关键时刻，淑贤还是站在九儿和孩子一边。譬如九儿和孩子被朱豪三劫持做人质捉余占鳌，淑贤跪在县衙三天三夜，这令九儿十分感动。又如，她和九儿并肩作战，共同对抗单家二伯、三伯欺压。淑贤虽然命运悲苦，却视贞节名声为生命，她曾去县衙戒大烟，朱豪三为其颁发"妇女楷模"牌匾。和她不同的是，九儿却视活着为第一要义。综合来看，电视剧《红高粱》前半段侧重表现九儿和淑贤矛盾重重，明争暗斗；后半段则侧重表现二人并肩作战，情同姐妹，共同对抗单家二伯、三伯的欺压。

第二层，新增九儿和单家的家庭故事。单家二伯、三伯在剧中扮演小丑的形象，主要体现人性之丑恶。两人紧盯九儿和淑贤，觊觎单家酿酒秘方，试图赶走九儿和淑贤、争夺单家家产。九儿难产濒死，他们不仅没有出手相救，反而欢笑庆祝，令人倍感乡村伦理亲情的极度冷酷；淑贤求死之际，单家二伯、三伯寡廉鲜耻地来抢烧酒作坊的秘方，欺负淑贤九儿孤儿寡母。二人与九儿的矛盾集中于三点：一是欲争夺家产，二是九儿所生孩子是不是单家的种，三是烧酒配方。围绕这三点，单家二伯、三伯和九儿、淑贤四人展开家庭故事。但关键时刻，九儿发现二伯、三伯终究是一家人，最终将酿酒秘方交给他们，双方和好。单家二伯、三伯虽是配角，却是较为重要的故事连接点和主题生发点，两人不仅在和九儿、淑贤的关系中表现出乡间小丑的特质，还在日本人占领高密后表现出极端无耻的亲日嘴脸。

第三层，丰富九儿和娘家的家庭故事。九儿作为剧作的核心人物之一，电视剧《红高粱》在开头部分即交代了她的原生家庭故事：父亲戴老三沉迷赌博，为了还债，先是以二十块大洋卖老婆，逼得老婆上吊自杀；后是卖房卖女，图钱将九儿嫁给麻风病人单扁郎；得知九儿难产而死，毫不疼惜，反而无耻跑去跟淑贤索要大洋三百，并要求淑贤往后每月给大洋两块，老婆和女儿在他眼中都不是疼爱的对象，而是换钱的物品。九儿大难不死，单家富裕，其父戴老三常去向九儿索要钱财，毫不顾惜自己的颜面。戴老三是自私自利、丑陋无耻的封建乡村男性的极端典型。在这个人物身上，看不到一丝为人父、为人夫的人性温情和善良。九儿大哥戴大牙则跟随余占鳌做了土匪，后因强奸寡妇，被张俊杰以军纪枪毙。

电视剧《红高粱》对九儿身世的延伸和对其家族的构架，其实是编剧刻意为之，意在突出她的性格转变。她"原是单纯的、相信爱情的纯洁女孩，后来经历了一系列波折，成长为精明能干、敢爱敢恨的女人"[1]。与之相同的是，对余占鳌的人物改编也进行了溯源延伸，全面展示了他的生命过程。而这些被编剧补充的故事其实是小说原著所没有交代的内容，编剧采用"填空式"的改编方式，意在为观众展示真实完整的人物命运和人物关系，而这是基于对电视剧的艺术特性及观众需求的考量。

---

① 徐健：《改编〈红高粱〉不能丢掉原著的"魂"——访编剧赵冬苓》，《文艺报》2013年8月14日第4版。

（三）新增剿匪叙事

电视剧《红高粱》开头部分即交代了朱豪三上任高密县县长伊始，便立志发誓清除高密三害：土匪、大烟和赌博。剿匪成为县长工作的重中之重，与之对应，剿匪故事也成为电视剧《红高粱》的重要故事线索。本剧的前半段主要围绕剿匪（朱豪三、余占鳌、花脖子）、爱情（张俊杰、九儿、余占鳌）、家庭（淑贤、九儿、罗汉）这三条线索叙事，后半段则由多条线索扭结集中到抗日叙事主线（朱豪三联合余占鳌对抗日军）。

剧中虽交代了高密三大土匪花脖子、黑眼和成麻子，这三大土匪在剧中也都有出场，但无疑余占鳌和花脖子是剿匪故事的主角，所以本剧主要讲述朱豪三与余占鳌、花脖子剿匪与反剿匪的故事。及至本剧后半段，剿匪故事逐步融合到抗日线索中去。

（四）提升抗日叙事

从创作初衷来看，莫言《红高粱》的重要创作背景便是为纪念抗战胜利四十周年。从小说内容看，原著主要有两条叙事线索，一条九儿和余占鳌的爱情故事，另一条是余占鳌率乡亲们抗日，这两条线索在小说中以后者比重更大。而在改编的其他艺术形式的《红高粱》中，爱情线和抗日线基本平分天下，一半是儿女情长，一半是民族大义。客观地说，如果《红高粱》只有爱情线索，没有抗日故事，很难获得如此巨大的关注度和影响力。所以，抗日对于提升小说主题内涵具有重要意义，也正因此，根据小说《红高粱》改编创作的多种艺术形式如戏曲《红高粱》、书法《红高粱》等都高举抗日大旗，高举"纪念抗战胜利"大旗，以突出作品的政治意义和艺术含量。电视剧《红高粱》也是如此，作品上赫然写着"为纪念抗战胜利七十周年"。综观本剧中的抗日故事，并没较多表现我军与日军战场上的刀光剑影、正面交锋，而是侧重表现以余占鳌、朱豪三为代表的高密抗日武装力量与日本间谍野村、与日军长官塚本浩二的暗中较量和冲突。日军幻想劝降余占鳌，让高密武装互相残杀，他们坐收渔翁之利。然而，余占鳌高举抗日大旗，即便身负重伤，也坚决抗日；朱豪三则战斗到最后一刻，拉响身上的炸药，和夫人孙大脚与敌人同归于尽；九儿则为了保护受伤的余占鳌和众兄弟们安全撤退，拖延时间，以歌声将鬼子引到身边，用火柴引爆酒坛，和鬼子同归于尽。

小说原著中的抗日故事主要讲述我爷爷余占鳌带领乡亲们打鬼子，同时插叙了国民党和共产党胶高大队的恩怨纠葛，与经典革命小说相比较，我爷爷和乡亲们打鬼子"体现出一种民间自发的为生存而奋起反抗的暴力欲望，这在很大程度上弱化了历史战争所具有的政治色彩，将其还原成了一种自然主义式的生存斗争"①。且小说原著中的余占鳌形象复杂多面，既有抗日杀敌英雄的一面，也有横行乡里土匪的一面，既有敢爱敢恨情种的一面，也有兼爱数人多情的一面。电视剧《红高粱》中的抗日故事同样是土匪抗日，但主要讲述余占鳌联合朱豪三等力量共同抗日，为联合抗日能够和宿敌摒弃前嫌，一致对外，体现出较高的政治觉悟和感人的民族大义，这和小说原著中余占鳌的形象截然不同。另外，电视剧《红高粱》还增加了汉奸钱玉郎、日寇塚本浩二和野村等反面人物，使得抗日故事更加丰富多彩。

二　主题的加法：丰富主题内涵

小说原著表达出爱情、抗日、生命等多重主题变奏，在此基础上，电视剧《红高粱》还新增了女性主题、反封建主题。

（一）女性的悲歌与赞歌：女性主题

莫言的多部小说写到女性的故事。这些女性既有敢爱敢恨的女中豪杰，如《红高粱》中的戴凤莲；也有饱受苦难坚强不屈的大地母亲，如《丰乳肥臀》中的上官鲁氏；还有遭受命运蹂躏无法解脱的乡间女子，如《白头秋千架》中的暖。对女性的赞美、同情和关怀构成了莫言小说的重要创作母题。这一母题在电视剧《红高粱》中得以延续。电视剧《红高粱》中的女性虽性格鲜明，各具特色，却有共同的

---

① 陈思和主编：《中国当代文学史教程》，复旦大学出版社1999年版，第317、318页。

精神底色：悲剧命运和不屈精神，前者书写的是女性的悲歌，后者书写的则是女性的赞歌。

女性的悲歌。电视剧《红高粱》中的女性无一例外都是悲剧女性形象，如九儿、淑贤、恋儿、孙大脚、余占鳌娘和四奎娘。九儿先是有一个不幸的原生家庭，父亲赌钱，母亲上吊，她无依无靠，像物品一样被嫁给单家。她的一生和三位男性有过情感或者婚姻关系：第一位张俊杰，两人青梅竹马，相亲相爱，却被张家父母活活拆散，相爱却不能相守。第二位是患有麻风病的合法丈夫，二人无任何感情可言，九儿嫁去时是与一只公鸡拜堂成亲，新婚之夜是在对病弱新郎的远离中度过。不久单家父子便双双身亡，她新婚即成新寡。第三位男人余占鳌富有激情，与九儿心心相印，但他做土匪出生入死，为官府所不容，也不能带给九儿想要的生活。九儿只能待在单家，和淑贤从钩心斗角到和平共处，中间被土匪绑票两次，直至最后舍身炸鬼子、与鬼子同归于尽。纵观九儿的一生，都在吃苦受罪、担惊受怕中度过，这是九儿悲剧的一面。但电视剧更侧重表现她刚烈骨气、叛逆强悍的精神特质，这既是对莫言红高粱精神的传神表达，也是编剧对男权社会下女性解放的思索。淑贤更苦，抱着牌坊嫁到单家，终生过着孤苦无爱的生活，最后和刘罗汉双双殉情刑场。恋儿出身穷苦，先是跟着九儿，后为爱情投奔余占鳌，却自始至终得不到余占鳌的真爱，最后骗走琪官，二人命丧日军枪下，也是一个悲剧女性形象。再看孙大脚，身为县长夫人，却没过一天太平日子，女儿被土匪绑票撕票，痛失爱女，儿子和丈夫也为国捐躯。至于灵儿，原本在青岛安静地读书，却被迫搅和进来，最终丧命。余占鳌母亲和四奎娘都是年轻守寡，日子孤独而绝望，两位母亲最后的结局都是悲剧：余占鳌母亲自尽而死，四奎娘痛失爱子后被抢粮者推倒而死。综合来看，这些乱世中的女子几乎都以悲剧命运收场。

女性的赞歌。电视剧《红高粱》中的女性命运多舛，多灾多难，具有浓郁的悲剧色彩。然而，这些女性却大多心存正义、骨气和大爱。譬如四奎娘痛失独苗，老无所依，幸得余占鳌赡养。但当她得知余占鳌当土匪，老早就告诫余占鳌不要欺压穷苦人。她将余占鳌孝敬给她的粮食偷偷藏匿起来，暗中为他赎罪；得知抗日需要粮食，她便毫无保留地捐出粮食。她虽是年老穷苦的农妇，却是通情达理之人，令人肃然起敬。又如淑贤，虽在剧作前半段属反面角色，做了诸多不光彩之事，但当她和罗汉真心相爱后，便变得柔情万种，最终和罗汉身着新婚华服，双双殉情刑场！灵儿只是柔弱的读书女子，却立志高远，试图帮助哥哥改造土匪队伍。九儿虽是一介平凡女子，却具有女英雄的特质，她敢爱敢恨，敢作敢当。当日军入侵高密，她能看清政治大局，果断选择抗日，最后以一己之躯与鬼子同归于尽，拯救了余占鳌等宝贵的抗日力量。这些女子其情其行感天动地，书写了动荡年代平凡女性的赞歌。

（二）生命摧残与人性戕害：反封建主题

在电视剧《红高粱》中，封建礼教的迫害更多施诸女性。这首先表现在封建家长对子女婚姻的干涉和压制。譬如张俊杰和九儿真心相爱，却得不到父母的认可，被父母用计拆散，导致他终生错失九儿；九儿则被父亲强迫嫁给患有麻风病的单扁郎，婚姻极为不幸；恋儿则是封建换亲旧俗的牺牲品。众所周知，婚恋悲剧故事在莫言的很多小说中都有涉及，《红高粱》写了九儿被迫嫁给麻风病人单扁郎的婚姻悲剧，《天堂蒜薹之歌》则写了金菊因被迫换亲不得不与高马成亲的爱情悲剧。在此类悲剧婚姻中，为人子女者多没有选择爱人和婚姻的自由与权利，最终沦为封建家长制的牺牲品。

其次，表现在对守寡女性的生命摧残上。剧中有四位守寡女性，分别是淑贤、九儿、余占鳌娘、四奎娘。这四位女性都命运不幸，丈夫早死，淑贤抱着贞节牌坊独守空房，后三位女性则守着幼子，艰难度日。这在四奎娘的质问中更显示其悲苦意味，当四奎被韩主席下令枪毙后，四奎娘对朱豪三的质问充满了辛酸："我早年守寡，守着这棵独苗，你们就这么给我杀了，啊？"① 这句台词既交代了她痛失独

————————

① 电视剧《红高粱》台词，郑晓龙导演。

子、老无所依的悲苦处境，更道出她早年守寡、孤儿寡母的异常艰苦。这些守寡女性不仅生活孤苦无依，就连正常的人性欲求也不被世俗所容。譬如余占鳌娘和郎中相好，村人风言风语，恶意中伤，就连儿子余占鳌也不理解母亲，他想到四奎娘也守寡却没有做这种令他难堪的事情，这种难堪令他最终杀死了郎中。

在所有守寡女性中，淑贤无疑是典范，她获得县长颁发的贞节牌坊，过着无夫无子、无爱无性的悲惨生活。剧作通过玉郎和罗汉两位男性形象表现了淑贤作为正常女性的人性欲求，玉郎代表了淑贤对男欢女爱的肉身之欲，罗汉则代表了淑贤对两情相悦的精神之恋。玉郎对她的肉体勾引令她难以拒绝又羞愧难当，最终她选择与心心相印的罗汉结为夫妇。有了爱情归属的淑贤发生转变：前期淑贤阴险狠毒，处处设计陷害九儿；后期淑贤在罗汉爱情和家庭温暖的泽被之下，和九儿情同姐妹，和罗汉刑场殉情，可见爱情引发的巨大温情和人性力量。

（三）深化与升华：抗日主题

电视剧《红高粱》延续了小说原著的抗日主题，并进行了深化与升华。在小说原著中，花脖子并没有参与抗日，他死于余占鳌之手。余占鳌抗日也类似于单打独斗式的乡村武装抗日，并未接受共产党、国民党等武装的领导。但在电视剧《红高粱》中，余占鳌抗日加入了与朱豪三的联合，并接受了中国共产党的领导，这是本剧对抗日主题的升华之处。

电视剧《红高粱》的核心人物是余占鳌、九儿和朱豪三，有三条主线，一条是剿匪线，一条是爱情线，一条是抗日线。这三条线索、三个人物，互相缠绕，互相交叉，在第四十九集日军占领高密之前，以剿匪和爱情线为主线，之后则以抗日为主线展开故事。其中剿匪线以朱豪三为主要人物，爱情线与抗日线以九儿和余占鳌为主要人物。

该剧在表现抗日时，并没有较多表现抗战场面大规模的敌我对抗，而是着力于表现抗日大计面前，高密各方武装力量、各色人等在抗日与降日之间的较量，加上日本人让高密地方武装自相残杀的阴谋，使得该剧的抗日部分矛盾不断，冲突迭起，既有朱豪三、余占鳌、花脖子之间的旧恨新仇，也有九儿、恋儿、余占鳌之间的三角恋情，而在此基础上更是新增加了与日本人的较量。三方力量如下：

抗日派：余占鳌、朱豪三、张俊杰、九儿、黑眼等
降日派：汉奸钱玉郎、恋儿、成麻子
日本人：日本酒商兼奸细野村、塚本浩二

在表现抗日主题时，内外多方力量纠葛在一起。在抗日问题上，余占鳌、花脖子、朱豪三三人有深重的恩怨纠葛。张俊杰、九儿、黑眼极力促成这三支高密最重要的武装力量联合抗日，恋儿、玉郎、成军师则极力促成三支武装量的互相残杀，起破坏作用，因此造成多方力量之间的较量和争斗，此消彼长，使得剧情复杂多变，引人入胜。

小说原著主要讲述的是余占鳌率领乡村武装抗日的故事，而在电视剧《红高粱》中，余占鳌仍是土匪身份抗日，只不过增加了张俊杰抗日的情节。张俊杰接受中共地下党领导并组建高密义勇军，面对余占鳌、朱豪三、花脖子三人的个人恩怨，他以民族大义为重，极力劝服调节，最终成功让朱豪三和余占鳌联合抗日，歌颂了中国共产党在抗日战争中所起到的领导作用以及做出的巨大贡献。

本剧在表现抗日主题时，着力于塑造人物在抗日民族大义面前的人性转变，这也是电视剧特别感人之处。为了抗日救国之民族大义，剧中的每个人物都在发生转变，他们对民族大义的顾及令人感动。先看朱豪三。为了联合抗日，他答应放弃剿匪，一辈子从不向任何人低头却为联合抗日破天荒向余占鳌低头认罪，和妻子孙大脚一起去为四奎娘披麻戴孝行孝子之礼，以卑微的低头换来和余占鳌的握手言和、联合抗日；在邻县县长纷纷逃走之际，他仍然坚守高密抗日。其言其行，十分感人。再看余占鳌。他因四奎兄弟和四奎娘之死，与朱豪三有不共戴天之仇，却为抗日大义放弃报仇，与之联手。至于黑眼，这个人物在小说原著中是余占鳌的情敌，直至后来余占鳌加入黑眼的铁

板会，两人也是水火难容。而在电视剧《红高粱》中，黑眼收留了走投无路的余占鳌，并极力规劝余占鳌以大局为重、与朱豪三联手抗日，是本剧的正面人物。再看九儿，更是聪明懂事、深明大义的代表。她从最初规劝余占鳌不当土匪，到清醒地认识到抗日的重要性，都表现出这位乡村女性难得的识大体。她从最初拒绝野村和塚本浩二诱降余占鳌，到后面规劝余占鳌和朱豪三联手抗日，到最后为保全余占鳌这支高密唯一的抗日武装力量，不惜牺牲自己，与敌人同归于尽，为高密抗日作出巨大贡献，也为高密历史书写了感天动地的抗日传奇。

综上所述，每个人物都在为高密抗日作出转变、牺牲和贡献，就连素日冰火不容的单家家族也能够冰释前嫌，友好相处，这突出表现在九儿和单家二伯、三伯的关系上。之前，二伯、三伯与九儿三方关系形同仇敌，但在共同的敌人日本人面前，三家都决定放下之前的怨仇，最终敞开心扉，成为真正的一家人。

该剧在表现正面人物抗日大义时，也塑造了丑恶无耻的汉奸形象，如钱玉郎、成麻子等。钱玉郎这个人物是小说原著中并不存在的，是一个空有一副好皮囊的丑恶人物。他先是勾引淑贤败坏其清白，后是成为汉奸，强奸恋儿，杀害黑眼，破坏高密联合抗日，最终被张俊杰枪毙。而成麻子一直糊涂亲日，初始为"一些蝇头小利，绞尽脑汁劝说余占鳌与花脖子投靠日本人，并与黑眼的义子钱玉郎沆瀣一气，利用恋儿帮助日本人步步为营，但其家人十几口却被日军残忍杀害，此时的成军师才警醒，要求抗日"[1]。

电视剧《红高粱》中表现了日军强奸妇女、屠杀平民的种种暴行，譬如成军师一家十六口人都被日军杀死、单家上下都被塚本浩二屠杀殆尽、日军枪毙罗汉和淑贤等，还有塚本浩二部队屠杀村民导致村庄尸横遍野的惨象。该剧强化了日军杀人如麻却美化自己的虚伪丑

---

① 雷丽茹：《论电视剧〈红高粱〉的家国伦理》，硕士学位论文，湖南师范大学，2017 年，第 19 页。

恶嘴脸。

（四）弘扬良善：赎罪主题

赎罪主题是电视剧《红高粱》新增加的主题意蕴。电视剧《红高粱》中有较为浓重的赎罪意识。譬如四奎娘为了给余占鳌赎罪，并没吃他拿回来的粮食，而是都藏在地窖里，想捐粮抗日前，先经菩萨手以保佑余占鳌；黑眼当了土匪，他拿回家的钱被家人原封不动地捐到了寺庙，为他赎罪。张俊杰为被父母出卖、被土匪绑走的九儿赎罪。

三 冲突的加法：增强戏剧冲突

电视剧《红高粱》还构筑了多组对立人物关系，通过增加人物之间的矛盾冲突，进而增强电视剧的戏剧性。对立关系突出体现为：对手关系、情敌关系。

（一）增强人物之间的矛盾冲突

1. 对手关系

电视剧《红高粱》主要包含余占鳌和朱豪三的对手关系、余占鳌和花脖子的对手关系、余占鳌和曹二老爷的对手关系、余占鳌和日本人的对手关系。所有的对手关系都围绕余占鳌这个核心人物展开。

（1）余占鳌和朱豪三的对手关系

余占鳌和朱豪三的关系从对立走向合作，可以分为对立阶段和合作阶段。对立阶段：剿匪。朱豪三以高密历史上著名的曹梦久县长为人物原型创作而成。作为县长，剿匪是其义不容辞的职责所在，而余占鳌作为高密著名土匪头子，自然而然成为朱豪三剿匪的重要对象，因此，本剧前半段主要讲述朱豪三为完成剿匪目标而与余占鳌斗争的故事。在此阶段，因余占鳌与朱豪三有不共戴天之仇：朱豪三先是因单家父子命案对余占鳌宣判死刑、继而捉拿余母入狱导致余母在狱中上吊自杀，之后害死了情同手足的兄弟四奎、害死了如同亲娘的四奎娘；余占鳌先是被逼投奔花脖子当了土匪，继而自占山头，做了土匪头子。彼时余占鳌的人生目标就是杀死朱豪三，为四奎兄弟报仇，二人有不可调和的矛盾和仇恨。合作阶段：抗日。朱豪三和余占鳌相互对立、相互仇恨的关系随着日军占领高密而结束。面对外敌入侵，二人最终摒弃前嫌，一生从不肯低头的朱豪三最终放下身架就四奎娘之死亲自去给余占鳌道歉，二人握手言和，共同抗日。战场之上，最后时刻朱豪三拉响身上的炸药和鬼子同归于尽，而余占鳌即便身负重伤，仍坚持抗日。九儿点燃高粱酒和鬼子同归于尽，留下余占鳌和张俊杰他们继续带领乡亲们抗日。

综合二人的对手关系，既有仇恨、对立，也有欣赏、合作。即便在抗日合作之前，二人实则已经暗中互相欣赏。余占鳌欣赏朱豪三心系百姓，为百姓减税，是有正义感的好县长。他虽对四奎和四奎娘之死负有不可推卸的责任，却并非直接杀死二人的刽子手。四奎实际死于韩主席之手，是韩主席下令枪毙四奎等一百多人，四奎娘则实际死于前去抢粮食的警备队员之手。他来高密之初，重要的人生目标便是剿清土匪，让高密百姓过上太平日子。本剧通过他剿匪、清赌、审案、抗旱、减税等多方面塑造了有作为的好县长形象，这位县长最终和他的儿子、夫人一样都为抗日壮烈牺牲、为国捐躯。综合来看，朱豪三是有功有过、功大于过的好县长。朱豪三则暗中欣赏余占鳌是条汉子，当四奎等一百多人都被枪毙，唯独余占鳌成功逃走时，他便感到此人不简单。之后，小颜等人不断告知余占鳌虽为土匪，却并不欺压贫苦百姓，杀富济贫，深得当地百姓拥戴，令其好感渐增；当他以九儿母子为人质，试图一举剿清余占鳌，余占鳌只身前往，并没有陷兄弟们于危险境地，足见余占鳌重情重义。总体来看，电视剧《红高粱》将余占鳌塑造成有情有义的义匪形象，表现在他专和官府对着干，不欺压穷苦人，把从富人那里抢来的粮食分发给穷人，而这也是余占鳌对四奎娘发的誓愿。他孝敬老来丧子、老无所依的四奎娘，对待兄弟仗义，从不欺压百姓，为了救张俊杰而受伤。朱豪三认识到余占鳌和他真正想剿灭的土匪不同，二人的互相欣赏和共同的正义感为后面的合作抗日奠定了基础。朱豪三和余占鳌二人为抗日互相"低头"让步，

"体现了新的时代感，表现了人性的丰富性"①。

（2）余占鳌和花脖子的对手关系

余占鳌和花脖子二人与黑眼同为高密三大土匪，各有特色。余占鳌虽名为土匪，却从不欺压百姓，得到百姓拥戴。花脖子却是真正的土匪，他心狠手辣，小肚鸡肠，背信弃义，欺压百姓，怨声载道。无论是剿匪时期，还是抗日时期，花脖子扮演的都是很不光彩的角色。在较具代表性的戏剧《红高粱》和电影《红高粱》中，因为叙事时空有限，花脖子或并未出现，或变身为秃三炮现身。在小说原著中，花脖子和余占鳌也是对手。余占鳌为复仇苦练枪法，最后练成"七点梅花枪"，打死了花脖子。"爷爷的七发子弹一定把花脖子的心脏打成了蜂窝，花脖子呻吟一声，轻盈地仰到河水里，两只大脚在水面上跷了一会儿，后面就像鱼儿一样消沉了。"②

（3）余占鳌和日本人的对手关系

作为高密重要的武装力量的领导者，余占鳌一直是日本人"团结"的重要对象，日本人非常希望余占鳌放弃抗日、进而亲日，为此他们不惜采用多种卑鄙无耻的手段，但最终如意算盘落空，余占鳌联合朱豪三一起成为高密抗日的主要武装力量，为高密抗战历史书写了浓墨重彩的传奇篇章。

（4）余占鳌和曹二老爷的对手关系

曹二老爷不是本剧的主要人物。但在前半段，曾在曹二老爷手下做轿夫的余占鳌后来自立门户成立杠子班，生意红火，遭到曹二老爷妒忌。他设计陷害余占鳌，致其破产。二人是生意对手关系。

2. 情敌关系

电视剧《红高粱》设计了两个三角恋故事，一个是九儿、余占鳌和张俊杰，一个是九儿、余占鳌和恋儿。这两个三角恋中包含了两组对立的情敌关系，即张俊杰和余占鳌的情敌关系、九儿和恋儿的情敌关系。

---

① 本刊记者：《成功的名著改编　传奇的艺术表达——电视剧〈红高粱〉研讨会综述》，《中国电视》2015 年第 3 期。

② 莫言：《红高粱家族》，人民文学出版社 2012 年版，第 147 页。

（1）张俊杰和余占鳌的情敌关系

张俊杰和余占鳌都喜欢九儿。在本剧的前半段，张俊杰多次对余占鳌发起挑战，然而文弱书生张俊杰根本不是余占鳌的对手，他多次被余占鳌打得吐血倒地。之后张俊杰为报复余占鳌，到他的队伍中做奸细。本想除掉余占鳌，却发现他是可以称兄道弟的义匪。二人遂从拳脚相加、互不相让的情敌关系逐渐转变为称兄道弟的朋友关系，直至并肩作战，携手抗日。

（2）九儿和恋儿的情敌关系

前文提到，恋儿是小说原著中就存在的人物，且在原著中她就是九儿的情敌，余占鳌和恋儿私通同居生女。电视剧《红高粱》中的恋儿仍然充当九儿丫鬟和情敌的角色。恋儿命苦，在单家被九儿收留，感恩九儿。九儿难产濒死之际，当淑贤撤走九儿救命药物时，是恋儿偷着给九儿喂药、帮九儿生出儿子豆官，恋儿又成了九儿的救命恩人。二人本应相亲相爱，却因余占鳌而渐生嫌隙。恋儿疯狂地爱着余占鳌，余占鳌却苦恋九儿，三人构成微妙的三角爱情关系，九儿和恋儿这对互相有恩的"姐妹"越走越远。九儿聪明，恋儿蠢笨，不同的政治立场最终让两人分道扬镳。九儿主张余占鳌抗日，而恋儿劝余占鳌亲日，她不仅出卖四奎娘导致她的惨死，并且带走余占鳌的女儿致其被日本人杀害。恋儿最终成为九儿和余占鳌不共戴天的仇人。

剧中这两对主要情敌关系令故事发展既在意料之中，又出乎意料，极大地增强了本剧的戏剧性和故事性。而这也是主创人员的设计初衷所在，"融入了很多时尚的元素。比如九儿、张俊杰、余占鳌和九儿、恋儿、余占鳌的三角恋；九儿和大嫂淑贤的宅斗等，都是时下电视受众所喜爱的模式"①。莫言在电视剧的开机发布会上也曾说过：希望红高粱家族电视剧能够与时俱进，把今天人们的生活气息，把今天人们

---

① 苏文清：《九儿在斗争中成长——电视剧〈红高粱〉人物改编研究》，《戏剧之家》2015年第10期。

的审美观念、价值观念融进作品里去。①

（二）增强故事情节的戏剧冲突

前文论述，较之小说原著和其他艺术形式，电视剧《红高粱》采用加法的艺术，新增了多个人物和多条线索，这极大地增强了人物之间的矛盾冲突，使得故事展开更加丰富生动。与此同时，本剧还有一大亮点就是具有极强的戏剧性，譬如九儿生产、淑贤偷情等情节都体现出极强的戏剧性。

1. 九儿难产死而复生

关于九儿生产的两处情节具有极强的戏剧性。一是九儿生下双胞胎。为争夺九儿家产，单家二伯、三伯像防贼一样防备九儿和淑贤偷换男孩，派自家女人暗中监视。当得知九儿生下的是女儿时，他们欢天喜地，以为争夺九儿家产大计可以实现了，但正在此时，九儿却出乎所有人的意料，生下一个男孩，单家二伯、三伯立刻垂头丧气，争夺家产大计宣告破产。这处情节具有极强的戏剧性，给人山穷水尽、柳暗花明之感。二是九儿死而复生。生下双胞胎的九儿出血过多，几乎死去。淑贤拿走九儿的救命药，给九儿匆忙置办棺材出殡，希望尽快送走九儿。九儿却在出殡当天从棺材中起死回生，被众人误认为诈尸。剧中罗汉说，九儿是个扔到哪里都能活的人。确实如此，即便九儿被拿走了救命的药，即便九儿被装进了棺材，仍然能够死而复生，不能不令人感叹九儿异常强大的生命力，而这强大的生命力也是本剧歌颂的对象。

2. 淑贤偷情

淑贤一再苦苦相逼，九儿忍无可忍，找来好色男子玉郎勾引淑贤，最终令淑贤成功上钩。九儿带人以寻找丢失的东西为由，半夜闯入淑贤屋子，当场捉奸，令淑贤羞愧难当。这羞愧一方面来自自己对九儿和余占鳌爱情不屑的假正经上，另一方面来自自己苦守多年的忠贞。这场戏既有对淑贤的批判，又有对淑贤的怜悯。批判的是，她既不该

---

① 苏文清：《九儿在斗争中成长——电视剧〈红高粱〉人物改编研究》，《戏剧之家》2015年第 10 期。

对九儿苦苦相逼，更不该对九儿爱情指手画脚；怜悯的是，她本和九儿一样，有女人正常的人性欲求，却被苦苦压制。被捉奸在床的淑贤从此以后气焰低下、不再欺负九儿，好在九儿道歉、罗汉劝慰，才避免了她上吊自尽的悲剧。

四　电视剧《红高粱》的艺术特色分析

（一）电视剧《红高粱》的叙事来源

综观电视剧《红高粱》的叙事，其来源主要有两个：一个来自古典文学，另一个来自民间文学。

1. 古典小说叙事模式

（1）逼上梁山故事模式

电视剧《红高粱》借鉴了《水浒传》中好汉被逼上梁山的故事模式。余占鳌被逼当了土匪，和《水浒传》中当土匪的好汉们如出一辙。梁山好汉们大多是被宋朝官员官府逼上了梁山，而余占鳌则被县长朱豪三逼得当了土匪。

（2）"劫富济贫，替天行道"主题模式

《水浒传》中众英雄高举"杀富济贫，替天行道"大旗，不欺压百姓，这一点同样体现在余占鳌和他的队伍身上。在当地百姓心目中，土匪是欺压百姓、胡作非为的地方恶霸。因此，当得知余占鳌当了土匪，四奎娘苦苦告诫余占鳌不要欺压穷苦人。余占鳌做到了，他劫富济贫，有仁有义，得到百姓拥戴。但余占鳌最后的结局和梁山好汉一样，都被"招安"，不同的是梁山好汉被招安后下场悲惨，而余占鳌被朱豪三"招安"后，他的队伍编入警备大队，和朱豪三一起抗日救国。

2. 民间文学叙事特色

众所周知，莫言小说创作深受民间文学影响，在小说原著中便有多处情节来自民间故事，这些故事大多来自莫言的爷爷。

（1）与公鸡成亲情节

电视剧《红高粱》中，与九儿拜堂成亲的居然是一只公鸡，而不是新郎单扁郎。这情节看似无比荒诞，实则在莫言作品中多次出现。譬如在莫言2017年发表的戏曲剧本《锦衣》中，便有和公鸡拜堂成亲的情节。这两处情节都显示了莫言所受民间文学的影响，最初的故事来源于他的爷爷在其儿时所讲的民间故事《公鸡精作孽》。故事大意：十七八岁的大闺女已经许配人家，等待择日出嫁。公鸡精变化的男子半夜前来将闺女糟蹋，爹娘得知，令女儿将男子华衣锦服藏起上锁。天亮时分，男子要走，找不到衣服，只好赤身裸体地离开。后来发现鸡窝中一只公鸡浑身没毛，爹娘断定是这只公鸡精作乱，便将公鸡头剁下来，将公鸡烧成灰烬。① 在这里，公鸡精糟蹋女子的故事化作九儿和公鸡拜堂成亲的故事。

（2）余占鳌杀郎中情节

在电视剧《红高粱》中，余占鳌母亲早年守寡，后来和一位胡姓郎中相好。余占鳌曾为母亲和郎中幽会方便，为了孝敬母亲，修好了二人幽会必经之路，招致村人议论纷纷。后来他因郎中侮辱母亲与之争吵，厮打中胡郎中不慎一头碰在刀上当场毙命。这个故事来自民间故事中著名的"孝子的故事"。故事大意：丈夫早逝，女人孤儿寡母艰难度日，后受到和尚接济，与和尚相好。孝子渐渐长大，为孝敬母亲，为前来和母亲约会的和尚修好路。母亲死后，和尚前来吊唁，孝子杀死了和尚。官府质问为何前面修路、后面杀人。孝子说前面修路是为孝敬母亲，后面杀人是为孝敬父亲。这个故事里孝子对母亲的孝无可厚非，但对父亲的孝是建立在对和尚的仇恨和杀害之上，无视和尚之前对他们孤儿寡母的接济之恩，其对父亲的孝显得极端，令人不解。这个著名的孝子故事化作了电视剧《红高粱》中余占鳌对胡郎中的所作所为。

（3）请龙王爷情节

还有一个故事来自莫言爷爷所讲民间故事《綦翰林出殡》。故事大意：高密丧葬铺去给胶州城要求极高、棺材极重的綦翰林家抬棺材

---

① 管谟贤：《大哥说莫言》，山东人民出版社2013年版，第208页。

送殡。出殡当天，立下生死合同。烙饼鱼肉管够，每人腰扎三寸宽的牛皮带，脚蹬千层底布鞋，肩上垫着厚厚的垫肩。虽然圆满完成送葬任务，赚得高额佣金，却有多人因此落下毛病。① 具体到电视剧《红高粱》中，情节稍有改动。余占鳌们不再是去给綦翰林抬棺材，而是将龙王爷从龙王庙抬出来抗旱求雨。极重的龙王爷和綦翰林家的千金重棺材不相上下，当天曹二老爷同样给伙计们准备了红烧肉。余占鳌和兄弟们最终将龙王爷抬出了龙王庙，并求雨成功。

（4）雷电劈人的故事

小说原著中还有一个故事来自民间故事，那就是倩儿遭雷劈。奶奶的女伴倩儿图财害命，拿走路边弃婴襁褓中的钱财，却把弃婴扔到高粱地里，导致弃婴死亡，倩儿不仁不义之举导致她遭到雷劈而死。② 这个故事也来自莫言爷爷讲的民间故事《雷电劈人》。故事大意：大姑娘未婚先孕，父母将孩子用新被子包好，里面放上一尺多长红布、二十块大洋，希望好心路人抱走婴儿养大。却遇到本村坏人，抢走钱财和红布，将婴儿抱到路中间车辙里被车轧死。坏人随后遭到雷劈而死，其背写着"图财害命，死有余辜"。③

（5）曹县长审鸡的故事

在小说和电视剧《红高粱》中都有县长审鸡的故事与传说。电视剧中的朱豪三县长改编自原型人物即高密县县长曹梦九。曹梦九在历史上实有其人，审鸡故事是发生在曹梦九身上的真实故事。④ 电视剧改编了高密民间关于曹县长的传说，只不过在小说中是曹梦久审鸡，而在电视剧中则是朱豪三审鸡。⑤

（二）保留与扩充：电视剧《红高粱》中的地域文化

电视剧《红高粱》中穿插进丰富的高密文化元素，譬如高密剪

① 管谟贤：《大哥说莫言》，山东人民出版社2013年版，第218页。
② 莫言：《红高粱家族》，人民文学出版社2012年版，第79页。
③ 管谟贤：《大哥说莫言》，山东人民出版社2013年版，第189页。
④ 李之凡：《历史上真实的曹梦九》，《潍坊日报》2014年11月7日。
⑤ 转自徐怀中等编著《乡亲好友说莫言》，山东大学出版社2013年版，第45页。

纸、高密高粱酒、高密斗酒大会、高密扑灰年画、聂家庄泥塑等民俗文化，还有高密拤饼、高密炉包等饮食文化。其实在小说原著中，莫言便已多次写到高密文化，譬如饮食文化中的高密炉包、高密拤饼，还有高密泥塑①、高密剪纸等非遗文化元素。

先看高密文化。作为高密四宝之一的高密剪纸在剧中多次出现，而小说原著的相关情节则是描写奶奶擅长剪纸，她"心灵手巧，在娘家为闺女时，与邻居家姑嫂姐妹们剪纸绣花，往往能出奇制胜。奶奶是出色的民间艺术家，她为我们高密东北乡剪纸艺术的发展，做出了突出的贡献"②。奶奶的剪纸栩栩如生，构思新颖，她剪纸中的蝈蝈出笼，"站在笼盖上，振动翅膀歌唱"③。她的剪纸小鹿"背上生出一只红梅花，昂首挺胸，在自由的天地里，正在寻找着自己无忧无虑、无拘无束的美满生活"④。莫言在作品中高度赞扬了高密剪纸："高密剪纸，玲珑剔透，淳朴浑厚，天马行空，自成风格。"⑤ 与之对应的是，电视剧《红高粱》中的九儿拥有一双巧手，有着出神入化的剪纸手艺，她剪的窗花栩栩如生、精致漂亮。这处情节设置不仅表现了九儿兰心蕙质、心灵手巧的特点，也间接宣传了高密民俗文化。就连日本军官到九儿家劝降，见到高密剪纸，竟然提出要九儿为其剪纸以便他赠送家人，足见其对剪纸的喜爱。

再看高密酿酒文化。小说原著第二章《高粱酒》有关于高粱酒文化的描写，与此相似的是，在电视剧《红高粱》中多次表现了高密斗酒大会，作为单家烧酒作坊的师傅，罗汉每次都以卓越的表现获得大奖。另有高密当地民俗秋千会在莫言作品中多次出现，譬如《檀香刑》《红高粱》《暖》等。在小说《暖》中，悲剧发生的重要场所就是秋千架。秋千是莫言小说中值得关注的重要物件。还有高密四宝之

---

① 莫言：《红高粱家族》，人民文学出版社 2012 年版，第 206 页。
② 莫言：《红高粱家族》，人民文学出版社 2012 年版，第 115 页。
③ 莫言：《红高粱家族》，人民文学出版社 2012 年版，第 116 页。
④ 莫言：《红高粱家族》，人民文学出版社 2012 年版，第 116 页。
⑤ 莫言：《红高粱家族》，人民文学出版社 2012 年版，第 115 页。

一的扑灰年画。剧中九儿将扑灰年画作为礼物献给干爹干娘朱豪三夫妇。同样,高密四宝之一的聂家庄泥塑也多次出现在荧屏之上。

五 电视剧《红高粱》的人物变动

总体来看,较之小说原著,电视剧《红高粱》中的人物变动较大,突出表现在张俊杰、恋儿、淑贤、刘罗汉、县长、余占鳌等人物形象上。

张俊杰:在人物身份方面,这个人物本身就是电视剧《红高粱》的新增人物,且在剧作后半段,成为余占鳌领导的高密义勇军的副司令员。他俨然以抗日义勇军的政委形象,通过高密地下党指挥抗日义勇军。笔者认为,这个人物实则和小说原著中的一个人物比较吻合,就是任副官。首先,两人长相相似,任副官长得眉清目秀,是读书人形象,这一点和张俊杰十分吻合;其次,人们猜测英雄好汉的任副官非常像共产党员,这和张俊杰与共产党的密切联系相近。在故事情节方面,小说原著中九儿出嫁当天在蛤蟆湾遇土匪劫持,这个土匪是假土匪,所持手枪是树枝做的假枪,他不堪一击到被当场打死。而在电视剧《红高粱》中,劫持九儿花轿的人变成张俊杰。他深爱九儿,却被父母拆散,无奈之际试图通过劫轿来挽回九儿,却以失败而告终。

恋儿:小说原著中,恋儿余占鳌私通并同居生女,是余占鳌的第二个女人。而在电视剧《红高粱》中,恋儿疯狂地爱着余占鳌,却得不到余占鳌的真心和真爱。

淑贤:淑贤是小说原著中并不存在的角色,在电视剧《红高粱》中却充当女二号的角色,本剧详细展示了她和罗汉的爱情故事、她和九儿的明争暗斗。

刘罗汉:关于刘罗汉,有两处改动:第一处,由小说原著中的抗日被捉剥皮,到电视剧《红高粱》中被鬼子公开审判刑场枪毙;第二处,他的爱情对象由九儿变为淑贤。

被枪毙的人：从余大牙到戴大牙。小说原著中因为强奸被枪毙的对象是余占鳌的叔叔余大牙，他因为强奸民女曹玲子被余占鳌枪毙。而在电视剧《红高粱》中，九儿亲哥哥戴大牙因为强奸寡妇，被张俊杰枪毙。

县长：从曹梦久到朱豪三。小说原著中的县长曹梦久人称"曹二鞋底"，电视剧《红高粱》中的县长则改名为朱豪三。综观高密历史和莫言小说，县长一直是其小说中常见的角色，譬如小说《红高粱》中的曹梦久、电视剧《红高粱》中的朱豪三、小说《蛙》中的民国县长高梦九、小说《檀香刑》中的高密县长牛腾霄，其原型大都可追溯到曹梦九。在高密有很多关于曹梦久的民间故事，譬如流传多年的"杵屎罐""审鸡案""打鞋底""舔蜜腚""招安土匪"等，莫言根据这些故事在小说情节中添加了曹梦九断单家父子被杀案、戴凤莲拜曹梦九做干爹、抓捕暴打余占鳌、与余占鳌互换人质、荣升山东省警察厅厅长等重要情节。曹梦九成为贯串起《红高粱》故事的关键人物之一。①

余占鳌：从杀人土匪到义匪英雄。在小说原著中，余占鳌先是杀死和母亲私通的和尚，后杀死单扁郎和单廷秀，真正身背多条命案。而在电视剧《红高粱》中，余占鳌并没有直接杀死郎中（小说中的和尚化身为电视剧中的郎中）和单氏父子，和尚和单氏父子都是误杀。如此处理，正如莫言所说，在任何年代，无论什么情由杀人都是不对的。因此，我们看到在电视剧《红高粱》中，余占鳌不是如小说中亲手杀人，而是或气死、或吓死、或误伤对方，以此来减轻余占鳌的杀人之罪和违法之罪，同时，增加他杀富济贫、照顾穷人的仁爱之气，和照顾四奎母子、孝敬母亲（自己母亲和四奎母亲）的孝悌之心，以突出其浩然正气的英雄形象。

---

① 李晓燕：《莫言小说人物原型研究》，博士学位论文，山东师范大学，2016 年，第 69 页。

六　小结

综合来看，较之小说原著，电视剧《红高粱》从影视艺术和收视传播等多角度出发，综合了诸多新标签"抗日、爱情、高粱地、土匪等，但其实故事隐含的是时下年轻人最爱的剧作元素，包括三角恋、职场、创业、宫斗等"①。从剧情来看，"民国偶像＋宅斗剧＋抗战剧的混搭让电视剧《红高粱》很有看头。《红高粱》由家族利益争夺、男女感情纠葛逐步上升为民族大义，穿插了宅斗、剿匪、三角恋、抗战戏等戏码，迎合了观众的审美趣味"②。

众所周知，电视剧的改编既要考虑对小说原著的尊重和依循，也要考虑电视剧独特的艺术特性和商品属性，以及观众的欣赏需求和时代背景的改变，特别是之前小说《红高粱》和电影《红高粱》已取得了很高的艺术成就和巨大的社会影响。在此背景之下，电视剧《红高粱》的改编面临较大压力和众多难题。但总体看来，剧作较好地协调了小说的文学性、审美性与电视剧的观赏性、艺术性之间的关系。在人物塑造上，保留了小说原著的"魂"，即张扬人的个性。在主题内涵上，表达了追求自由、个性、野性的精神内核。③ 改编后电视剧《红高粱》有"立体可感的人物性格、激烈碰撞的矛盾冲突、意味深长的情境烘托等戏剧性场面，给人以净化心灵的审美冲击"④。剧作既有对原著人物和情节的忠实和保留，也有合情合理的丰富与添加，较之晦涩难读的小说原著，其精心营构的戏剧性和情节性，使得该剧成为一部有戏好看的电视剧，对莫言《红高粱》的传播及抗日爱国民族大义的主题宣扬，都起到了很好的作用。

---

① 李琳琳：《从传播学角度看电视剧〈红高粱〉热播》，《青年记者》2015 年第 8 期。

② 何莹莹：《电视剧〈红高粱〉为何这么红》，《青年记者》2015 年第 11 期。

③ 徐健：《改编〈红高粱〉不能丢掉原著的"魂"——访编剧赵冬苓》，《文艺报》2013 年 8 月 14 日第 4 版。

④ 李轩：《戏剧性与情节性：电视剧审美接受的二元思辨》，《重庆邮电大学学报》（社会科学版）2021 年第 3 期。

第二节　电视剧《红高粱》的传播与接受

一　电视剧《红高粱》的学术研究与接受

电视剧《红高粱》的研究成果很丰硕，从成果数量来看，位居第二，排在电影《红高粱》研究后面。目前学界关于电视剧《红高粱》的研究论文约百余篇，研究视角也较为丰富，涉及电视剧《红高粱》的人物形象、主题音乐、服装设计、改编策略、传播解读、叙事艺术、美学特征、女性主义、艺术特色等。

（一）电视剧《红高粱》人物形象研究

这类成果多关注电视剧《红高粱》中的人物形象塑造，以女性形象研究最多，在女性形象研究中又以九儿研究最多。譬如鲁楠认为电视剧《红高粱》中的九儿敢爱敢恨、从不遵守封建礼法，打破了封建社会制度对女性的束缚。淑贤在九儿的劝说下也毅然烧掉妇女楷模的牌匾，开始为自己而活，并勇敢嫁给单家酒坊的罗汉。她们的成长与改变都是对封建礼法的巨大颠覆，表现出女性强烈的独立意识和勇敢前卫。[1] 苏文清指出电视剧《红高粱》减弱了九儿女性的脆弱（如颠轿途中的哭泣）的一面，强化了她泼辣叛逆的斗争性的一面，使得这个人物形象具有了斗争性、典型性、观赏性的特点。[2] 党淑婷则认为九儿似乎彻底颠覆了传统女性的典型特质。[3]

（二）电视剧《红高粱》音乐研究

这类成果多关注电视剧《红高粱》中的音乐研究，包含主题曲《九儿》的研究（王文山，2020）、主题音乐功能研究（王甦，2018）、影视音乐的艺术性研究（肖丽艳，2017）、民族音乐的作用研究（武

---

[1]　鲁楠：《电视剧〈红高粱〉中的女性形象分析》，《西部广播电视》2015 年第 2 期。

[2]　苏文清：《九儿在斗争中成长——电视剧〈红高粱〉人物改编研究》，《戏剧之家》2015 年第 10 期。

[3]　党淑婷：《电视剧〈红高粱〉改编优劣论》，《今传媒》2015 年第 11 期。

霄，2015）、音乐赏析（蔡杰，2015）等。譬如武霄认为《颠轿歌》《酒神曲》等富有特色的民族音乐与剧中人物的生存状态紧密联系，推动了剧情的发展，具有深化主题、渲染气氛、表达人物的内心世界的作用。① 龚易男认为《妹妹你大胆地往前走》与《九儿》这两首作品通过高超的音乐技巧把优秀的民族文化更好地融入影视作品之中。在给予民族音乐更多活力的同时，为电影、电视剧带来了超乎寻常的听觉享受，从而使得观众在视觉、听觉以及心灵上产生强烈共鸣，使影视作品发挥更大的艺术价值。② 蔡杰则指出电视剧《红高粱》的主题曲与人物命运完美结合，全剧五十三首背景音乐巧妙烘托剧情，片尾插曲收紧剧情、余音袅袅，电视剧《红高粱》的音乐不仅与剧中人物命运完美结合，巧妙烘托的剧情对主题进行了升华，更使该剧完美收尾，留给观众以遐想与思考的空间。③

（三）电视剧《红高粱》服装研究

此类成果数量不多。孙文认为，电视剧《红高粱》中的人物着装随着人物年龄、身份、地位、情绪发生变化，极好地配合了人物的成长和变化，烘托了剧情发展。④ 杨贤指出电视剧《红高粱》制作团队也作出了许多创新，其中的人物服装在尊重原著、尊重历史的前提下适当地创新，为作品带来了不同的魅力。而服装的创新，也使得人物的性格特征更加突出。⑤

（四）电视剧《红高粱》改编研究

此类成果数量较多，主要包含两个角度：小说到电视剧、电影到电视剧。首先，小说到电视剧的改编研究。如周月的《〈红高粱家族〉

---

① 武霄：《论民族音乐在电视剧中的作用——以电视剧〈红高粱〉为例》，《出版广角》2015年第8期。

② 龚易男：《〈红高粱〉电影与同名电视剧主题音乐之比较》，《音乐时空》2015年第6期。

③ 蔡杰：《电视剧〈红高粱〉的音乐赏析》，《短篇小说》（原创版）2015年第9期。

④ 孙文：《电视剧〈红高粱〉中人物的服装形象——试析服装的装扮机能》，《艺术与设计》（理论）2015年第7期。

⑤ 杨贤：《论电视剧〈红高粱〉中的人物服装形象及塑造》，《戏剧之家》2017年第1期。

的电视剧改编研究》（硕士学位论文，东北师范大学，2017 年）、隋清娥的《由文字到影像的变异：小说〈红高粱家族〉的电视剧改编探究》（载《齐鲁师范学院学报》2015 年第 1 期）。综观学者对电视剧《红高粱》的改编研究，观点较为集中，以党淑婷的观点较具有代表性。在叙事改编上，她认为电视剧《红高粱》是"披着抗日外衣的都市情感剧……创作者更倾向于增添一些观众喜闻乐见的桥段和剧情"①。在编剧上，"编剧为丰富剧情扩展故事内容，在原著基础上重点增加了大嫂淑贤和张俊杰两个人物……从中甚至看到了近些年来荧屏热播的宫廷剧、抗日神剧、年代戏甚至青春偶像剧的影子，可谓是这些荧屏大热元素的集合版……电视剧的商业化路线使这部剧也不可避免地沦为当今时代背景下又一部披着抗日外衣的情感故事剧。"②

其次，电影《红高粱》与电视剧《红高粱》改编比较研究。研究成果既有一般论文，如李贺的《从"影视有别"看〈红高粱〉的电视剧改编》（载《鸡西大学学报》2013 年第 12 期），也有视野较为宏观的硕士学位论文，如陈欣的《〈红高粱〉电影与电视剧改编研究》（硕士学位论文，江苏师范大学，2017 年）、刘惜予的《莫言小说〈红高粱家族〉影视改编研究》（硕士学位论文，四川师范大学，2016 年）。从比较研究视角来看，有的学者对影视改编策略进行比较研究（李岩，2016），也有学者从媒介差异、表达形式差异、叙事容量差异三个方面探讨了电视剧艺术和电影艺术的差别性（李贺，2013）。有的则比较了影视《红高粱》中的女性意识，认为电影《红高粱》中女性的意识被淹没，九儿是依附父权、夫权之下的善良隐忍的女性。被卖给麻风病人、被轿夫调戏颠轿，只能用哭泣捍卫尊严，换取男性同情，从中寻求平等的男女地位。而电视剧中九儿勇于反抗、追求真爱，用积极主动的反抗行动挑战礼教与父权，有着强烈的自我意识。③

---

① 党淑婷：《电视剧〈红高粱〉改编优劣论》，《今传媒》2015 年第 11 期。

② 党淑婷：《电视剧〈红高粱〉改编优劣论》，《今传媒》2015 年第 11 期。

③ 参见张萌萌《〈红高粱〉：从电影到电视剧——女性主义意识觉醒》，《艺术科技》2015 年第 2 期。

（五）电视剧《红高粱》传播学研究

电视剧《红高粱》的营销策略也是学者们关注的焦点之一。李琳琳指出电视剧《红高粱》的成功与传播策略有关，传播者是具有专业素养的传播团队，传播渠道是打造新型营销方式，传播内容是运用多种元素打造经典传奇，受众方面，群体宽泛，锁定年轻受众，传播效果方面则是内容为王，创意取胜。[①] 黎凡认为电视剧《红高粱》在受众满足方面取得较好效果，具体包括：鲜明的人物特色及性格，对受众故事性追求的满足；对当下男性观众婚恋情爱心理的满足；对当下女性观众独立自主心理的满足；对观众抗日情怀的满足。[②] 也有学者认为故事精彩、剧集从始至终冲突不断、内容丰富是该剧能够打入市场的重要原因；明星阵容打造名牌、捆绑节目以推广品牌、新闻话题宣传、观众社交平台讨论、网络平台的"兄弟"合作、音乐推广的"保守"合作、探索新渠道的"特色"合作等方式极力扩大电视剧《红高粱》的知名度和影响力。[③]

（六）电视剧《红高粱》中女性研究

此类研究数量不多，研究内容多集中于女性书写（赫金芳，2016）、女性命运（赵婷，2016）、女性视角（苏冠元，2017）、女性主义意识（张萌萌，2015）。譬如赵晓玲认为电视剧《红高粱》中的女性人物，无论是主要人物还是次要人物，都刻画得有血有肉，为观众呈现出一幅层次分明、性格突出的女性人物画卷。对九儿、淑贤、恋儿三位不同身份不同性格的女性形象刻画时，都饱满立体，极具个性。[④]

（七）电视剧《红高粱》主题研究

关于电视剧《红高粱》的主题内涵，现有研究多集中于生命意识、民族精神、家国伦理等方面。雷丽茹认为电视剧《红高粱》在把

① 李琳琳：《从传播学角度看电视剧〈红高粱〉热播》，《青年记者》2015 年第 8 期。
② 黎凡：《电视剧〈红高粱〉的传播学解读》，《西部广播电视》2016 年第 2 期。
③ 徐雪亮：《从剧版〈红高粱〉看当前电视剧的营销策略》，《新闻研究导刊》2016 年第 7 期。
④ 赵晓玲、弓力成：《电视剧〈红高粱〉女性形象分析》，《电影评介》2014 年第 20 期。

握原著精神内涵的基础上，将"红高粱"作为该剧的主题意象，营造出如高粱般血红的意境，讴歌了这片高粱地上的不屈的生命力。在"抗战"主旋律的表达中凸显出中华民族的血性，弘扬了爱国主义精神，抒发了家国情怀。电视剧《红高粱》表达了三重主题内涵，即生命主题、抗日主题、家国主题。① 李倩认为，《红高粱》作为抗战剧中的经典之作，通过讴歌在"国仇家恨""文化变革"的民族大义背景下，小人物与国家命运的交织，小人物舍弃"小情小爱"而融入"民族"大爱的精神，能够体现出影视剧作品对生命意识与民族精神的解读。②

（八）其他研究

除上述研究较为集中的研究视角外，还有关于电视剧《红高粱》悲剧性意义（罗萱，2015）、叙事艺术（刘美慧，2015）、美学特征（苏丽华，2015）等研究。但总体来看，此类研究数量较少，较为分散。

二 电视剧《红高粱》的传播与获奖情况

电视剧《红高粱》于2014年首次播出，在山东卫视、北京卫视、上海东方卫视、浙江卫视这四家卫视进行播放，收视率都很高。除在网络播放外，还在新浪、腾讯多家门户网站开通微博，发布电视剧信息，组织微博活动，与受众互动，以提高电视剧的社会影响力。一时间，诸多观众观看讨论电视剧《红高粱》。这些观众中包含普通观众，也包含影视从业人员。

附录1 电视剧《红高粱》获奖情况

获奖年份	获奖届数	获奖内容	获奖对象
2021 年	第 1 届	澳涞坞国际电视节金萱奖——建党百年全国优秀电视剧	《红高粱》

---

① 雷丽茹：《论电视剧〈红高粱〉的家国伦理》，硕士学位论文，湖南师范大学，2017 年。
② 李倩：《解读电视剧〈红高粱〉中的生命意识与民族精神》，《当代电视》2015 年第 8 期。

续表

获奖年份	获奖届数	获奖内容	获奖对象
2015 年	第 17 届	华鼎奖中国百强电视剧满意度调查第一名	《红高粱》
2015 年	第 17 届	华鼎奖中国百强电视剧最佳导演	郑晓龙
2015 年	第 17 届	华鼎奖中国百强电视剧最佳女主角	周迅
2015 年	第 17 届	华鼎奖全国观众最喜爱的电视剧作品	《红高粱》
2015 年	第 21 届	上海电视节白玉兰奖最佳女主角	周迅
2015 年	第 21 届	上海电视节白玉兰奖最佳女配角	秦海璐
2014 年	第 4 届	乐视影视盛典 2014 观众最期待的年代类电视剧	《红高粱》
2014 年	2014 年度	国剧盛典十佳电视剧称号	《红高粱》
2014 年	2014 年度	国剧盛典最佳女主角	周迅

附录 2　电视剧《红高粱》播出情况

首播时间	播放平台	播放媒介	播放轮次
2014 年 10 月 27 日	山东卫视	电视台	首轮
2014 年 10 月 27 日	北京卫视	电视台	首轮
2014 年 10 月 27 日	浙江卫视	电视台	首轮
2014 年 10 月 27 日	东方卫视	电视台	首轮
2014 年 10 月 30 日	纽约中文台	电视台	首轮
2015 年 8 月 5 日	TVB 华语剧台	电视台	首轮
2015 年 2 月 12 日	湖北卫视	电视台	二轮
2015 年 2 月 13 日	重庆卫视	电视台	二轮
2015 年 2 月 15 日	吉林卫视	电视台	二轮
2015 年 2 月 26 日	安徽卫视	电视台	二轮
2019 年 4 月 17 日	青海卫视	电视台	二轮
2021 年 6 月 8 日	焦作广播电视台	电视台	二轮

　　除在电视台播放，电视剧《红高粱》还在爱奇艺、腾讯视频、乐视网、芒果 TV 四大视频网站播放。

附录 3　电视剧《红高粱》收看调查

　　1. 您的年龄是？

　　　　A. 18—20 岁　　B. 21—30 岁　　C. 31—40 岁　　D. 40 岁以上

2. 您的性别是？

    A. 男   B. 女

3. 您的职业是？

    A. 公务员   B. 编导   C. 大学老师   D. 本科生

    E. 研究生   F. 博士（含博士后）   G. 其他

4. 您的专业是？

    A. 理工科   B. 中文   C. 艺术   D. 其他

5. 你看过电视剧《红高粱》吗？

    A. 看过   B. 没看过，想去看   C. 没看过，也不想去看

6. 您的家人看过电视剧《红高粱》吗？

    A. 看过   B. 没看过

7. 你喜欢电视剧《红高粱》吗？

    A. 喜欢   B. 不喜欢   C. 说不清

8. 您最初从哪里听说过电视剧《红高粱》？

    A. 听别人说   B. 从网络得知

    C. 从电影《红高粱》得知   D. 老师布置的任务

9. 电视剧《红高粱》给您留下印象最深的是什么？

    A. 九儿形象   B. 余占鳌形象   C. 生动的故事情节

    D. 抗日故事   E. 淑贤形象   F. 其他

10. 您认为电视剧《红高粱》拍得如何？

    A. 很好   B. 一般   C. 很差

11. 你认为电影《红高粱》和电视剧《红高粱》，哪一个更加成功？

    A. 电影《红高粱》   B. 电视剧《红高粱》

12. 您认为电视剧《红高粱》改编过程中存在什么问题？

    A. 人物过多，人物关系乱   B. 剧情有前后矛盾、不合理之处

    C. 剧情太过复杂   D. 演员演得不好   E. 其他

调查问卷显示，在以理工科高校中文系为主体的受访者当中，在所收集到的 90 份调查问卷中：

1. 关于观看情况的调查：67.11%的受访者看过电视剧《红高粱》；23.68%的受访者没看过，想去看；9.21%的受访者没看过，也不想去看。关于受访者家人是否观看电视剧《红高粱》的调查，65.79%的受访者家人看过，34.21%的受访者家人没看过。

2. 关于是否喜欢的调查：67.57%的受访者喜欢，5.54%的受访者不喜欢。

3. 关于传播渠道的调查：53.95%的受访者从网络得知，从电影《红高粱》得知的占36.84%。

4. 关于对电视剧印象最深的调查：36%的受访者选择九儿形象，25.33%选择余占鳌形象，20%选择生动的故事情节。

5. 关于电视剧《红高粱》拍摄质量的调查：认为拍得很好的占70.67%，认为拍得一般的占26.67%。

6. 关于影视《红高粱》的比较调查：认为电影《红高粱》拍得更成功的占52.7%，认为电视剧《红高粱》拍得更成功的占47.3%。

通过分析，可见电视剧《红高粱》的收视率较高，评价较高，对电视剧中九儿和余占鳌形象的评价较高。但在和电影《红高粱》的比较中，大多数受访者认为电影《红高粱》拍得更为成功。

第三章　莫言《红高粱》的戏剧改编与传播

　　莫言《红高粱》迄今为止已被改编成多种艺术形式。除去影响较大的影视改编，戏剧改编也不容忽视，成为莫言《红高粱》跨媒介改编与传播大军中的显著存在。迄今为止，莫言《红高粱》已被改编成晋剧、评剧、茂腔、豫剧四种戏剧形式，即四大戏剧《红高粱》。戏剧《红高粱》的艺术改编伴随着叙事变革，从现代创意叙事回归传统线性叙事。从叙事学角度而言，小说《红高粱》是一个令人眼花缭乱的文本，小说采用多重叙事视角和多种叙事人称，将一个听起来稀松平常的乡村抗日故事讲得惊心动魄，极具魔幻色彩。而戏剧《红高粱》所采用的叙事视角与小说原著基本一致，只是在故事呈现方式上不同，豫剧和评剧相似，晋剧和茂腔相似。豫剧和评剧都采用了倒叙方式讲述我爷爷十八刀和我奶奶九儿的故事。在伏击日军汽车队的伏击战中，我爷爷和我奶奶挣扎站起，此时画外音介绍"这是我爷爷，这是我奶奶"，之后所有的故事从我奶奶出嫁那天开始。故事采用传统的线性叙事，向观众一一交代故事的前因后果。晋剧《红高粱》的开头同样采用画外音形式进行回叙，介绍被抓到日本当劳工的爷爷从日本北海道回到家乡，从高粱地里刨出一只铁皮匣子，之后便从我奶奶出嫁颠轿开始。这条线索也忠实于小说原著，小说中的我爷爷"一九五八年从日本北海道的荒山野岭中回来时，已经不太会说话，每个字都像沉重的石块一样从他口里往外吐"①。"爷爷刨出了一个大坑，斩断了十几根粗细不一的树根，解开了一块石板，从一个阴森森的小砖窑里，搬出了一个锈得不成形的铁皮匣子。"② 这里爷爷从小匣子里取出锈得通红的枪，而晋剧中我爷爷从小匣子中取出的是奶奶生前用过的剪刀。茂腔《红高粱》没有采用回叙方式，从头至尾都是线性叙事。无论采取何种叙事方式，四大戏剧《红高粱》的故事都是从我奶奶九儿出嫁开始。

第一节　角色提纯与地域化色彩彰显：戏剧《红高粱》的人物再造

小说原著中的人物角色纷繁复杂，有我爷爷、我奶奶、豆官、刘罗汉等主干人物，也有恋儿、小姑姑、土匪、江小脚、黑眼、共产党员等人物数十位，但到了戏剧《红高粱》中，编导人员滤去次要人物，仅剩主干人物：九儿、余占鳌、刘罗汉、豆官。

一　抗日英雄与反抗楷模：九儿的形象改造

小说原著中的九儿是一位山东女性，她美丽健康，敢爱敢恨，是抗日女英雄。九儿出嫁的时候才十六岁，"身高一米六〇，体重六十公斤，上穿碎花洋布褂子，下穿绿色缎裤，脚脖子上扎着深红色的绸带子"③，穿了一双用桐油浸泡过十几遍的绣花油鞋。我奶奶从小裹小脚，有一双美丽的三寸金莲。她十六岁被单廷秀看中时，"已经出落得丰满秀丽，走起路来双臂挥舞，腰身扭动，好似风中招飐的杨柳"④。另外，九儿心灵手巧，会剪高密剪纸。她工于心计，被誉为

---

① 莫言：《红高粱家族》，人民文学出版社 2012 年版，第 70 页。
② 莫言：《红高粱家族》，人民文学出版社 2012 年版，第 70 页。
③ 莫言：《红高粱家族》，人民文学出版社 2012 年版，第 34 页。
④ 莫言：《红高粱家族》，人民文学出版社 2012 年版，第 35 页。

"女中魁首""抗日女英雄"。九儿"什么事都敢干，只要她愿意。她老人家不仅仅是抗日的英雄，也是个性解放的先驱、妇女自立的典范"①。她在村中九十二岁老太太嘴中是"女中魁首戴凤莲，花容月貌巧机关，调来铁耙摆连环，挡住鬼子不能前"②。九儿从小说中走出，进入戏剧舞台，其形象改造各具特色，并取代余占鳌，成为戏剧故事的第一主角。

豫剧《红高粱》中的九儿是性格塑造最为鲜明的九儿，堪称"再世扈三娘"。剧中九儿性格刚强，集中体现在出嫁悔婚、县衙堂审、抗日牺牲三大情节上。九儿是唱戏名角，坐上出嫁花轿时方知新郎单扁郎是麻风病人，当即要求轿夫们将花轿抬回娘家，不再出嫁，体现了她爱憎分明、敢作敢当的性格特点。中途遇见十八刀，轿夫们惧怕变色，九儿却不害怕，并在十八刀命令轿夫抬她去单家成亲时质问十八刀，"你做我的主？你当我的家？我自有主张"，字字句句，都体现其性格刚强自主的一面。单扁郎死后，九儿被诬陷杀夫之罪。县衙堂审时，九儿不畏权势，痛斥曹梦久，曹梦久不问青红皂白，滥施酷刑，九儿宁死不屈，终被十八刀救下。日军暴行激起九儿激愤心情，在武器落后原始的条件下，九儿毅然全身泼酒、肩挑酒坛给日军"送"酒，与日军同归于尽，巨大的爆炸火焰和声响见证了九儿抗日牺牲的壮举和精神。这三大情节突出表现了九儿爱憎分明、深明大义的刚烈性格。

晋剧《红高粱》中的九儿是一个重情重义的女性形象，主要体现在她如何处理和余占鳌以及刘罗汉的关系上。她与余占鳌、刘罗汉从小一起玩耍，感情深厚，刘罗汉和余占鳌都喜欢九儿，而九儿心里只有余占鳌。余占鳌因为气死单扁郎外出逃亡，杳无音讯，九儿坚守苦等，其情至深至坚，令人感动，这是九儿对余占鳌的男女爱情。再看九儿对待刘罗汉，九儿深知罗汉喜欢自己，她暗中感激，并以兄妹之情看待罗汉，将罗汉视作自己的亲哥哥。在余占鳌逃亡之际，罗汉帮

---

① 莫言：《红高粱家族》，人民文学出版社 2012 年版，第 10 页。
② 莫言：《红高粱家族》，人民文学出版社 2012 年版，第 9 页。

助九儿张罗烧酒作坊，九儿倍感温暖和感动；鬼子来了，罗汉将九儿和余占鳌逼走，自己被抓被害，九儿上场，悲愤交加，痛断肝肠，感人至深，这是九儿对罗汉的兄妹亲情。和其他三部戏剧《红高粱》中的九儿比较，晋剧《红高粱》中九儿牺牲的方式是被日军枪杀于罗汉刑场，而不是像其他三部剧中，九儿都肩挑酒坛舍身杀敌炸死鬼子。就此而言，晋剧对九儿形象的性格塑造和精神提升稍有欠缺。

较之茂腔《红高粱》中出嫁时凄惨悲伤、性格柔弱的九儿，评剧《红高粱》中的九儿是个敢爱敢恨、性格刚烈、深明大义的奇女子，别人家女子出嫁哭哭啼啼、凄凄惨惨，她却大笑，她说："我就是不哭我就是想笑，我就是不哭哭啼啼。"① 这一情节和茂腔《红高粱》九儿出嫁时的哭啼悲哀形成鲜明对比。她在出嫁花轿中从轿夫口中方得知所嫁之人患有恐怖的麻风病，即刻要求轿夫掉头回家，不再出嫁；途中巧遇土匪十八刀，轿夫们吓得四处逃窜，九儿却不害怕，当面对十八刀命令他尽管嫁夫家，她并不服从，一句"你休想"表现了九儿强烈的反抗性格和刚烈脾气。之后，面对曹梦九的审堂，面对日军的残暴，九儿都表现出她聪明过人、敢生敢死的性格特征，尤其是最后九儿不顾十八刀和儿子的苦苦阻拦，挑着红高粱酒去炸日军，可谓感天动地！同时，评剧在表现九儿刚烈、勇于反抗的性格特点时，还展现其柔情似水的一面：面对十八刀的柔情表白，她与十八刀喜结连理，生下豆官；面对日寇的屠杀和乡亲们的死难，她愁肠百结，一面是对日军的无比仇恨，一面是对家人的无比留恋。然而，九儿终究以国仇家恨为先毅然挑酒炸日军，与敌人同归于尽。九儿以一介弱女子的独特方式践行了抗日杀敌、保家卫国的民族大义！

就形象塑造而言，茂腔《红高粱》中的九儿和晋剧《红高粱》中的九儿较为相似；就刚烈性情和反抗精神来看，茂腔《红高粱》中的九儿虽不及评剧和豫剧《红高粱》中的九儿，但她深明大义，肩挑酒坛炸死鬼子，与鬼子同归于尽。总体来看，四大戏剧对九儿形象的改

---

① 评剧《红高粱》中九儿台词。

编是成功的，就其抗日形象而言，戏剧《红高粱》既依循小说原著中九儿抗日女英雄的形象本色，又增加了她挑酒炸鬼子的情节（晋剧除外），和小说原著中九儿被乱枪射杀相比，这一情节改编更好地提升了人物的精神高度。

二　英雄与义匪的融合：余占鳌的形象改造

　　小说原著中的余占鳌是山东好汉形象，其在精神谱系上与古典小说《水浒传》中的好汉们一脉相承：其一，两者皆为山东大汉；其二，两者身份皆为土匪；其三，两者性格特征都是敢爱敢恨、敢生敢死。余占鳌集英雄气和土匪气于一身，其身份和特点较为复杂。小说对余占鳌的家庭和身份进行了介绍："余占鳌出身贫寒，父亲早丧，他与母亲耕种三亩薄地度日。"[①] 之后介绍了余占鳌母亲同和尚相好以及余占鳌杀死和尚、嗜赌、进赁行的经历。正是因为做了轿夫，才有了后来和我奶奶的爱情故事。从传统伦理道德角度而言，余占鳌不是什么"好人"，他身兼无赖、混蛋、土匪、杀人犯、英雄等多种奇特因素于一身。

　　义匪地王十八刀：豫剧、评剧中的"余占鳌"。豫剧和评剧中的"余占鳌"形象都不如九儿形象塑造得生动鲜明。豫剧中的"余占鳌"是人人惧怕的义匪地王十八刀，他出身悲惨，被逼成匪，却侠肝义胆，"从来不抢娶亲的，不抢怀孕的，不抢送殡的，不抢给爹娘看病的"[②]。和小说原著中的余占鳌一样，他没有很高的政治觉悟，并非从民族大义出发进行抗日，而是遵从他的处事之道：好人护三村，好狗护三邻。鬼子来了，他带领众伙计自发抗日，最终壮烈牺牲。他与九儿的情感历程是从陌生敬慕到求婚结合，二人最终都为抗日杀敌而壮烈牺牲。两部剧作均将余占鳌改为名为十八刀，且身份皆定义为一方土匪头子，

---

① 莫言：《红高粱家族》，人民文学出版社 2012 年版，第 91 页。
② 豫剧《红高粱》中十八刀台词。

但因其惩恶扬善的原则性，他亦被定性为"义匪"。但综观这两部剧作，都突出了十八刀的土匪性，其英雄性则相对偏弱。

稍显无赖、关键时刻缺席的土匪头子：晋剧、茂腔中的余占鳌。晋剧中的余占鳌与九儿从小青梅竹马，心心相印，却因家穷拿不出九儿父亲要的两头驴的彩礼钱，而只能眼睁睁看着九儿嫁到单家，本想在九儿成亲之夜抢亲，却被罗汉在酒中下了蒙汗药，昏睡在地。九儿新婚之夜孤苦无依，悲戚异常。该剧一再突出余占鳌性格中的小缺陷，即耍赖撒泼，言而无信。余占鳌对罗汉强调"我从小就这样"，比如跟刘罗汉约好逃亡后不再回来找九儿，但是余占鳌却食言了，回来后与九儿鸳梦重温。鬼子来了、九儿跑不动，余占鳌只是要求九儿找一个安全的藏身之处，他转身离去找他的土匪兄弟来杀鬼子，但待他回来时，罗汉和九儿俱已死去。余占鳌在九儿出嫁路上杀死鬼子；在九儿牺牲后，与土匪兄弟伏击日军，拿大刀与鬼子博杀，都体现他出众的英雄性。

和晋剧《红高粱》中的余占鳌一样，茂腔《红高粱》没有突出余占鳌的土匪性，反而从颠轿开始，余占鳌便畏手畏脚，明明心爱的女人九儿就在轿中，却只是一味悲叹，无计可施，体现其性格懦弱保守的一面。想在拜堂之日抢亲，却被罗汉下了蒙汗药。但他后来英勇抗日杀鬼子，也体现了英雄性的一面。

三 其他人物的改造

戏剧《红高粱》的人物改造还包括次要人物的改造，主要有刘罗汉、豆官、十八刀、单扁郎，这些次要人物的改造总体变动不大。

（一）关于刘罗汉的改造

在《红高粱》中，刘罗汉是一个较为特殊的人物，他虽不是主要人物，却有重要的"戏份"，突出体现为活剥人皮这一情节。晋剧中的刘罗汉是单家的忠实伙计，对单扁郎言听计从，其命运与小说原著相同，都是被活剥人皮而死。所不同的是，晋剧《红高粱》中被逼剥人皮的孙五并未对刘罗汉动刑，而是挥刀劈向日军进行抗争，被日军枪杀。豫剧《红高粱》则省略了刘罗汉被活剥人皮这一出戏。茂腔和评剧《红高粱》中活剥人皮这一出戏都有浓墨重彩的表现，茂腔《红高粱》中日军拿着孙虎割下的耳朵狞笑，评剧《红高粱》中则直接表现在曹梦久监刑之下，刘罗汉身受血腥刀割而死，每一刀都伴之以恐怖的惨叫声。

（二）关于豆官的改造

在小说原著中，豆官跟着余占鳌穿行在高粱地里打鬼子、吃狗肉。在豫剧和评剧《红高粱》中，豆官是一个十几岁的可爱小男孩，是十八刀和九儿高粱地野合所得的孩子，他和大人一起喝酒抗日。九儿挑酒炸敌人，豆官与母亲生死离别，其情其景，十分感人。在晋剧和茂腔中则没有这一人物。

（三）关于十八刀的改造

十八刀在小说原著中本名为巩十八刀。他是一名普通村民，被日军捅了十八刀，因伤口被野狐狸舔过，他不仅没有丧命，还神奇康复，从此他在家中供奉狐狸牌位。小说中的巩十八刀变身为豫剧和评剧《红高粱》中的十八刀。

（四）关于单扁郎的改造

小说原著中我奶奶所嫁之人是单廷秀的儿子单扁郎，他患有麻风病。而在茂腔和晋剧《红高粱》中，单扁郎变为一个体弱多病的老头。九儿告诉父亲，她的丈夫单扁郎"肺痨病无药可治，胸脯里像藏着一只打鸣的鸡，喘了上口没下口，等不到一年半载就得归西"①。评剧和豫剧《红高粱》只是强调单扁郎是个麻风病人，并未强调他的年龄，九儿在轿夫们颠轿唱词中方才得知。

四　人物的重塑与关系的重置

戏剧《红高粱》还对人物关系、人物姓名、人物举动进行了改动

① 茂腔《红高粱》。

和重置。人物关系变动主要体现在余占鳌、九儿、刘罗汉三人身上。较之小说原著,晋剧和茂腔《红高粱》中的主要人物被设计成余占鳌、九儿、刘罗汉三人从小青梅竹马,九儿与余占鳌情投意合,九儿对刘罗汉只有兄妹之情,却无男女之情,刘罗汉对九儿是单相思。这两部剧作都突出了刘罗汉的地位,在九儿新婚之夜、九儿与余占鳌鸳梦重温之夜,刘罗汉都愁肠百结,剧作都给他较多抒发内心情感的场景表达。除此之外,刘罗汉护送九儿出嫁、替单扁郎管家操劳婚事这些戏剧场景中,也有较多的戏份。比较而言,豫剧和评剧《红高粱》中的刘罗汉则是一个相对次要的角色,在豫剧《红高粱》中,刘罗汉的戏份非常少,仅在祭祀酒神这一出戏中出场,向大家传达日军在镇上滥杀无辜的暴行和唢呐被害的噩耗。在评剧《红高粱》中,他仅以被害者的身份现身活剥人皮这场戏中。同时,剧中刘罗汉的反抗动因也发生变化,他的妻女都被日军残害致死,为报仇,他才去铲日军马蹄而被捉,这处情节和小说原著亦有很大不同。人物姓名变动主要体现在评剧和豫剧《红高粱》中,余占鳌都改姓换名为十八刀;另外,豫剧《红高粱》中被活剥人皮的不再是刘罗汉,而是唢呐。

第二节　忠实小说原著的情节提纯:
戏剧《红高粱》的情节改编

综观四大戏剧《红高粱》,都包含五大核心情节:颠轿、野合、剥皮、祭酒神、抗日,它们共同织就作品的两条情节主线:第一条,我爷爷和我奶奶的爱情故事;第二条,乡亲们抗日杀敌的故事。

颠轿情节的改编。在豫剧和评剧《红高粱》中,颠轿情节渲染了浓烈的婚嫁热闹气氛,也交代了人物和故事背景,九儿在貌似热闹和喜庆的颠轿气氛中,方从轿夫们口中得知自己所嫁之人是麻风病人,并遇见后来的丈夫义匪十八刀。而在茂腔和晋剧《红高粱》中,九儿在出嫁花轿中事先已知丈夫是麻风病老头,九儿所恋之人是余占鳌,心中悲伤埋怨。茂腔《红高粱》中,轿夫之一即是余占鳌,而在晋剧

《红高粱》中，余占鳌原本打算劫花轿，却被九儿呵斥。

野合情节的改编。小说原著中的野合情节并未轰轰烈烈地展开，但在电影《红高粱》中，张艺谋却以或高亢或低沉的唢呐和鼓声，带有几分夸张地渲染了我爷爷和我奶奶在高粱地里的野合仪式，野合开始虽有几分劫持色彩，但到最后却成为两厢情愿。野合情节是莫言和张艺谋最想表现的核心情节之一。这一最能表现小说主题的核心情节在《红高粱》四大戏剧版本中都得以保留，成为戏剧《红高粱》的核心情节之一。豫剧和评剧《红高粱》中的野合情节是在十八刀向九儿求婚成功后，二人在高粱地里野合生，后来下豆官，野合过程以优美而缠绵的舞蹈展现，美好而浪漫。茂腔《红高粱》中的野合也极为浪漫优美，九儿和余占鳌这对有情人躺在周围满是高粱的圆台上，相亲相爱，动作含蓄却饱含深情。晋剧《红高粱》中的九儿骑着毛驴到高粱地里撒尿，和余占鳌在高粱地里相亲相爱。

剥皮情节的改编。小说原著中罗汉被鬼子剥皮是在小说展开叙事不久即讲述的乡村故事，莫言详细描述了罗汉被捉、被剥人皮的前因后果和行刑过程：罗汉被鬼子抓去修公路、逃跑中途想牵回东家骡子，却被骡子踢伤，恼怒中铲伤骡子而被鬼子捉走，惨遭剥皮酷刑而死。小说描述了孙五在鬼子狼狗剖腹的死亡威胁下被迫对罗汉活剥人皮，以及罗汉的惨状和在场乡亲们的恐惧。在评剧《红高粱》中，罗汉被剥人皮场景也被渲染得极为血腥和暴力，以此强化日军的惨无人道，进一步强化剧作的抗日主题，令以豆官为代表的中华儿女铭记历史苦难，保家卫国，自强不息。茂腔《红高粱》也对活剥人皮给予浓墨重彩的表现，鬼子以刺刀逼孙虎活剥罗汉人皮这场戏把日军的惨无人道、孙虎的无奈与疯狂、罗汉的惨死渲染得淋漓尽致。其中，日军的淫笑声、孙虎的疯叫声、罗汉的惨叫声给观众留下极为深刻的印象，对小说原著中的活剥人皮情节给予忠实再现，这一场景与电影《红高粱》中的剥皮场景也极为相似。晋剧《红高粱》中的孙五被日军逼迫剥皮却下不去手，挥刀和鬼子拼命而被鬼子枪杀。在豫剧《红高粱》中，虽也有活剥人皮情节，但被活剥人皮的对象由罗汉变为唢呐，且剧中并未具体再现剥皮场景，仅以罗汉"唢呐他不孬种，重伤拼命还抗争，被活剥、剜眼睛，临死仍旧骂不停"这句话带过，对血腥残暴的活剥人皮给予淡化和虚化处理。

祭酒神情节的改编。祭酒神在四部戏剧《红高粱》中都是核心情节，即便是国难当头，日军来侵，烧酒作坊也要举行隆重的祭祀酒神活动。有"大块的狗肉，大碗的烧酒，暄腾腾的馒头，热乎乎的炕头"①。除此之外，在祭祀仪式上，大家敬天敬地，祈福万民，互相祝福。祭祀的隆重性和仪式性表达了百姓对美好生活的祈望。

抗日情节的改编。在四大戏剧《红高粱》中，都有以高粱酒炸日军情节，这一点是忠实于小说原著的。所不同的是，在《红高粱》豫剧、评剧、茂腔剧版本中，最后都是我奶奶九儿肩挑高粱酒炸死日军、与敌同归于尽的情节，而在晋剧《红高粱》中，则是我奶奶和罗汉被日军扫射而死，我爷爷率众乡亲伏击日军汽车队，在日军经过的路上埋下了几十坛上好的高粱酒，炸死很多日军。

除了上述五大核心情节，还有其他细微改动，譬如评剧和豫剧《红高粱》都新加了曹县长县衙堂审九儿这一情节。

第三节　儿女情仇与民族大义：戏剧
《红高粱》的主题营构

戏剧《红高粱》承袭了小说原著的三重主题：抗日主题突出表现在高密东北乡乡亲们抗日杀敌的民族大义，爱情主题突出表现为我爷爷和我奶奶感天动地的爱情故事，生命主题则歌颂了先辈们敢爱敢恨的自由精神和反抗精神。戏剧《红高粱》和电视剧《红高粱》一样，在主题上都格外突出抗战主题，都在作品显要位置以文字标明"纪念世界反法西斯战争胜利暨抗日战争胜利七十周年"，以此突出抗战主题。从四大戏剧《红高粱》的情节设置来看，四幕剧评剧和豫剧《红

---

① 豫剧《红高粱》台词。

高粱》的前两场是爱情戏，后两场是抗日戏。八幕剧茂腔《红高粱》的前四场是爱情戏，后四场是抗日戏。六幕剧晋剧《红高粱》的前四场是爱情戏，后两场是抗日戏。由此可知，四大戏剧版本在剧情设置时多将爱情叙事与抗日叙事平分，一面讲述我爷爷和我奶奶祖辈们轰轰烈烈的爱情故事，一面表现祖辈们抗日杀敌可歌可泣的英雄故事。四大戏剧既都涉及抗日主题，那么在剧作中表现日军暴行便成为需要着重突出的故事情节。比较而言，小说原著中的日军暴行有诸多直接正面描写，如罗汉大叔被日军活剥人皮、巩十八刀被日军捅了十八刀、怀胎三个月的二奶奶被日军轮奸致死、小姑姑被日军刺刀挑死、二奶奶邻居母女被日军残害等，这些暴行借由文字，激发读者强烈的愤慨。而戏剧版《红高粱》鉴于其舞台艺术形式的特殊性，难以全面直观表现日军暴行，多采用以点带面、侧面带出、以典型代整体的方法，比如选取日本军官劫持花轿、罗汉被日军活剥人皮、罗汉妻女被日军蹂躏等情节来表达日军的残暴，只是各个版本强调的侧重点稍有不同。晋剧和茂腔《红高粱》侧重表现高粱地鬼子劫花轿，这场戏在形式上与电影《红高粱》较为相似，所不同的是，电影《红高粱》中劫持花轿的是土匪，而晋剧和茂腔《红高粱》中劫持花轿的是日本鬼子。九儿被劫持，惊险时刻，我爷爷英雄救美，打死了土匪和鬼子，此种人物改动和情节设计的好处就是，既突出了日本鬼子的暴行，又突出了我爷爷英勇果敢的英雄性。在晋剧、茂腔尤其是评剧《红高粱》中，则有意突出活剥人皮这出戏，日军的血腥暴行和惨无人道在罗汉被日军活剥人皮这出戏中得以突出体现，抗日主题由此凸显。除去劫持婚轿、活剥人皮这些日军暴行的表现，戏剧《红高粱》还涉及其他日军暴行：淫人妻女、烧杀抢掠等。

　　和小说原著相同，除了抗日主题外，戏剧《红高粱》还歌颂了我爷爷与我奶奶荡气回肠的爱情故事。从戏剧情节容量来看，爱情故事所占比重在四个戏剧《红高粱》中，均与抗日故事平分天下，四个故事一致地将我爷爷和我奶奶的爱情故事放置于开头，之后才是抗日故事的到来。为突出我爷爷和我奶奶的爱情故事，四大戏剧《红高粱》

都对爱情故事进行提纯和升华。在小说原著中，我爷爷曾经有过三个女人：我奶奶九儿、二奶奶恋儿、何氏。我奶奶也曾对我爷爷有过不忠，曾为黑眼女人。很长时间，我爷爷夹在我奶奶和二奶奶这两个争风吃醋的女人中间，也曾暴打过我奶奶，这些有损于二人爱情纯洁性的故事情节在戏剧版《红高粱》中均被扬弃，以颠轿、抢轿、求婚、野合、生离死别等情节突出表现美好的爱情主题。其中晋剧和茂腔《红高粱》将主要人物设置为三角恋的故事，而在豫剧和评剧《红高粱》中，在九儿出嫁的路上，我爷爷是半路杀出来的、令人闻风丧胆的地霸土匪，二人从素不相识到相亲相爱。综合来看，四大戏剧《红高粱》在处理我爷爷和我奶奶的关系时都对小说原著做了改动，前两者将本是长辈的刘罗汉加入九儿的恋爱关系中，后两者则将我爷爷余占鳌改名换姓为十八刀，并且与九儿并非青梅竹马。然而，无论关系如何改动，我爷爷和九儿的爱情始终是戏剧《红高粱》重点表现的主题。

综观小说原著和四大戏剧改编作品，除去抗日主题和爱情主题外，生命主题也是故事的题中应有之义，正如评剧《红高粱》所述，作品展现了"先民们敢爱敢恨敢生敢死的自由精神，与红高粱一样的火辣的生命气度，讲述了他们不惜用鲜血和生命，反抗日本侵略者的悲壮故事"[①]。这种敢爱敢恨的自由精神在小说原著和四大戏剧中均有非常精彩的表达。在豫剧和评剧《红高粱》中，九儿和十八刀的情感关系被设置为从从未谋面到相识相知，一个是人人惧怕的土匪，一个是婚姻不幸的寡妇，二人不顾一切结合在一起；在晋剧和茂腔《红高粱》中，九儿和余占鳌的情感关系被设置为青梅竹马，不幸的是，九儿却被父亲强迫嫁给患有麻风病的单扁郎，两个人爱而不得，却终在高粱地里完成你情我愿的结合，二人的结合有违封建伦理道德，却符合人性的健康发展。余占鳌与九儿结合以后，持刀欲杀单扁郎，有抢占人妻且杀人犯法的恶名和罪名，但他却自有理由，认为单扁郎以老残病弱之躯强娶健康娇美之九儿，本身即是罪恶，此时人性要求战胜了伦

---

① 评剧《红高粱》剧情介绍。

理要求，体现了以余占鳌为代表的先民们敢爱敢恨的自由精神。此为其一，即先民们、祖辈们在个人情爱方面表现出敢爱敢恨的自由精神。其二，先民们面对侵华日军惨无人道的暴行时，为保家卫国他们不怕牺牲、敢生敢死的民族大义和自由精神令人动容，这精神足令后世子孙汗颜。正如莫言所言："我是你们的不肖子孙。我愿扒出我的被酱油腌透了的心，切碎，放在三个碗里，摆在高粱地里。伏惟尚飨！尚飨！"①

第四节　媒介转化及形式创新：戏剧《红高粱》的艺术特色

一　有生命的道具：戏剧《红高粱》中"红高粱"的使用

小说《红高粱》中有大量的植物描写，比如红高粱、矢车菊、睡莲等，在这些植物中，描写最多、最具灵性和活力的当属红高粱了。红高粱是小说《红高粱》的核心意象，在描写诸多植物的小说文本当中，红高粱仍然是主角中的主角，作者对家乡的红高粱满怀赞美和深爱，同样地，沿袭小说改编而成的其他诸种艺术形式都格外突出红高粱这一意象，在电影中尤为突出。在戏剧《红高粱》中，红高粱成为舞台表演的重要道具。

豫剧《红高粱》中的道具红高粱极为逼真，大红的高粱穗在翠绿的高粱叶映衬下，格外醒目鲜明，高粱林整体高挺，由人工来回挪移，在野合、颠轿、伏击鬼子、一家人高粱地话别等场景中被突出使用。其中在野合部分，我爷爷和我奶奶在高粱地里激情舞蹈，此时作为背景的红高粱也随之狂野摇摆，以衬托两人野合的激情。在颠轿部分，相对安静的红高粱由人工来回拖移，以配合颠轿情节的推进。晋剧《红高粱》中的红高粱以造型红高粱和大屏幕红高粱影像为背景道具，讲述发生在红高粱背景里爱恨情仇的故事。茂腔《红高粱》中的红高

---

① 莫言：《红高粱家族》，人民文学出版社 2012 年版，卷首语。

梁所占位置十分醒目,在颠轿、野合、活剥人皮、伏击鬼子这几出戏中都被作为重要背景予以设置和突出。评剧《红高粱》中红高粱道具的使用相对较少,且并不突出。

二 以舞蹈表现核心故事情节:戏剧综合艺术性的集中体现

戏剧是一门综合艺术,它可以利用音乐、舞蹈、戏曲、话剧等多重艺术手法进行叙事。较之影视艺术,戏剧《红高粱》的最大亮点在于以载歌载舞的艺术形式讲述故事,而舞蹈化是戏剧《红高粱》的重要艺术手段。舞蹈化最为突出的情节为颠轿、野合和祭酒这三个部分。

先看颠轿。以晋剧的颠轿舞蹈动作最为生动活泼,感染力强。颠轿是晋剧《红高粱》的最大亮点之一,九儿"坐"在系着红色大花的红色花轿中,轿夫抬轿歌唱,辅之以长号、唢呐、腰鼓等乐器,随着低沉的锣鼓声,轿夫和九儿齐步舞蹈,舞步或疾或缓,或沉着或慌张,轿夫、花轿和九儿在舞台上跳跃旋转,活泼灵动,动感十足,加上轿夫的唱词和极具节奏感的齐声喝唱,衬之以新娘和轿夫的红衣红裤,将新娘子出嫁原应有的民间喜庆和欢乐气氛渲染得十分浓烈。茂腔《红高粱》的花轿以两根缠有红布的轿木替代,九儿红衣红花红鞋,轿夫则人人腰垂红色长布、手持绑有红布的长号,与背景中绿叶红穗的高粱地形成鲜明对比,整个颠轿过程载歌载舞。评剧《红高粱》的颠轿相对简化,整个颠轿场景仅有一方大红布为道具。这方大红布时而替代花轿,时而化作新娘盖头,以红布的翻飞变化替代花轿的颠簸变化,九儿时而踩在红布上,时而在红布下舞蹈,轿夫们则配合舞蹈,辅之以吹打唢呐乐器颠轿动作。豫剧《红高粱》的颠轿是该剧着力表现的重要情节。花轿造型最为逼真,四四方方,四周为空,花轿顶部、底部等处皆有大红色布装饰。九儿的一身红衣与轿夫们的暗黄衣裤形成鲜明对比,舞蹈动作活泼有趣,生动夸张。

再看野合部分。晋剧《红高粱》的野合部分取以优美而深情的舞蹈,表达了九儿和余占鳌难以名状的深情和柔情,让看似违背道德礼法的野合以浪漫和美好呈现。豫剧《红高粱》也以饱含深情的二人舞蹈来表现野合场景，以一声高粱地里的哭声宣告了二人爱情结晶的诞生。茂腔《红高粱》和评剧《红高粱》表现野合情节时，舞蹈表现较少。茂腔中的九儿红衣红鞋，躺在旋转的圆台上，余占鳌则半跪在九儿身边，并有脱衣动作。此刻以插曲形式渲染了二人野合的浪漫和美好。借此仪式，现实礼法中不得结合的九儿和余占鳌在高粱地里拜了天地，成了亲。插有红烛并不停旋转的旋转圆台象征了二人的新婚洞房，灯光由强变弱，直至灯光熄灭成黑寂，含蓄地表达了二人野合场景。评剧中的九儿在接受十八刀的求婚后，脱掉上衣扔掉，躺倒在地，十八刀则随之半跪，在插曲的伴随下，灯光由新鲜亮丽的暖红色，渐至熄灭。

至于祭酒，四大戏剧《红高粱》均以浓墨重彩的舞蹈仪式表现这一核心情节。在豫剧和评剧《红高粱》中，祭酒情节同时还肩负着引出罗汉（或唢呐）被日军活剥人皮这一出戏，从而将故事从爱情线索转入抗日线索；而茂腔《红高粱》的舞蹈色彩较为浓郁，场景再造极为逼真，既有烧酒作坊的酒缸、酒桶，也有作坊工人现场劳作的场景。

三　以抒情手法刻画人物心理：发挥戏剧抒情功能的特长

戏剧以演唱形式叙述故事、推进情节发展，其缺点在于叙事节奏缓慢，这也是当下许多年轻人难以接受戏曲的原因之一，但其优点在于能够最大程度地发挥戏剧的抒情功能，刻画人物的心理活动。比如茂腔《红高粱》中"九儿哭轿"这场戏，九儿轿中哭诉自己的悲剧婚姻：

被逼嫁做新娘痛恨难消，九儿我委屈满腹上花轿，就好像待宰羔羊无人求告，恨爹他换钱喝酒把九儿卖，逼我嫁给那个老男人是个病痨。我的亲娘啊，都怨你去世太早，撇下我没人疼没人爱，我是断线的风筝任飘摇，我与那余占鳌青梅竹马。多少回梦里嫁他上花轿，如今我深陷囹圄需解救，他却是云里雾里摸不着，一旦生米成熟饭，管叫你哭爹喊娘也找不着调。①

九儿哭轿道出了缘由：所嫁老头单扁郎非所爱，所爱余占鳌不得嫁；而作为轿夫的余占鳌却不得不将所爱之人九儿送到婆家，心里也十分悲苦：

> 听九儿在轿中饮恨悲鸣，余占鳌心中愤愤不平。我与她心心相印两情相悦，也曾经指天为誓，指地为盟，原本想赚够钱前去求婚，单扁郎财大气粗抢了先行。手扶轿杆脚步沉重，前怕狼后怕虎，主意不定。②

又比如，在豫剧和评剧《红高粱》中，九儿在挑酒炸鬼子之前，与丈夫十八刀、儿子豆官生死离别，一家人难舍难分，九儿唱：

> 我也不想死，我也有恋留，我也害怕，我也发抖，我也是浑身冷汗，沥沥拉拉流。哥呀哥，恩爱缠绵没享够，遇上你，才知道啥叫恩，啥叫仇，啥叫疼爱，啥叫温柔。哥呀哥，哥呀哥，我的哥呀哥，我还想大碗与哥喝烧酒，我还想醉后和哥享风流。③

> 我也不想死，我也有恋留，我也害怕，我也发抖，我也是浑身冷汗，沥沥拉拉流。啊，谁让咱炮土枪也旧，无奈何才使这计谋。哥呀哥，恩爱缠绵没享够，遇上你，才知道啥叫恩，啥叫仇，啥叫疼爱，啥叫温柔。九儿我如同那红红的高粱酿成那浓浓的酒，经过蒸，经过馏，经过那脱层皮换骨肉，经过那生死轮回搓和揉，才这样醇香醉人又可口，没白在世上度过，冬夏和春秋。④

---

① 茂腔《红高粱》台词。
② 茂腔《红高粱》台词。
③ 评剧《红高粱》台词。
④ 豫剧《红高粱》台词。

一面是情深似海的爱情亲情，一面是血海深仇的民族仇恨，九儿离别之际复杂的心理和感情，通过细腻的台词和深情的演唱表达了出来，更令观众体悟到九儿为民族大义牺牲的伟大和感人。概而言之，戏剧通过直抒胸臆的演唱，人物的心理活动和情感活动得以直观呈现。

四　绚烂至极处无声的叙事和表意：戏剧《红高粱》的色彩艺术

电影《红高粱》中的色彩艺术在戏剧版《红高粱》中得以继承和发扬，戏剧版《红高粱》的色彩艺术同样取得令人瞩目的艺术成就。在四大戏剧《红高粱》中，红色都毫无悬念地成为剧作的主色调，如茂腔《红高粱》中，红色一统天下，红色意象随处可见：轿夫和作坊伙计的红色腰带、红色的酒坛酒贴、红色的高粱穗、红色的花轿、红色的嫁衣、红色的鞋子、红色的盖头、红色的鲜血等。具体来看，包含服饰色彩、场景色彩、道具色彩。

服饰色彩：有集中于一个人物的红色，如四大戏剧《红高粱》中的九儿作为新嫁娘，一身夺目的红色：红头饰、红盖头、红嫁衣、红裤子、红鞋子、红耳坠。也包含不同人物之间的色彩对比。以茂腔《红高粱》为例，其中有红色与黑色的对比：九儿的红色裤子与余占鳌的黑色裤子形成对比；红色与黄色的对比：九儿的红色嫁衣与轿夫的黄色上衣形成对比；红色与绿色的对比：九儿的红色嫁衣与鬼子的绿色军衣形成对比。在豫剧《红高粱》中，九儿挑酒坛炸鬼子时，虽一袭白衣，但仍有红色点缀其上，胸前的红花、腰间的红色绸布、酒坛上的红绳子，刻画了九儿为民族大义，割舍伦理亲情，俨然复仇女神形象。评剧《红高粱》中，挑酒炸鬼子的九儿穿一身红衣红鞋，挑着系红绸布的酒坛子，与夫君和儿子深情道别。总体来看，红色是戏剧版《红高粱》九儿这一人物形象的主色调。晋剧《红高粱》中的红色也是不折不扣的主色调。在结尾部分，罗汉和九儿被鬼子杀害后，余占鳌带领兄弟们满怀复仇火焰，一律头扎红布，腰围红色绸布，怀抱酒坛，酒坛子系着红色绸布，贴着红色方纸。这支复仇的队伍，手持白色大刀，与穿绿色军装的鬼子搏斗，场景十分壮观。这里的红色象征了乡亲们对日军的仇恨和决战的激情。

道具色彩：在四大戏剧《红高粱》中，作为道具的红高粱都有着鲜红的高粱穗，和鲜绿色的高粱叶子形成鲜明对比。

场景色彩：茂腔《红高粱》表现烧锅作坊这出戏时，与烧锅伙计腰垂大红绸布相呼应的是，烧锅的酒坛上一律系着红色绸布，贴着红色酒贴，展现出一幅红红火火的烧锅劳作景象。

第五节　剧种差异及地域色彩：戏剧《红高粱》的文化特色

虽改编自同一小说，但四大戏剧《红高粱》却体现出鲜明的地域文化差异，除去唱腔唱调差异之外，还突出体现了人物形象的塑造。以九儿形象为例，在豫剧《红高粱》和茂腔《红高粱》中，其人物形象塑造存在明显差异，这差异无疑与地域文化密切相关。豫剧《红高粱》中的九儿形象体现出浓郁的河南文化特色。作为河南地方戏曲，豫剧是我国最大的地方剧种。众所周知，河南开封是中国八大古都之一，在北宋时期更是当时世界最大城市。在历史上出过著名的杨门女将，历史记载杨门女将二十二位，从老将佘赛花，到女将穆桂英，再到丫头杨排风，杨门女将个个武艺高强，巾帼不让须眉，为宋朝立下汗马功劳。小说《红高粱》中的我奶奶九儿是老辈人口中的抗日女英雄，书写了巾帼英雄抗击异族入侵的壮烈篇章。此外，豫剧《红高粱》还在台词中多次强调九儿演过杨排风、唱过扈三娘，无论杨门女将，还是扈三娘，都是中国古代战功显赫的巾帼英雄，九儿在豫剧《红高粱》中被刻意塑造成再世扈三娘形象，来突出她的泼辣性格和巾帼豪气。戏剧结局九儿肩挑酒坛炸死鬼子，与敌同归于尽，更加升华其女英雄形象，同时凸显抗日民族大义。

茂腔《红高粱》中的九儿形象与豫剧中的九儿形象比较起来，显得"温柔"得多，无论是出嫁颠轿，还是新婚之夜，剧作都未凸显九儿的巾帼英气，而是一味让九儿抒发哀怨心声，处处诉苦。同样，就余占鳌形象塑造而言，茂腔《红高粱》中的余占鳌在性格上也显得畏手畏脚。在九儿出嫁之日，他眼见心上人在轿中悲啼，却无计可施，只知唉声叹气，与评剧《红高粱》中毅然半路抢亲、颇有土匪豪气的男主人公形成鲜明对比。茂腔《红高粱》明显削弱了余占鳌的土匪性，既没有让他半道抢亲（只让其悲叹），也没有使他洞房闹事（被药酒迷倒），更没有让他杀人成功（单扁郎自己被吓死），而对其英雄性的性格塑造（与鬼子拼大刀），虽有表达，但其光芒却被挑酒坛炸鬼子的九儿抢走。

地域文化的影响除了表现在人物塑造方面，还表现在台词的地域特色与方言特色。四大戏剧来自天津、河南、山东、山西，各具特色，且不说唱腔方面的地域气息，具体到戏剧语言和人物台词都具有浓郁的地域方言特色，尤以茂腔中的高密方言最具代表。在茂腔《红高粱》中出现像"大湾""大嫚儿""单扁郎不就是有个小痨病吗，扎古扎古就好了""再胡咧咧，我打断你的狗腿"等高密方言土语，体现出浓郁的山东高密方言特色。其中，"嫚儿"为高密方言，意指"姑娘"；"扎古"同为方言，意指"治疗"；"胡咧咧"意指"胡说八道"；"见事不好，撩枪就跑"中的"撩"意指"扔掉"。

戏剧《红高粱》虽取得巨大成功，但仍存在艺术缺憾。四大戏剧《红高粱》各有优点，同时也都存在瑕疵，譬如茂腔《红高粱》新加"孙虎杀驴"这出戏，主创人员之所以加入这出戏，意在表现孙虎的善良。作为屠夫，屠杀是其本职，但戏剧却突出他杀驴尚且不忍让驴过于受罪，却被逼活剥人皮，孙虎杀驴和日军杀人构成对比关系，以此衬托出日军的惨无人道。即便出于此意，剧作中孙虎杀驴设计得仍显多余而啰唆。晋剧《红高粱》中九儿没有像其他三部戏剧《红高粱》中那般舍生取义、挑酒炸鬼子，而是死于罗汉刑场，此种情节设计对九儿的形象塑造和精神升华稍显不足；另外该剧对余占鳌小无赖性格的强调也显赘余，对塑造余占鳌形象并无益处。豫剧《红高粱》

中祭酒神这出戏中较之其他三个版本，加上了九儿吼靠山簧扮扈三娘这一出戏。小说中九儿并非唱戏出身，豫剧改编意在突出九儿巾帼女英雄的豪气，同时也突出了河南地方文化特色，但对原著故事有所游离。

综观中国现当代文学，经典小说的影视改编现象非常突出，但其实戏剧改编也令人瞩目。从巴金小说《家》的戏剧改编，到红色小说《林海雪原》的京剧改编；从赵树理《小二黑结婚》的豫剧改编，再到莫言《红高粱》的戏剧改编，与现当代小说发展史伴生的是小说的戏剧改编史。作为莫言代表作的小说《红高粱》，因其杰出的文学成就和巨大的社会影响而成为戏剧改编的"宠儿"。综观四大戏剧《红高粱》，其人物改编最为成功的当属九儿，突出体现她的反抗性格、刚烈气质和抗日精神。就对红高粱精神的传神再现而言，最能体现红高粱精神的是九儿、余占鳌和罗汉。九儿的抗争精神、余占鳌的自由精神、罗汉的不屈精神，都是戏剧《红高粱》中最引人共鸣的精神风景。

附表　《红高粱》四大戏剧版本改编情况

剧种	主要人物及关系	核心情节	罗汉命运
茂腔 2014 年	九儿、罗汉、余占鳌。三人青梅竹马，罗汉和余占鳌同时喜欢九儿，可九儿喜欢余占鳌，对罗汉仅为兄妹之情	迎亲队伍颠轿→高粱地遇鬼子杀鬼子→孙虎杀驴→拜花堂→三日回门、高粱地野合→余占鳌杀人未遂吓死单老板逃走→祭酒神敬酒、余占鳌现身→罗汉被活剥人皮→余占鳌领乡亲抗日、九儿挑酒与敌同归于尽	罗汉被活剥人皮而死，被日军俘虏的老贾经受不住日军的严刑拷打，吐露实情，日本军官是被余占鳌等迎亲队伍杀死在高粱地里，引来日军，罗汉被俘被杀
晋剧 2015 年	九儿、罗汉、余占鳌。三人青梅竹马，罗汉和余占鳌同时喜欢九儿，可九儿喜欢余占鳌，对罗汉仅为兄妹之情	颠轿→半路余占鳌劫花轿未遂→九儿手持剪刀拜堂成亲→三日回门、高粱地野合→余占鳌气死单老板、逃亡做土匪→烧酒作坊祭酒神、互相敬酒→余占鳌现身、罗汉被鬼子捉住和九儿都被日军杀死→余占鳌带领土匪兄弟伏击日本汽车队	罗汉眼见九儿和余占鳌偷来两头驴送给九儿做聘礼，二人鸳梦重温，罗汉为九儿闯虎穴，也去偷日军驴，杀了鬼子，还铲了他们的马蹄子，被日军剥人皮

剧种	主要人物及关系	核心情节	罗汉命运
评剧 2015 年	九儿、罗汉、十八刀、豆官。九儿是唱戏的名角，送亲途中初遇土匪十八刀，后与他结为夫妇	迎亲队伍颠轿→途遇十八刀→曹梦久堂审九儿→十八刀向九儿求亲、二人结合→罗汉为妻女报仇被日军活捉剥皮→众人祭酒喝酒杀鬼子→我奶奶挑酒炸鬼子	日军祸害了罗汉的女儿和老婆，罗汉前去报仇被捉被活剥人皮而死
豫剧 2012 年	九儿、罗汉、十八刀、豆官。九儿是唱戏的名角，送亲途中初遇土匪十八刀，后与他结为夫妇	迎亲队伍颠轿→途遇十八刀→曹梦久堂审九儿→十八刀向九儿求亲、二人结合→曹梦久前往求十八刀合作抗日被拒→祭酒神众人扮戏→伏击日本汽车队、九儿挑酒炸敌人	小说中的罗汉是个老头，被日军活剥人皮的人由罗汉变为喷呐，故豫剧中并无罗汉被活剥人皮情节、喷呐被剥皮也是罗汉一句带过

第六节　戏剧《红高粱》的传播与接受

总体来看，目前关于四大戏剧《红高粱》的研究成果数量并不多，其中部分是发表在报纸上的读后感或介绍性的文章，此类文章学术性较弱。其他文章体现出较强的学术价值，但数量较少。

一　茂腔《红高粱》研究

目前关于茂腔《红高粱》的学术性研究成果数量很少，相关文章仅有 5 篇。从研究内容来看，学者研究指出茂腔《红高粱》满溢着红高粱烈酒气息，喷发出的阳刚之气让观众陶醉其中而不能自拔，其总体演出形式是现实主义与浪漫主义的有机结合（王华莹，2014）。茂腔《红高粱》在遵循中突破，由原著中脱胎生发出更深层次的新的内容与意义。该剧坚持了传统戏曲以程式化表演为中心的传统，成功将舞美、道具与剧种、剧目特点相结合。其艺术创新还体现在戏曲舞蹈、民族乐器的运用及舞台灯光的设计上（姜慧，2016）。学者对茂腔《红高粱》的改编给予肯定，指出其采取了当前剧院流行的大制作模式，舞台布景、唱腔唱段、故事情节都经过了创新改进，同时也指出改编存在的问题，并借茂腔《红高粱》论述了地方戏的现代改编之困，存在不够精良、改编随意、特色模糊、同质化等弊病（王万顺，2016）。也有学者通过多次走访调研高密茂腔剧团，对茂腔《红高粱》的剧团演出、艺术特点、艺术启示等进行细致深入的调查研究，认为用高密茂腔唱腔的委婉哀怨、质朴自然来演绎《红高粱》中的故事情节，颇有浑然天成之妙。该成果是研究茂腔《红高粱》的重要成果（张凯，2017）。总体来看，目前关于茂腔《红高粱》的学术性研究较为欠缺，有的文章是关于茂腔《红高粱》演出的新闻报道，譬如《潍坊晚报》报道莫言看茂腔《红高粱》流泪。[①]

二 晋剧《红高粱》研究

目前关于晋剧《红高粱》的相关文章仅为 9 篇，数量也较少。其中两篇文章是新闻报道类的文章，如《风生水起的创造性转化——晋剧〈红高粱〉专家研讨会在京召开》（万素，2016），《晋剧〈红高粱〉山西大剧院首演》（武晋鹏，2015）。学术性文章仅为 8 篇，这类文章多对晋剧《红高粱》给予高度评价，认为晋剧《红高粱》在原著的基础上进行了大胆的改编、合理的浓缩，突出了中国人民的抗战精神和民族气节，歌颂了人间大爱和人间真爱。剧本整体效果好，剧场气氛好，自始至终为观众营造出一种亢奋、激烈、扣人心弦、酣畅淋漓的艺术效果，具有浓烈的抒情、浪漫、喜剧色彩（卫华，2015）；探究了戏曲传统表演手段在晋剧《红高粱》中的巧妙运用，晋剧《红高粱》在运用传统戏曲技艺方面比较突出，既表现了地方戏曲晋剧的特点，又彰显了剧情中较难表现的情节（侯翰琳，2020）。有学者从艺术追求角度进行思考，认为晋剧《红高粱》在题材选择上对经典名著再开掘，在人物塑造上，突出刻画"人性"，在舞台呈现上将传统

---

① 李楠：《茂腔味"红高粱"看哭莫言 茂腔戏〈红高粱〉艺术总监王华莹接受本报专访》，《潍坊晚报》2014 年 10 月 12 日第 13 版。

与现代巧妙融合，为新时期现代戏创作提供参考（白向杰，2016）。晋剧《红高粱》较好地处理了戏曲表现现代生活时内容与形式的矛盾，并关注了那片沸腾的土地上人的激情、狂放、粗粝、无畏（张之薇，2016）。晋剧《红高粱》与某些其他版本相较，立意更加明确。晋剧《红高粱》把原著中的自由、热烈、红色、激情、血性的、无拘无束、狂野奔放的原始生命力很好地糅合在了一起，成功塑造了九儿、罗汉、余占鳌等艺术形象。舞美处理既完好地保留了艺术（戏曲、晋剧）的本体和本性，又增加了舞台表现力（马也，2016）。

三　豫剧《红高粱》研究

关于豫剧《红高粱》的研究成果数量非常少，仅有 3 篇相关文章。有文章认为豫剧《红高粱》在小说、电影已经产生广泛影响之后还敢碰触"红高粱"这一题材，凭借勇气和智慧对故事进行再创造，并将之成功地搬上豫剧舞台。该剧主题厚重，立意深刻，用鲜活的形象再现了抗日战争初期平民百姓英勇不屈、拼死抗争的悲壮图景。稍显不足的是戏的后半部，戏剧冲突少，情绪宣泄多（姜志涛，2012）。该剧情节紧凑，场面调度流畅自然，唱腔慷慨激越，演员洒脱自然，生动传神，充分展现了中华民族的刚强血性和不屈不挠反抗一切压迫的民族精神（《东方艺术》，2011）。豫剧《红高粱》整场演出节奏紧凑，扣人心弦，既有感人至深的双人互诉衷肠场景，也有大义凛然的壮烈场面。演员们演技精湛，配上舞台上浓密的高粱青纱帐、真实壮观的酒神庙场景、夸张的酒坛和大酒碗，以及红色灯光渲染的悲壮场景，让整部戏在剧情精彩的同时，极富视觉冲击力（张莹莹，2015）。

四　评剧《红高粱》研究

目前有 13 篇关于评剧《红高粱》的文章，其中 8 篇发表于《中国艺术报》《中国文化报》等艺术类报纸，其他则主要发表于戏剧类的期刊上，如《中国戏剧》《四川戏剧》等。综合来看，现有文章多为观后感式、艺术点评式的内容，大多对评剧《红高粱》给予高度艺术评价。认为评剧《红高粱》在众多的同类题材改编作品中别具风采和魅力，以独树一帜的戏曲风范呈现了一幅崭新的图景，完成了评剧语境中的一次艺术再造（米原，2017）。剧本深得莫言原作神韵，音乐舞美也独具匠心（郦国义，2015）。总体来看，评剧《红高粱》的现有研究多集中于对剧作故事改编、人物塑造、舞台艺术、演员演唱、主题探究、戏曲美学等方面给予高度评价。评剧《红高粱》根据戏曲的审美特质和舞台艺术的创作规律，如酿酒般萃取提纯，将原始生命的自由精神和顽强反抗的民族精神自然融合，为观众呈上了一坛浓醇酽烈的高粱酒。在舞台呈现上，从导演到表演，各环节桴鼓相应、山鸣谷和、和谐共振，奏响了一曲民族精神的壮歌（雷琳静，2017）。夏冬的《从评剧的生态模式看〈红高粱〉的创作》（载《芒种》2015年第 14 期）则对评剧《红高粱》的主题、题材、语言、风格进行了较为全面的分析。

第四章　莫言《红高粱》的美术改编与传播

莫言《红高粱》不仅被改编成大家所熟知的同名影视和戏剧艺术作品，还被艺术家们"改编"成多种书法美术作品：油画《红高粱》系列、国画《红高粱》、小人书《红高粱》、连环画《高粱血酒》、剪纸《红高粱》、泥塑《红高粱》、面塑《红高粱》、陶艺《红高粱》、年画《红高粱》、高粱籽塑像《莫言像》以及软笔书法作品《红高粱》等，共计 17 件。综观莫言《红高粱》跨媒介改编与传播史，美术《红高粱》对小说《红高粱》进行了丰富多彩的艺术改编和美学再造，创造了与影视《红高粱》、戏剧《红高粱》影响力并驾齐驱却又风采迥异的艺术世界。

第一节　传统文化艺术与爱国情怀的融合：
书画《红高粱》

书画《红高粱》指书法《红高粱》和国画《红高粱》。书法《红高粱》为青岛市民张家荣于 66 岁完成，这幅书法作品是张家荣"用了 307 天、29 斤墨水、几十支毛笔，最终手抄完一部 30 万字的《红高粱》"①。作品总长 1630 米，张家荣将它分成了 20 卷，目前被莫言

---

① 孙冰洁：《青岛古稀老人手抄 30 万字莫言〈红高粱〉被馆藏》，《青岛日报》2015 年 6 月 29 日。

文学馆收藏。作为一位退休司机，张家荣之所以选择莫言《红高粱》作为书写对象，原因有二：其一，对书法的热爱和坚持，他从十岁便开始练习书法，这一爱好坚持了一生；其二，出于对国家的热爱和对抗日的纪念。张家荣说："去年的时候我和两个老朋友一起讨论如何向今年的抗日战争胜利 70 周年献礼，老友们说可以将一部抗日题材的书籍写成书法作品展示给大家，我之前也看过不少抗日小说，但感觉莫言的这本《红高粱家族》写得特别深刻，我想通过写这本书也能提醒国人们勿忘国耻，热爱自己的祖国。"① "2014 年 7 月我开始创作这幅作品，我考虑 2015 年中国人民抗日战争胜利 70 周年，国家肯定要隆重纪念，莫言这部作品是代表中国人民抗日反侵略的一种红高粱精神，所以说，我写了莫言的这部长篇小说，宣扬了伟大的抗战精神……我用了 29 斤墨，其中我调了 14 斤高密当地产的红高粱酒……呈现了高密东北乡的乡土气息，把我们民族的豪放性格和不屈的精神表现出来……为什么要参加世界吉尼斯世界纪录呢，我要用书法来向全世界宣扬中国文化的传统，就像我们民族优秀的文化——书法来宣扬中国人民在抗日中气贯长虹的气概。"② 书法《红高粱》字体以行书和楷书为主。为了更好地完成书法作品《红高粱》，作者亲赴高密，寻访莫言家人，拜访莫言旧居和莫言文学馆。作品完成后，受到莫言文学馆毛维杰馆长的赞许，认为"这件事表达了一个普通市民朴素的情感，对文学的憧憬、对民族抗日的关注，很令人尊敬"③。

除了以书法这一中国传统艺术形式来表现莫言《红高粱》的精神和故事，国画也是莫言《红高粱》美术传播的传统艺术形式。以国画《红高粱》为例，该作品为山东科技大学著名书画家刘元法先生于 2012 年莫言获得诺贝尔文学奖后创作完成。综观刘元法创作国画《红高粱》的过程和背景，促使他投入创作有三点缘由：其一，对莫言文

---

① 蒋南：《六旬老汉创作书法版"红高粱"》，《老年生活报》2015 年 5 月 18 日。

② 《红高粱书法长卷 1630 米申请世界纪录》，青岛网络广播电视台《今日城市眼》栏目，2015 年 9 月 4 日。

③ 孙冰洁：《青岛老人手抄 30 万字〈红高粱〉用 29 斤墨水》，《青岛日报》2015 年 6 月 29 日。

学成就的认可，小说《红高粱》和电影《红高粱》他都看过，他认为莫言是当今中国优秀作家的代表。其二，对莫言获得诺贝尔文学奖的祝贺，认为莫言获得诺贝尔文学奖对中国而言确实是一件值得庆贺的事情。他认为："同为炎黄子孙，莫言戴上了诺贝尔文学奖的桂冠，我用这种特殊的方式进行庆祝，寄希望莫言继续为东西文化交流做出积极的贡献。"① 正如刘元法在画中所写题跋："一九八六年发表的中篇小说《红高粱》成为莫言的成名作，而电影《红高粱》获三十八届柏林电影节金熊奖。今写'红高粱'画面以祝贺莫言先生获二〇一二年诺贝尔文学奖。"② 其三，刘元法家乡是山东胶州，与莫言家乡山东高密为"邻居"。高密从地理位置看，与青岛市的两个县级市胶州市和平度市相邻，地缘关系的亲近令刘元法格外关注莫言和他的文学创作，也为他创作国画《红高粱》奠定了基础。为了更好地画出红高粱的精魂所在，刘元法曾先后两次深入高密东北乡现场采风写生。正如高密东北乡的红高粱激发了莫言的文学灵感和激情，红高粱也激发了刘元法这位书画家的艺术灵感和激情。作为绘画艺术，国画《红高粱》"以红高粱为主体，构成色彩浓烈的画面，那火红的高粱林，在优美的线条映衬下，不仅让人尽情领略磅礴壮观、万千气象的红高粱世界，还展示了代表雄健文化气质和开拓进取精神的山东人的精神内涵"③。和小说、戏剧《红高粱》等叙事性作品比较而言，书画家只能通过色彩、线条、构图、色调等无声的艺术符号来表达他们对莫言《红高粱》的理解。

第二节　以西方艺术再现高密东北乡神韵：
油画《红高粱》

根据莫言小说《红高粱》创作而成的众多美术作品中，无论艺术

① 笔者采访刘元法内容。
② 刘元法国画《红高粱》题跋。
③ 笔者采访刘元法内容。

成就，还是社会影响，毋庸置疑，刘铁飞的油画《红高粱》系列都是其中的佼佼者和代表作。油画《红高粱》系列蜚声海内外，取得了引人瞩目的成就，先后被香港广天藏品、中国现代文学馆等各大收藏馆收藏，曾在意大利、中国台湾等国家和地区举办多种红高粱主题画展，引发社会强烈反响，专家给予高度评价。因此，在所有由《红高粱》改编的美术作品中，刘铁飞的油画《红高粱》系列影响最大，传播最广。油画《红高粱》备受莫言的赞赏和推崇：画出了"高密东北乡的神韵"，莫言亲自题名"柔情红高粱"。这些作品"表现的是莫言故乡旺盛的红高粱，画面构图唯美，沉甸甸的高粱穗相互依偎，而随风飘舞的高粱叶则如女性纤纤的手臂，充满柔情"①。由于刘铁飞油画《红高粱》系列画出了高密东北乡的神韵，高密政府设立刘铁飞美术馆，长期展出其《红高粱》系列油画。刘铁飞美术馆因此落户高密东北乡，成为高密红高粱影视城的代表性景点。综观刘铁飞油画《红高粱》系列，其创作背景有二：

其一，为纪念抗日战争胜利 70 周年。他曾明确表示，他的油画《野性红高粱》是专为抗战胜利 70 周年创作的，也是因为抗战主题，在中国邮政发行的《刘铁飞和红高粱》的明信片上，很多藏家在明信片上加盖了抗战纪念戳。在艺术形式的选取和主题的构思方面，为表现抗战主题，刘铁飞抛弃原来构思，即画一群在高粱地里奔跑向前的抗日人民，感到那样太直接，缺少艺术美感，于是改为以不屈的红高粱表现抗战精神，《野性红高粱》上一株株红高粱象征着一个个不屈的抗战英灵。综观刘铁飞油画《红高粱》系列，《柔情红高粱》更多凸显红高粱如女性纤纤手臂般柔美，《野性红高粱》则凸显红高粱的野性之美，画中央的红高粱虽经狂风吹动，却毅然挺立，呈高拔之态，凸显其不为狂风所征服的野性之美。

其二，表达了对家乡的深沉情感。刘铁飞家乡是山东平度，平度

---

① 刘铁飞：《柔情红高粱——刘铁飞油画作品》，山东油画院主办，今明美术馆、大千画廊出品，2013 年 1 月 18 日。

和莫言家乡高密接壤。前文提到，莫言家乡位于高密、胶州、平度三县交接处，因此，莫言将刘铁飞视为老乡。书画由于其艺术符号的特殊性，往往选取代表性人物和意象进行艺术创作。在油画《红高粱》系列作品中，刘铁飞将红高粱这一植物也即小说的重要意象作为绘画艺术的表现重点，通过红高粱来表达自己对故乡、对莫言、对红高粱、对民族精神的理解。油画中的红高粱蕴含着刘铁飞对故乡的深沉情感。

较之刘铁飞油画《红高粱》系列，王健、尹鲁文合作的油画《红高粱》采用写实的手法，将小说原著故事情节和电视剧《红高粱》中的人物形象相结合，进行艺术再创作。其油画《红高粱》由骑毛驴的九儿、九儿面部特写、九儿出嫁和颠轿、一望无际的高粱地四幅油画组成。第一幅油画中的九儿身着红衣红裤红鞋，手持红高粱穗，端庄地坐在黑色的毛驴背上，表情单纯而坚定，穿行在一望无际的红高粱地里。第二幅油画为九儿面部特写，大红色背景下，九儿穿大红棉袄，映衬出整个脸部都是大红色，将个性鲜明、敢爱敢恨的女子形象刻画出来。第三幅油画，光着膀子的轿夫们抬着九儿的婚轿，走在乡间的小路上，周围荒凉的景观与九儿的大红婚轿形成鲜明对比，以艳丽的色调、热闹的场景将九儿实质不幸的婚姻衬托出来。第四幅油画，占据画面主体的是一望无际的绿色高粱地，大面积的绿色中间夹杂红色高粱穗。在这压倒性的绿色高粱地里，九儿一介弱女子，骑着毛驴，走在高粱地中间狭窄的羊肠小道上，远方是淡蓝色的天空。作品既凸显了高粱地野性之美，也复现了故事发生的场景。

第三节　民间文化与爱国情怀的传播：
民间美术《红高粱》

莫言《红高粱》是极具先锋实验性的小说文本，它融合抗日题材、民间传说、土匪故事、祖辈精神于一体，不断变换的叙事视角、跳跃式的叙事剪辑，令读者应接不暇。要厘清这部作品的叙事线索、叙事结构需要下一番功夫，如果没有电影《红高粱》和电视剧《红高粱》的传播和影响，普通大众知晓这部小说的人数会大大减少，想要读懂更是难上加难。有了影视《红高粱》的大众化传播，莫言的《红高粱》几乎家喻户晓，取得令人瞩目的大众化传播效果，一个创作风格先锋大胆的文学作品一时间成为大众关注的焦点，普通大众纷纷谈论《红高粱》。作为大众化传播的重要表现，在民间艺术家群体中涌现出来很多根据莫言《红高粱》创作的民间美术作品，包括剪纸《红高粱》、面塑《红高粱》、陶艺《红高粱》、泥塑《红高粱》、年画《红高粱》。

一 莫言《红高粱》的剪纸艺术改编与传播

目前根据莫言《红高粱》创作的剪纸作品有三部，分别是陕西咸阳交警马团周的剪纸《红高粱》（2014）、高密青年剪纸艺术家邓辉的剪纸《红高粱》（2008）、高密民间艺人齐秀花的剪纸《红高粱》（2014），这三幅题材相同、体裁相同的美术作品既有诸多共性，也有不少差异。

（一）山东故事与陕西剪纸的艺术融合：马团周剪纸《红高粱》

陕西咸阳交警马团周从小学习剪纸、泥塑等民间艺术。在莫言获诺贝尔文学奖之后，他开始关注小说《红高粱》，并萌生创作剪纸《红高粱》的想法。自 2014 年 9 月开始创作，用两个月的业余时间，完成剪纸《红高粱》。作品长达百米，上有人物数百，个个栩栩如生。因其人物、故事、场景均取材自莫言《红高粱》，故整幅剪纸作品令人恍若置身小说《红高粱》创造的历史时空场景中。马团周之所以创作完成剪纸《红高粱》，其创作背景有三：

其一，陕西剪纸艺术和民间文化的熏陶和影响。马团周认为，提起剪纸，人们首先想到的是陕北剪纸，其实不然，关中剪纸也很有名气。在关中，人们习惯把剪纸叫作窗花。逢年过节的时候，媳妇、姑娘都是通过剪窗花来展示她们的心灵手巧。马团周道出了关中一带浓郁的剪纸文化气息,这种气息和莫言在小说《红高粱》中所描述的高密东北乡民间剪纸艺术气息极为相似。在这种浓郁的民间剪纸艺术氛围中,小说《红高粱》塑造的我奶奶就擅长剪纸。

其二,个人爱好和多年坚持从事剪纸艺术。马团周从小学习剪纸艺术,深谙陕西剪纸艺术精髓和技巧,各种剪纸艺术在他口中娓娓道来。作为陕西咸阳交警,他不仅在业余时间从事剪纸艺术,还将剪纸艺术应用于他的日常工作。正是多年坚持不懈的剪纸艺术追求和艺术历练,为马团周创作剪纸《红高粱》奠定了坚实的艺术基础。

其三,对莫言获得诺贝尔文学奖的敬意。在得知莫言获得诺贝尔文学奖后,马团周开始关注并研读莫言《红高粱》,产生创作剪纸《红高粱》的想法。

马团周的剪纸《红高粱》从内容上来看,非常忠实地再现了小说《红高粱》中的故事:

（1）高粱地里,唢呐声声,吹响了送亲序曲。

（2）高粱长势正旺。奶奶那年十六岁,出嫁了。

（3）颠轿,轿夫们使出浑身解数,展示技艺。

（4）奶奶被颠得呕吐不止,轿夫们开怀大笑。

（5）高粱地里突然窜出个劫道的,众人惊愕。

（6）众人反击,打死了劫道的人。

（7）送亲路上,奶奶爷爷脚手传情。

（8）奶奶回娘家路上,爷爷等着他。

（9）爷爷抱着奶奶,走向高粱地。

（10）爷爷奶奶的爱在燃烧,映红了高粱地。

（11）爷爷大声唱:妹妹你大胆地往前走……

（12）酒坊在奶奶的操持下,生意红红火火。

（13）日本鬼子来了,高粱地受到践踏。

（14）爷爷领着大伙去打鬼子,埋伏进高粱地。

（15）高粱地里，抗日力量严阵以待。

（16）双方激战。

（17）双方继续激战。

（18）冒着弹雨，奶奶她们前来给爷爷他们送食物。

（19）奶奶被鬼子机枪打中，鲜血染红高粱地。

（20）爷爷把奶奶安葬在高粱地。

（21）儿子对着高粱地：娘，上南山……

综观剪纸《红高粱》，从内容上看，它忠实再现了莫言《红高粱》中的故事。从故事脉络看，它涵括了小说的主要故事和双线叙事：线索1讲述了我爷爷和我奶奶的爱情：奶奶出嫁、轿夫颠轿、土匪劫道、奶奶爷爷脚手传情、高粱地野合、奶奶操持酒坊；线索2讲述了我爷爷率乡亲打鬼子、奶奶送饭不幸中弹牺牲、爷爷安葬奶奶。从内容安排上看，双线叙事大概各占一半，前十二段落讲述爷爷和奶奶的爱情故事，后九段落讲述爷爷率乡亲打鬼子的故事。较之小说原著，马团周剪纸少了罗汉被剥人皮这一故事场景。从艺术形式上看，剪纸《红高粱》无论人物塑造，还是场景再现，无不栩栩如生，令人拍案叫绝。突出表现在三个方面：

其一，人物惟妙惟肖，细节逼真生动。虽是剪纸，且色彩单一，但通过马团周的剪纸，读者可以一眼认出人物身份，人物的装扮、动作、神态都可以清晰辨认。譬如乡亲们与鬼子拼刺刀、奶奶呕吐后轿夫们张嘴大笑、爷爷劫抱奶奶进高粱地时奶奶惊慌失措、鬼子扛着刺刀面目狰狞。人物动作、神情再现与细节刻画都极为逼真，如鬼子的太阳旗、乡亲们的大刀土炮、烧酒作坊冒出的热气、野合地里倒伏的红高粱等，都令人倍感创作者匠心独具，技艺巧夺天工。

其二，以红高粱的变化展现时空变化，表现红高粱精神。在马团周剪纸《红高粱》中，红高粱始终在场，且红高粱会跟随故事、时间的变化而变化：由开始的纤细弱小，到后来的高大粗壮；从开始的高粱叶，到后来的高粱穗；高粱时疏时密，时而高大齐整，时而倾斜倒地。高粱的这些变化极好地表现了高粱地发生的可歌可泣的故事，这些故事既有我爷爷和我奶奶的爱情故事，也有日本鬼子践踏国土的侵略故事，更有先辈们不畏牺牲打鬼子的抗日故事。形式上贯穿始终的红高粱既交代了故事发生的重要场景，也极好地阐释了红高粱精神。在这片神奇的高粱地里，先辈们浑身上下都散发着敢爱敢恨、敢生敢死的伟大精神。

其三，场景再现逼真生动。剪纸再现了生动热闹的颠轿场景、激情四溢的野合场景、烧酒作坊的劳作场景、高粱地严阵以待的抗日场景，都能令读者心领神会。譬如颠轿场景中，人人手持乐器，或吹唢呐，或敲响鼓，或抬花轿，人人手舞足蹈，把当时颠轿的热闹场景生动细致地勾勒出来。再看野合场景，共由四幅剪纸组成，交代了四个分场景：蹲伏、劫持、野合、分别。奶奶三日回门，爷爷藏在高粱地里将奶奶劫持，奶奶手脚张扬的动作揭示了彼时慌乱的心境，而爷爷谨慎的蹲伏动作更是传神至极，真实再现了爷爷"劫持"奶奶的真髓；野合场景中，四周是高大茂密的高粱地，奶奶躺在倒伏在地的红高粱上面，爷爷为其宽衣解带，身旁的毛驴成为二人爱情的见证者。分别场景中，奶奶骑在毛驴上，爷爷隐身高粱地，一路高歌。再看烧酒作坊的劳作场景，男女老少一起劳作，或烧火，或铲煤，或搅酒，把奶奶操持烧酒作坊红红火火的特点淋漓尽致地展现出来。最后是抗日力量在高粱地严阵以待，该场景共用了五组剪纸：第一组，鬼子来了，鬼子开着卡车，扛着刺刀，士兵队列整齐，还有狼狗跟随；第二组，爷爷率领的民间抗日武装，人员排列散乱，衣着各异，武器各异，和正规军武装的鬼子形成鲜明对比：乡亲们虽在武器上和鬼子差距悬殊，但他们为保家卫国，将生死置之度外，毫不畏惧；接下来第三组展示抗日武装埋伏在高粱地里，等待鬼子汽车队的到来；第四组、第五组则展示乡亲们和鬼子们展开近身肉搏战，和鬼子拼刺刀，虽然人物众多，但穿军装、戴军帽的鬼子和服饰各异的乡亲们清晰可辨，乡亲们挥舞大刀，向鬼子们的头上砍去，展示了他们英勇无畏的英雄气概。

（二）以高密民间艺术再现高密故事：高密剪纸《红高粱》

如果说马团周以陕西剪纸《红高粱》再现了山东故事，那么产自莫言家乡山东高密的邓辉剪纸《红高粱》和齐秀花剪纸《红高粱》，则以地道高密民间美术再现高密故事。先看邓辉创作剪纸《红高粱》，其创作背景有三：

其一，美术专业背景和剪纸爱好。和马团周不同的是，邓辉有专业美术背景，她毕业于山东工艺美术学院。就职于高密总工会的她利用业余时间潜心研究剪纸和创作，在阅读小说《红高粱》时获得灵感，进而创作了长达三米的剪纸《红高粱》。

其二，阅读莫言《红高粱》引发的艺术共鸣。谈及与剪纸的缘分，邓辉说莫言的作品《红高粱》功不可没，书中关于奶奶剪纸的那段文字打动了她，让她开始喜欢剪纸。[1] 作为高密三绝之一的高密剪纸，被莫言写进小说。书中描写奶奶剪纸时有奇思妙想，敢把梅花树栽到鹿背上，说蝈蝈出笼就出笼，说鹿背上长树就长树，这种天马行空、随心所欲的艺术表现力深深地震撼了邓辉。[2]

其三，高密剪纸民间艺术和文化的熏陶与培育。作为高密三绝之一，高密剪纸形成了独特的艺术风格。高密剪纸内容丰富，种类繁多，具有悠久的历史渊源，高密当地形成了浓郁的剪纸文化。作为高密人的邓辉汲取了高密剪纸文化艺术特长，并服务于高密当地文化建设，她的剪纸作品被应用到高密的公交站亭，并为高密莫言文学馆创作剪纸。莫言对此高度评价，亲自为她的剪纸《红高粱》册子题词：巧手剪出红高粱。她在 2012 年应邀为莫言散文《我的高密》一书作剪纸插图。另外，莫言在瑞典斯德哥尔摩中文系演讲的剪纸背景全部由邓辉精心创作。高密东北乡的故事和高密剪纸交相辉映，一时间成为中国文学和文化走向世界的重要见证。

---

① 杜文娟：《剪下生花剪纸"说话" 〈红高粱〉让她爱上剪纸》，《半岛都市报》2014年2月20日。

② 杜文娟：《剪下生花剪纸"说话" 〈红高粱〉让她爱上剪纸》，《半岛都市报》2014年2月20日。

和邓辉一样，齐秀花也是地道的高密人，她从事剪纸四十多年。2014 年在电视剧《红高粱》开播之际，她用十几天时间，创作了剪纸《红高粱》。剪纸主要参照电视剧《红高粱》中的人物造型，余占鳌、九儿、曹县长等人物的服饰神态，十分逼真，栩栩如生。谈起她创作剪纸《红高粱》，她为高密文化而自豪，更为高密作家莫言而自豪，而根据莫言小说改编的电视剧《红高粱》更是令她倍感亲切和自豪。这部拍摄于高密、体现浓郁高密文化气息的电视剧，令她拿起剪刀，以剪纸形式来纪念这件对于高密人民来说的大喜事。她说："电视剧《红高粱》是高密籍作家莫言写的，并且《红高粱》电视剧是在咱们高密拍的，作为一个民间艺人，特别高兴，听说这个电视剧马上就要开播了。我就把《红高粱》电视剧的主要人物剪了十几个，留着让咱高密人民世世代代记着这个事，收藏着。"① 除此之外，她还在 2006年创作了故事版剪纸《红高粱》。

二 莫言《红高粱》其他民间美术形式的改编与传播

除了剪纸《红高粱》，还有面塑《红高粱》、陶艺《红高粱》、泥塑《红高粱》以及年画《红高粱》，这些民间美术《红高粱》构成莫言《红高粱》美术传播的重要载体。

面塑《红高粱》。同为高密人的曹军于 2014 年创作面塑《红高粱》，其创作背景与剪纸、陶艺《红高粱》有诸多相似之处：首先，他受到祖辈熏陶与民间技艺传承的影响。曹军从小就跟着爷爷学习捏面人，受到熏陶，长大后捏面人兴趣越来越浓厚，利用业余时间创作面人。② 其次，兴趣爱好、诺奖情缘与高密文化传播。和莫言同为高密人，相同的文化孕育，令曹军对莫言小说和他的文学成就倍感自豪和亲切，也希望像莫言那样为家乡高密的文化传播和传承做出自己的

---

① 于娜、牟乃宗：《高密现"剪纸版红高粱"：剪纸版九儿余占鳌亮相》，齐鲁网，2014 年10 月 20 日，http：//www.iqilu.com。

② 常方方、郑波：《〈红高粱〉又要出"面塑"版啦》，《潍坊晚报》2014 年 1 月 7 日。

贡献。他说："看见莫言获得了诺贝尔文学奖，我们都为他感到骄傲，正因为他才有这么多的人知道高密。我想如果我能把莫言作品中的人物都用面人形式表现出来，那样我也为家乡做了一份贡献。"①

陶艺《红高粱》。陶艺《红高粱》由山东陶艺艺人傅绍相和蔡杰联合策划创意，历时180余天手工捏制完成。大型陶艺民俗情景组合群雕"取材于诺贝尔文学奖获得者莫言的小说《红高粱家族》，整个群雕长40米，宽3.6米，共有场景道具1030件，其中人物268件，场景36个。巨大的工作量花费了蔡杰和他的四个助手6个多月的时间，雕塑群分为五个板块，通过各个活灵活现的泥人和不同场景，讲述大家耳熟能详的故事"②。之所以选择《红高粱》进行创作，蔡杰认为，"莫言得奖，是全世界的大事，我希望通过自己的创作能让更多的人了解中国的传统文化"③。陶艺《红高粱》是民俗文化与诺贝尔奖的联姻之作。

泥塑《红高粱》。泥塑《红高粱》由高密泥塑艺术家聂希蔚老先生创作。作为"高密三绝"的文化代表，聂家庄泥塑已被列为国家级非物质文化遗产，作为聂家庄泥塑国家级代表性传承人，聂希蔚创作了泥塑《红高粱》。泥塑《红高粱》着色鲜艳，稚拙憨朴，生动传神。既有轿夫奏乐颠轿场景，也有众人祭祀酒神场景，细节刻画精巧细致：泥塑九儿栩栩如生，上着红衣，下穿绿裤，坐骑黑色毛驴；至于唢呐、花轿形状虽小，却形神毕现，巧夺天工。

年画《红高粱》。年画《红高粱》有两种形式，一种是普通年画，一种是扑灰年画。普通年画系刘铁飞主创，年画传人杨志滨、刻板大师颜克臣协助完成，年画《红高粱》主要采用传统年画技艺，由木版雕刻后手工印制。刘铁飞年画体现了他童年时代所受到的潍坊民间年画艺术的熏陶。扑灰年画和泥塑一样，也来自高密市姜庄镇，是由民间艺人王树花创作完成。

① 常方方、郑波：《〈红高粱〉又要出"面塑"版啦》，《潍坊晚报》2014年1月7日。
② 刘蒙蒙、杨万卿：《泥塑讲述〈红高粱〉》，《齐鲁晚报》2013年4月22日。
③ 刘蒙蒙、杨万卿：《泥塑讲述〈红高粱〉》，《齐鲁晚报》2013年4月22日。

三　文字与图画结合的传播：小人书与连环画《红高粱》

美术《红高粱》还包含小人书与连环画《红高粱》。小人书《红高粱》目前有两个版本：2014 年浙江卫视版、1990 年山东美术版。前者在电视剧《红高粱》开播之际，由浙江卫视制作，作品以电视剧《红高粱》中余占鳌、九儿等主要人物为参照，以文字加绘画的艺术形式，展现了野合、颠轿、出嫁等经典场景。后者由山东美术出版社 1990 年出版。

除了两个版本的小人书之外，还有两部较早改编自莫言《红高粱》的美术作品：连环画《高粱血酒》（1988）和《红高粱》（2002）。《高粱血酒》上册讲述我爷爷、我奶奶的爱情故事。《高粱血酒》下册讲述我爷爷、我奶奶率领乡亲们抗日杀敌的故事。该连环画采用线性叙事讲述了小说原著中时空颠倒的故事。《红高粱》为彩色电影连环画，截取电影《红高粱》中的镜头配以文字编写而成，分上、下集。

综观上述美术作品，从艺术媒介角度可分为：平面美术作品，如国画、连环画、油画；立体美术作品，如雕塑、面塑、泥塑。从叙事角度可分为：叙事性美术作品、非叙事性美术作品。叙事性美术作品以小人书《红高粱》和连环画《高粱血酒》为代表，非叙事性美术作品以国画《红高粱》和油画《红高粱》为代表。较之小说原著单纯以文字形式讲述故事，叙事性美术作品以图文并茂的形式直观呈现了原著中的故事。较之其他艺术形式的改编，小人书和连环画对小说原著的改编较为忠实，从人物形象到故事情节，变动都很小。

第四节　美术《红高粱》改编与传播原因分析

一　故土情缘与美术《红高粱》的艺术创作

综观美术《红高粱》的艺术改编与创作，大多数创作者与莫言故乡或为同乡或为近邻，可大体分为以下几类：

　　第一类，高密同乡。这类艺术家和莫言一样，是地道的高密人，如剪纸艺术家齐秀花、邓辉，以及面塑艺术家蔡杰、泥塑艺术家曹军都属于此类。他们从小感受的是相同的地域文化和民间艺术熏陶，莫言在小说《红高粱》中涉及的故事、人物、场景都令他们倍感亲切，莫言将家乡高密的抗日历史、民间故事以及民间文化传播到世界各地，他们倍感自豪之余，自觉加入高密文化传播者的队列。这也适用于将与小说《红高粱》堪称姊妹篇的小说《檀香刑》改编成歌剧的艺术家们。歌剧《檀香刑》的作曲由李云涛历时六年完成。他也是高密人，相同的家乡、相同的文化、相同的血脉，这些因素都令他与莫言更易产生共鸣。谈及他的改编初衷，他说最初读小说《檀香刑》，小说里的故事就发生在自己的家乡高密，一切都似乎那么熟悉。笔者认为，这同样适用于其他高密籍的莫言作品美术改编者。

　　第二类，高密邻乡。故乡相邻，也会产生异常亲切的感情。油画《红高粱》的作者刘铁飞虽为平度人，但他生于潍坊，且他老家所在村子与莫言老家所在村子相近。莫言曾说："铁飞是平度人。平度原属昌潍，后划归青岛，从行政区划上离我似乎挺远，但他的村庄与我的村庄相距甚近，说同是高密东北乡人并不离谱。"① 因此，他的故乡记忆与莫言非常相近，莫言也非常欣赏刘铁飞的油画作品，收藏了刘铁飞根据家乡桥创作的油画《桥》，他说："我一眼就认出了那是故乡的小桥。一百多年来，我们的祖先在桥上走过，日本人的汽车在桥上开过，牛羊在上边拉过粪蛋，儿童在上边斗过花草，茂腔戏班子在上边唱过，张艺谋的《红高粱》剧组在桥上坐过。后来，这座桥基陷落，桥石被岁月剥蚀得凹凸不平的小桥，跟随着电影《红高粱》走向了世界。铁飞用他的画笔把这座小桥给我搬来北京，一腔乡情如同美酒，让我感动不已。"② 莫言对《桥》的喜爱不仅是对刘铁飞油画艺术

---

① 莫言：《维桑与梓　必恭敬止》，引自刘铁飞《刘铁飞与红高粱》，刘铁飞美术馆出品，2016 年，第 10 页。
② 莫言：《维桑与梓　必恭敬止》，引自刘铁飞《刘铁飞与红高粱》，刘铁飞美术馆出品，2016 年，第 10 页。

的高度赞赏，更体现了两位同乡人相同的乡愁。

国画《红高粱》的作者刘元法为青岛胶州人，胶州与高密地理位置上也是邻居；书法《红高粱》的作者张家荣为青岛人，青岛与潍坊、高密地理位置上也是邻居，尤其是高密市大栏乡平安庄更是与青岛市的辖属县市胶州、平度接壤，是不折不扣的近邻。同样地，舞剧《红高粱》的创作单位青岛市歌舞剧院所在地青岛也与高密相临。

第三类，山东老乡。高密是山东省辖属县市，莫言是从齐鲁大地走出来的一位世界级文学大师，高密人骄傲，潍坊人骄傲，山东人也骄傲。正是由于这层地缘关系，莫言将电视剧《红高粱》授权给山东卫视，其小说《檀香刑》歌剧改编在山东艺术学院音乐学院创作完成。山东籍作家王健、尹鲁文特别绘制了四幅惟妙惟肖的油画献给电视剧《红高粱》出品方山东卫视。这礼物既是庆祝《红高粱》的开播，也为家乡献礼。

二 影视《红高粱》引发的艺术共鸣与社会影响

艺术家之所以关注莫言，除了乡土情结和地缘关系，还有一点很重要，就是影视《红高粱》引发的艺术共鸣与社会影响，较为有趣的是，艺术家们对电影《红高粱》最感兴趣，而普通观众则对电视剧《红高粱》更感兴趣。

电影《红高粱》的播放曾引发艺术家极为强烈的艺术共鸣。如刘铁飞对电影《红高粱》极为钟爱，曾连看该电影七遍；王举看了电影《红高粱》后，产生极为强烈的艺术共鸣，几乎陷入癫狂状态，他"看了电影《红高粱》后竟如醉如痴地癫狂起来，坐卧不宁，昼夜不安，狂躁不已。他自己也万般无奈，只好任感情激荡，思绪奔流……红色的波浪翻卷着炽热的浪头扑来，冲刷涤荡着他那血肉之躯，生命力健旺的汉子们此起彼伏地傲然起立又沉重倒下，震撼着他郁忿压抑的心灵……"① 之后王举根据电影《红高粱》创作了舞剧《高粱魂》。

---

① 周诗蓉：《"魂"惊四座》，《舞蹈》1988年第11期。

而贵州雕塑院长李钢之所以关注莫言并制作莫言头像，其最初的艺术冲动源于张艺谋电影《红高粱》所引发的强烈震撼，他自称："上世纪 80 年代末，由莫言文学作品改编的电影《红高粱》，是他大学时看过最感动的电影之一。"① 李钢于 2013 年创作了莫言头像雕塑，该作品耗时三个月，所用原料为从高密空运至贵州的红高粱米粒 50 公斤，"高 1 米、宽 1 米、厚 0.8 米，重约 50 公斤的莫言头像雕塑正式完工，该头像全由红高粱粒粘合而成，还添加了一把莫言旧居后院的土"②。无论从创作原料，还是从创作内容看，都具有浓郁的高密风情和莫言特色。李钢认为莫言相貌和气质很中国，"莫言就像一颗土豆，带着泥土味道和智慧，从土里长出来"③。这是李钢对莫言相貌的良好印象，同时对他的文学作品也给予高度评价，认为莫言文学作品中表达了"憋闷、压抑、含蓄及浓缩的土地智慧"④。为更好地完成创作，李钢前往高密莫言旧居，实地探访红高粱地，对莫言及其文学作品的精髓和神韵有了更深入的理解，基于这种理解，李钢的莫言雕塑表现了"神态压抑，嘴腮憋着气，眼睛躲在厚厚的眼帘里，静默地观察着世道人心"⑤ 的莫言形象。莫言看后，曾笑谈"这个雕塑家很了解我"。正是这强烈而深沉的艺术共鸣令艺术家们对莫言《红高粱》情有独钟，继而以美术形式再现《红高粱》的故事、精神和神韵。

较之电影，电视剧《红高粱》对普通观众的影响力更加显著，很多观众在并不了解小说《红高粱》、电影《红高粱》的前提之下，仍然通过电视剧《红高粱》知道了莫言笔下红高粱的故事，取得了更为

① 侯川川：《莫言"萌萌哒"雕塑　原是出自贵州艺术家之手》，《贵阳晚报》2014 年 11 月 1 日。

② 侯川川：《莫言"萌萌哒"雕塑　原是出自贵州艺术家之手》，《贵阳晚报》2014 年 11 月 1 日。

③ 侯川川：《莫言"萌萌哒"雕塑　原是出自贵州艺术家之手》，《贵阳晚报》2014 年 11 月 1 日。

④ 侯川川：《莫言"萌萌哒"雕塑　原是出自贵州艺术家之手》，《贵阳晚报》2014 年 11 月 1 日。

⑤ 侯川川：《莫言"萌萌哒"雕塑　原是出自贵州艺术家之手》，《贵阳晚报》2014 年 11 月 1 日。

广泛的社会影响力，也因此影响了马团周、齐秀花、曹军等民间艺术家创作美术作品《红高粱》。

综上所述，艺术家用丰富多彩的美术《红高粱》表达了对莫言《红高粱》的理解和敬意。这些作品既是对莫言小说《红高粱》的改编与传播，也是当代文学跨媒介传播的典型案例和重要体现。随着改编与传播深度与广度的增加，莫言《红高粱》被一步步推向文学名著的历史评价进程当中。

第五章　莫言《红高粱》的舞剧改编与传播

第一节　舞剧《红高粱》的改编

　　莫言《红高粱》先后被改编为两部舞剧，一部为 1988 年由大庆市舞蹈团创作演出的舞剧《高粱魂》，一部为 2013 年由青岛市歌舞剧院创作的舞剧《红高粱》。就改编时间和作品传播来说，后者的影响更大。舞剧《红高粱》先后获得文华大奖和"五个一工程"奖等多项大奖；除参加专业大赛之外，舞剧《红高粱》还多次参加国内外重要艺术活动和巡回演出，自 2013 年开始演出，至 2020 年为止已经演出 180 场次①，所到演出城市，均受到热烈欢迎和高度评价。在莫言《红高粱》的艺术改编史上，舞剧《红高粱》是最为引人关注的跨媒介改编和传播作品之一。该剧之所以取得如此骄人的成绩，与作品自身具有较高的艺术价值密切相关。笔者将从舞剧《红高粱》的改编艺术、舞蹈艺术、色彩艺术、写意艺术、道具艺术、艺术缺憾等层面展开论述。

一　舞剧《红高粱》的改编艺术

　　就对小说原著的故事改编而言，舞剧《红高粱》遵循忠实与丰富原则进行改编。舞剧《红高粱》在序之外，由六幕场景组成，即颠

_____

① 青岛市歌舞剧院演出统计数据。

轿、野合、祭酒、丰收、屠杀、出殡。其内容分别为：

序：1939 年，墨水河畔，高粱红了，如汪洋血海。我爷爷弯腰摆酒，摆出我奶奶的一生……

颠轿：那一年送亲路上，我爷爷把花轿颠得像高粱起伏，颠出我奶奶一肚子的苦水。她被亲爹以一头驴的价钱许给了烧酒锅的麻风掌柜。我爷爷和罗汉大爷眼睁睁地看着我奶奶入洞房。

野合：第二天回门路上，我爷爷劫走了我奶奶。没人知道那天高粱地里发生了什么，只知道我奶奶笑着走了出来。当天夜里麻风掌柜离奇死去，我奶奶面对中伤倔强不屈。

祭酒：日子慢慢过去，我奶奶当上了烧酒锅的新掌柜。就在新酒出来的那天，我爷爷突然出现了，激起我奶奶心里的涟漪。罗汉大爷知道烧酒锅有了新主人，他作别众伙计，孑然离去。

丰收：高粱熟了一茬又一茬，我父亲豆官长大了。那天在高粱地里，我父亲第一次见到了我奶奶经常提到的罗汉大爷。人们在收获的日子里欢天喜地，不知危险将近。

屠杀：鬼子说来就来，罗汉大爷为救我父亲被抓。鬼子逼着小伙计把罗汉大爷生生剥皮。我奶奶无畏地给罗汉大爷敬上最后一碗酒，后来发生的事在我父亲的记忆里一片血红。

出殡：墨水河畔，纸钱漫天飞舞，我爷爷领着众乡亲给死去的人送行。那是我父亲这辈子见过的最壮观出殡。人们像从高粱地底爬出的一样，毅然决然地迎着鬼子的枪炮而去。①

从内容来看，颠轿、野合、祭酒、屠杀（剥皮）是小说原著及诸多《红高粱》改编艺术作品的核心情节。从故事情节来看，舞剧《红高粱》的改编基本忠实于小说原著，原著的核心情节如颠轿、野合、剥皮、祭酒等也都是舞剧的核心情节，舞剧《红高粱》另外新增"出殡"和"丰收"这两场戏，"出殡"在其他艺术形式《红高粱》中都未曾出现，只在小说原著中有独立一章。小说中的出殡情节主要描写

① 舞剧《红高粱》。

我爷爷给我奶奶出回龙大殡，在出殡的过程中遭到江小脚和冷麻子偷袭，损失惨重；舞剧《红高粱》的出殡情节则主要讲述我爷爷率领众乡亲给死去的人送行出殡。综合来看，舞剧《红高粱》对小说原著的改编实现了忠实原著与丰富剧情的有机结合。

就对小说原著的主题改编而言，舞剧《红高粱》遵循突出与强化原则进行改编。小说原著有两条叙事主线：一条是爱情叙事线，主要讲述我爷爷余占鳌和我奶奶九儿、二奶奶恋儿、刘氏的爱情故事，其中余占鳌和九儿的爱情是主体部分；一条是抗日叙事线，主要讲述我爷爷带领豆官和乡亲们一起去伏击日本人的汽车队，小说中我爷爷是主角，抗日故事是主线。与之对应的，小说原著突出表达了两大主题：爱情主题和抗日主题。舞剧《红高粱》承袭了爱情与抗日两大主题，既有我爷爷和我奶奶的爱情故事，即爱情主题表达，也有抗击鬼子入侵的残暴行径，即抗日主题表达。

然而舞剧主题表现的最大重点是蓬勃喷涌着的生命意识，正如总导演之一许锐对作品精神的定位是"生如高粱，死如烈酒"。他认为："《红高粱》讲的是过往年代的事，如果我们今天仅仅是把它表现成抗日故事，可能就低估了这部作品的意义，也不能完全体现出它的价值。莫言的小说一经发表即引起强烈的反响，而反响的重心，恰恰不是在于一个抗日英雄群体的故事，而是作品蓬勃、喷涌着的生命意识。"[1]因而"生命意识"是舞剧《红高粱》编创团队所理解的最核心的原著精神价值，"这里面传达着一种生命态度：那群特殊历史背景下活着的人，不可遏制地迸发着犹如高粱般的自由澎湃生机，有烈酒的刚烈纯清，有爱、有情、有义。把作品放在生命意识的高度，才能使得这样一个在特定时代发生的特定的故事具有当代性，也能够更深刻地引起舞剧观众的共鸣，实现舞者与观众在灵魂上的对话"[2]。结合舞剧

---

[1] 高裕欣：《舞剧〈红高粱〉戏剧中的人物塑造》，硕士学位论文，北京舞蹈学院，2016年，第2页。

[2] 高裕欣：《舞剧〈红高粱〉戏剧中的人物塑造》，硕士学位论文，北京舞蹈学院，2016年，第2页。

《红高粱》，全剧充满浓郁的生命意识，我奶奶和我爷爷敢爱敢恨，敢生敢死，即便这爱情违背乡村伦理道德，仍不顾一切地去做，自由自在，轰轰烈烈，真正实现了"生如高粱，死如烈酒"。

舞剧《红高粱》中的爱情故事线索仍是贯穿始终的主要线索，我爷爷和我奶奶相识于颠轿段落，激情于野合段落，重温旧情于祭酒段落，恩爱于丰收段落，死别于屠杀段落。舞剧开头和结尾都是颠轿场景：开始处是颠轿场景，人员众多，场面宏大；结尾处再现颠轿，只是此时仅有我爷爷和我奶奶两个人，爷爷在前，模拟抬轿动作，奶奶在后，模拟坐轿动作，此时此刻，二人已生离死别，阴阳相隔，此景复现，令人唏嘘感慨，而二人的美好爱情得到强化。

舞剧《红高粱》在突出强化爱情主题和生命主题时，抗日主题相对弱化。整部舞剧没有出现一个鬼子形象，既没有奶奶出嫁时半路遇见的鬼子（如茂腔《红高粱》等），在后面的剧情中，即使画外音明确告知鬼子说来就来，舞台上也没有出现一个鬼子的形象，更没有我爷爷和乡亲们杀鬼子、肉搏战等抗日场面，只有出殡情节中，乡亲们"毅然决然地迎着鬼子的枪炮而去"。没有突出抗战，这是舞剧《红高粱》的一大艺术缺憾。小说《红高粱》所写故事原型是发生在高密的公婆庙惨案，惨案本身就是日军侵华暴行的真实事件。比较而言，舞剧《红高粱》的抗战主题表现相对偏弱。

另外，舞剧《红高粱》丰富了反抗主题。这突出表现在我奶奶这一人物身上。舞剧强化突出了我奶奶的反抗精神，譬如对不幸婚姻的反抗、对众人指责的反抗、对陌生男性强力的反抗、对残暴鬼子的反抗。其中对不幸婚姻的反抗主要体现在对父亲的反抗和对患麻风病新郎的反抗上，尤其在新婚之夜九儿手持剪刀反抗患麻风病的新郎，与之激烈搏斗的舞蹈场景极具创意；对众人指责的反抗则表现在九儿回门归来得知新郎意外死亡，被众人围攻指责，初始九儿束手就擒，被众人强迫披麻戴孝，最后九儿脱掉孝服，反抗众人的指责；对陌生男性强力的反抗主要表现在野合这出戏中，开始九儿并未认出戴着面具的余占鳌，她手持剪刀极力反抗；对残暴鬼子的反抗主要表现在面对鬼子，不畏牺牲给罗汉献酒，即便中弹，也要将酒圆满地祭洒在地，方才倒地。

二 舞剧《红高粱》的舞蹈艺术

舞剧《红高粱》以极具感染力的舞蹈手段表现剧情，塑造人物性格。虽然在戏剧《红高粱》中也会通过舞蹈艺术来表现故事剧情和人物心理，但对以舞蹈作为主要表现形式的舞剧而言，舞蹈在舞剧《红高粱》中表现得格外出色，每一场戏都有极其精彩的舞蹈叙事。

以"野合"为例。作为核心情节之一，"野合"在多版本艺术形式的《红高粱》中得到不同体现。综合来看，最具野性美的是电影《红高粱》中的野合仪式。当我爷爷将我奶奶劫进高粱地里，我奶奶惊慌失措，四处逃窜，我爷爷则疯狂追赶，直至最后我爷爷摘掉面罩，我奶奶认出了眼前的这个男人就是三天前救过她的轿夫。她和轿夫虽只有一面之缘，但出嫁当天，对轿夫背部肌肤的注视、遇土匪二人目光的对视、轿夫用手捏送"金莲"的接触都在唤起我奶奶对眼前这个陌生男人的亲切感，我爷爷的外貌、情感和动作兼具粗野、霸道、狂放和柔情，都令我奶奶难以抗拒。我爷爷粗野地追逐，疯狂地踩踏高粱，周到地制作露天床，这个蛮力健康的男子，和患有麻风病的单扁郎有着天壤之别。然而所有的疯狂粗野最终都屈服于轿夫那一跪，这一跪跪成了一桩天地间威严而庄重的仪式，粗野的轿夫变身为柔情似水的爷爷。影片中的野合段落至此戛然而止，并未继续表现撕扯衣服和肌肤相亲，取而代之的是疯狂舞动的红高粱和凯歌高奏的唢呐声，间接表现了我爷爷和我奶奶于天地间野合的激情。电视剧《红高粱》中的野合相对直白，余占鳌截住九儿，直截了当地对她说"俺想和你困觉"，通过言语直接表露对九儿的爱慕和欲望。他将九儿劫进高粱地里，遭到九儿反抗并被踢中下身，痛极之际破罐子破摔说不干拉倒，九儿最终化被动为主动，用腿勾住余占鳌，二人遂有肌肤相亲。戏剧《红高粱》中的野合情节多以舞蹈含蓄表现。在舞剧《红高粱》中，野合情节被分为几个小段落：第一，抗拒与搏斗阶段，我奶奶手持剪刀与余占鳌搏斗；第二，接受阶段，当我爷爷摘掉面具，我奶奶认出了他，遂放松警惕、放弃搏斗；第三，野合阶段，爷爷抱起"降伏"的奶奶，走进高粱地，粗野撕开我奶奶上衣，奶奶躺在地上，爷爷跪在奶奶身边。在整个野合舞蹈中，"缠绵的双人舞，用舞蹈的肢体语言描述了高粱地里的浪漫。这一段完全是由生活化行为语言带入舞蹈，融合人物情感，开启戏剧节奏，是完全属于舞蹈所特有的表达情感的方式"①。

至于颠轿情节段落，主要通过轿夫和我奶奶的舞蹈动作表现剧情；又如祭酒开始，罗汉和众伙计们举行祭酒仪式，舞蹈场面浩大庄严，颇有气势；而九儿洞房花烛夜时，九儿对新郎的反抗通过二人搏斗式舞蹈表达出来，极具创意和创新性，这也是舞剧《红高粱》的一大亮点。比较来看，在其他艺术形式的《红高粱》中，九儿入洞房这出戏，极少表现如此激烈的反抗和搏斗。譬如在电视剧中，单扁郎病弱不堪，气若游丝，躺在炕上，动弹不得；而电影中，新郎干脆没有出现；戏剧中的新郎也病弱不堪。唯有在舞剧中，新郎虽然病相惨白恐怖，却仍有力量要求九儿屈服，他试图以男性武力和管家钥匙来令九儿屈服，最终因九儿以剪刀刺向自己脖颈而被迫低头认输，黯然离去。笔者认为，舞剧《红高粱》以九儿和新郎的搏斗式舞蹈动作极好地表现了九儿突出的反抗性格。"麻风病人想要占有九儿，九儿以死相抵，誓死不从，限定九儿的行为空间围绕在轮椅上的麻风掌柜，展开别致的轮椅上双人舞段。这样的爱恨纠缠，才能把九儿的悲惨抗争做到极致，把人性逼到绝境。"② 当九儿和新郎在洞房搏斗时，他步步相逼，逼迫九儿就范，先是将腿脚搭在跪着的九儿肩膀上，九儿反抗逃走，被扯住红绸，二人撕扯，九儿以剪刀刺向对方，对方高举环形钥匙交

---

① 高裕欣：《舞剧〈红高粱〉戏剧中的人物塑造》，硕士学位论文，北京舞蹈学院，2016年，第6页。

② 高裕欣：《舞剧〈红高粱〉戏剧中的人物塑造》，硕士学位论文，北京舞蹈学院，2016年，第6页。

给九儿。余占鳌在门外痛苦挣扎，他跪地、打滚，以激烈的舞蹈动作，配以痛苦的面部表情，表达内心的绝望与痛苦。屠杀段落中，罗汉被害，众人奔到罗汉面前，伸出双手举向苍天，意在指问苍天鬼子为何如此残暴；出殡段落中，众人则以悲痛欲绝的面部表情配以捶地跪行、呼号伸手的舞蹈动作，表达悲痛欲绝之心情。

综合来看，舞剧塑造人物性格、表现人物心理的主要艺术手段是舞蹈动作配以丰富的面部表情。舞剧《红高粱》中有三段极具特色的舞蹈，分别是：极端恐惧双人舞、野合绽放双人舞、醉酒月下双人舞。[1] 极端恐惧双人舞是九儿洞房之中和新郎搏斗之舞，可谓惊心动魄；野合绽放双人舞是九儿和余占鳌野合之舞，可谓激情四溢；醉酒月下双人舞是出新酒后二人久别重逢之舞，可谓温情甜蜜。

三 舞剧《红高粱》的色彩艺术

张艺谋的电影《红高粱》巧妙运用色彩艺术表现影片主题。影片中最突出运用的色彩是红色。较之电影，舞剧《红高粱》的色彩运用手段较为独特，主要通过灯光变幻营造不同时空环境和心理情境，随着剧情推进和人物心理的变化而幻化出不同的色彩。综观整部舞剧，红色、黄色、蓝色、白色是主色调。

先看红色。剧中九儿出场都以红色为主，最突出者为出嫁段落中，九儿穿戴红衣红裤红鞋红头绳，其他人物着装也以红色为主，轿夫们虽然光着膀子，穿黑色或褐色裤子，但腰围大红腰带和大红绸带，出场人物的统一大红色调营构了色彩浓艳的出嫁场面；在野合段落，当余占鳌抱起九儿走向高粱地时，舞台色调为大红色，烘托二人的爱情与激情；祭酒段落，舞台色调也是红色，罗汉被屠杀以后，整个舞台从人物到背景都是红色调，借以突出人们的恐惧和悲愤的心情；而当

---

① 参见高裕欣《舞剧〈红高粱〉戏剧中的人物塑造》，硕士学位论文，北京舞蹈学院，2016年，第6页。

众人将高粱酒高高举起倒下时，密集的枪声响起，豆官脸上和身上都撒有鲜血，他的身后是令人倍感温馨的场面：余占鳌在前扯着红绸带，做出颠轿的动作，红绸带后面扯的是九儿，此时整个舞台的色调是大红色，营造一家人"团圆"的喜庆。

再看蓝色。综观整部舞剧，蓝色多出现在惊险恐怖情节之中。譬如余占鳌深夜杀死单氏，东躲西藏，此时的舞台色彩为蓝色和蓝白相加；当鬼子出现时，整个舞台变为蓝色，罗汉带领豆官东躲西藏，气氛十分恐怖。舞剧谢幕时整个舞台背景亦是蓝色。

白色则突出体现在出殡这出戏中，当众人将白色纸钱当空抛洒，整个舞台凸显白色，和中国传统文化中的白色殡葬色彩相吻合。九儿洞房之中与新郎激烈搏斗抵抗时，九儿的大红与新郎的惨白、新郎自身的惨白和胸前的红色都构成极为鲜明的对比。按照中国传统习俗，新郎新娘新婚之日都要穿红戴红，而舞剧《红高粱》中的新郎则从服装到面色都是惨白色调，给人病入膏肓、恐怖之感，更加突出九儿反抗的合情合理。

在丰收这场戏中，当九儿一家和众人共庆丰收时，出现几位身着艳丽服饰的舞者，这些舞者浓妆艳抹，颇具喜剧色彩，而他们服装的浓艳色彩和九儿们服装的素淡色彩构成鲜明对比。

四　舞剧《红高粱》的道具艺术

舞剧是虚拟的舞台艺术，需要借助道具完成故事讲述、情节推进以及主题表现。舞剧《红高粱》较突出地运用了酒类道具、假面道具和红高粱道具。

酒类道具是指贯穿始终的酒、酒碗和酒缸道具。舞剧《红高粱》中，酒贯穿始终，而与酒相关的是高粱酒、酒碗和酒缸。先说酒缸，剧中酒缸多次出现，在颠轿、野合、祭酒、丰收这几出戏中都有。酒缸是实物，但也是象征之物，象征了九儿要走的人生之路。颠轿情节处，九儿走过酒缸之路，手持剪刀，苦楚无处可说；野合情节处，九儿走过酒缸路，被余占鳌劫进高粱地，而迎接九儿回门的父亲也骑着毛驴走过酒缸路；祭酒情节处，醉酒归来的余占鳌被众伙计扔进空酒缸以示"惩戒"，这一情节和电影《红高粱》中余占鳌被扔酒缸如出一辙，不同的是，电影中的余占鳌在酒缸中沉睡了几天几夜，而舞剧《红高粱》中的余占鳌在九儿试探其是否睡着时即刻醒来，与九儿共舞，重温旧好；丰收情节处，豆官取代九儿走过酒缸路，走向自己的父母；而罗汉也风尘仆仆地从酒缸路走了过来。综合来看，酒缸成为参与舞剧《红高粱》故事推进和主题表达的重要元素。再看酒碗，更是舞剧贯穿始终的核心道具之一，全程参与了故事情节的推进。舞剧开头，余占鳌摆了一地酒碗，开始了与我奶奶轰轰烈烈的传奇故事。舞剧结尾，余占鳌带领豆官和乡亲们为死去的亲人们送殡，他的面前摆了很多酒碗，他抱着酒坛子，往地上的酒碗中一一倒酒，祭奠亡灵，豆官则手捧酒碗，高唱童谣，表达痛苦心情。此时，余占鳌跪地痛哭，堪称首尾呼应。屠杀情节中，罗汉被害，九儿手捧酒碗，悲痛欲绝，献酒祭奠，即便中弹，仍然坚持将酒倒洒地上，完成祭奠仪式和心愿，方才死去；祭酒情节中，酒碗更是罗汉和伙计们的必备道具，罗汉与众伙计们齐端酒碗，祭祀酒神，九儿则手捧酒碗，大口饮下新酿之酒，喜悦与激动溢于言表。当余占鳌再次归来，罗汉端上酒碗，让其饮用，九儿嫌弃余占鳌，将他献上的酒碗抛至空中，被伙计接住，此时酒碗如同调节剂，调剂着九儿和余占鳌以及众伙计们的情感；丰收情节中，九儿手持酒碗，给豆官尝酒。

假面道具在小说原著和电影《红高粱》中都存在，在小说的野合情节中，余占鳌带着假面道具，将我奶奶劫进高粱地，之后便不再出现假面道具。而在舞剧《红高粱》中，假面道具却是贯穿舞剧始终的重要道具，前后出现四次：第一次，野合情节中，余占鳌初始戴面具，九儿不识，以剪刀相抵，待到余占鳌摘下面具，九儿方才放松警惕，与之共舞缠绵；第二次，祭酒情节中，余占鳌久别归来，戴着面具，遭到九儿和众人嫌弃，众人散去，余占鳌再次戴上面具，再次和九儿共舞缠绵，终至重温旧好；第三次，丰收情节中，余占鳌给豆官戴上面具，并让豆官骑在脖子上；第四次，出殡情节中，豆官骑在父亲脖子上，脸上戴着面具。

红高粱及其他道具。舞剧《红高粱》中的红高粱也是重要道具，前景就是一片红通通的穗头略显夸张的高粱的剪纸，后景还有两片安置在舞台移动装置上的高粱丛，制造出开开合合的效果。祭酒情节中，酒坊布景则更富层次感，近景中的酒桶与远景中的锅灶、祭台相映成趣，还时常冒出逼真白色烟雾。①

五　舞剧《红高粱》独特的时空营造艺术

作为舞台艺术，舞剧《红高粱》在营造不同时空环境时，具有时空同一性和单一性，不同于影视艺术可以通过镜头的转换，表现同一时间不同空间的不同故事。舞台艺术中，所有的人物道具都在同一个舞台之上，很难表现同一时间下不同空间发生的事情，而舞台灯光艺术则很好地解决了这个问题，通过灯光的明暗、开关、色彩的变化，来构建营造不同的空间环境，通过对主角打亮其余全黑的灯效处理，起到了角色突出和情节提醒的作用。譬如九儿洞房之夜，九儿和单扁郎在门内搏斗挣扎，门外是余占鳌捶胸顿足，另外还有罗汉神情黯淡，三方关系通过三处打亮的灯光营造出了三个空间环境，即九儿的空间、罗汉的空间和余占鳌的空间，借由灯光，同时呈现在舞台之上，交代了三方关系和心理活动。又如颠轿情节，当余占鳌掀开九儿盖头，九儿一脸苦相，且以剪刀相对，余不解。此时在九儿和余占鳌身后打亮灯光，灯光中，刘罗汉送来系着红花的聘礼一头驴，九儿爹喜出望外，同意婚事。九儿初始并不知晓新郎是麻风病人，待知晓后，痛苦反抗父亲定下的婚事。这一段充当了回忆与讲述九儿婚事来龙去脉的叙事功能。

---

①　侯嘉伟：《〈红高粱〉感动烟台　胶东剧院首演人气爆棚》，胶东在线，2014 年 5 月 18 日，https：//www.jiaodong.net。

六 舞剧《红高粱》民歌元素的运用

舞剧主要通过舞蹈艺术来叙事抒情，因而全剧几乎没有台词，更多的是极具冲击力和感染力的舞蹈动作。仅有的演员开口只有四处：一处是祭酒段落中，罗汉和众伙计们开口喊道：高粱红了，新酒出了。另一处是出殡段落，豆官手捧酒碗，祭奠亲娘，心情悲痛，他高唱：娘，娘，上西南，宽宽的大路，长长的宝船，足足的盘缠，你甜处安身，苦处化钱……这首童谣出自小说原著。据笔者所知，这首童谣是山东高密、胶州地区的人们给亲人送葬时哭唱的送葬词，用在此处较好地表达豆官幼年丧母的悲痛心情。还有两处也是唱童谣。

舞剧《红高粱》加入童谣两首，一首是豆官所唱出殡童谣，另一首在剧中两次唱起。野合这场戏开始唱起了童谣："红高粱，红盖头，红红新娘坐花轿。头戴花，眼带笑，新娘比那花儿娇。不要穿金不戴银，只要哥哥心口疼，哎呀呀，只要哥哥心口疼。"① 在舞剧结尾处的出殡情节中，当豆官脸上挂满鲜血，这首童谣再次响起，烘托了九儿和余占鳌浓烈而具传奇色彩的爱情故事。

七 舞剧《红高粱》的写意艺术

舞剧《红高粱》借鉴了中国古典戏曲虚实结合、不拘小节的写意艺术。譬如颠轿情节中，九儿出嫁乘坐的轿子并未出现，出现的是四条大红绸带连接着轿夫和九儿，随着红绸带的舞动，轿夫和九儿随之舞动，表现颠轿动作，同时轿夫做出抬轿动作，喻示抬九儿花轿离开。舞剧采用虚实结合、写意为主的方式，采用长长的大红绸带作为虚拟花轿，大红绸带在空中疯狂舞动象征了花轿颠簸程度的剧烈；至于轿夫，则模拟颠轿的动作前行。"导演选择用道具红绸，勾勒写意花轿，

---

① 舞剧《红高粱》。

表现颠轿场景。没有使用真实的花轿，而是让九儿蒙着红头巾走在迎亲路上，身上扯出四条长长的红绸——四位轿夫在九儿斜前斜后四个角，扯出来的红绸另一端系在每个轿夫腰间，他们舞动红绸，嬉闹耍混舞在迎亲路上。而舞蹈风格上，运用的是提炼加工的鼓子秧歌元素。"① 比较来看，在豫剧《红高粱》、晋剧《红高粱》、茂腔《红高粱》、影视《红高粱》中都用真实花轿表现颠轿情节，用大红绸带辅以舞蹈这种艺术表达和评剧《红高粱》中的颠轿形式较为相似，两者都是虚实结合、写意为主的艺术表达。

除了以大红绸带写意花轿，舞剧还用倒扣的酒缸来象征九儿所走之乡间路及其人生之路。这条酒缸路在剧中既是实在的乡间小路，也是一个重要道具，随着故事发展，酒缸被推动挪移，表达更多含义。走过这条酒缸路的不仅有九儿，还有余占鳌、罗汉和豆官。"九儿踏上了这条酒缸铺就的路，寓意这就是她未来的命运走向，10 个酒坊酿酒缸倒扣使用，用底做路面，接连前推，打造具有视觉冲击力的形式感。送亲队伍的男乡亲，时而吹奏唢呐的舞动，时而推动酒缸推进行动路线，九儿就是这样走上了一条看似无法自主的道路。"②

而在屠杀情节中，屏幕先后出现汽车、刺刀和日本的太阳旗，并没有鬼子现身。屠夫现身后对四周点头哈腰，表达对鬼子的屈服和献媚，而此动作也以虚带实地表现出鬼子是存在于四周的，屈蹲在旁边的九儿一家及人群也昭示了鬼子的存在及其对百姓的武力看守和血腥镇压。这里也采用了虚实结合、写意为主的艺术表达，虽然鬼子并未出现在舞台之上，但观众却可心领神会。

八 舞剧《红高粱》的艺术缺憾

舞剧《红高粱》的艺术改编取得了巨大成功，但也存在艺术缺

---

① 高裕欣：《舞剧〈红高粱〉戏剧中的人物塑造》，硕士学位论文，北京舞蹈学院，2016年，第5页。

② 高裕欣：《舞剧〈红高粱〉戏剧中的人物塑造》，硕士学位论文，北京舞蹈学院，2016年，第5页。

陷。和其他艺术形式比较起来，舞剧没有对话，没有唱词，主要以舞蹈手段表现故事剧情。莫言《红高粱》有较为复杂的故事情节和人物关系，舞剧《红高粱》却出现个别剧情讲述不清、个别人物关系交代欠缺、个别人物心理塑造偏弱的艺术缺憾。

首先，个别剧情交代模糊。舞剧《红高粱》主要讲述了我奶奶一生的传奇故事，这和小说原著以我爷爷为主要人物有所不同，但因舞剧不擅长叙事，导致个别剧情交代模糊，譬如罗汉为救我父亲豆官被捉，这一幕剧情表现不够清晰。综观莫言《红高粱》的艺术改编和传播史，关于罗汉被捉剥皮的缘由改编多有变化：在小说原著中，罗汉是因逃跑时去拉东家骡子被捉剥皮；电影中罗汉投奔共产党被捉剥皮；评剧中罗汉是因妻女被鬼子糟蹋，愤而报仇被捉剥皮；茂腔中罗汉则是为救九儿拖住鬼子被捉剥皮；舞剧中罗汉因救豆官被捉剥皮。然而舞剧在表现这一情节时，鬼子自始至终没有出现，出现的只是鬼子的太阳旗，以及屏幕上咫尺之隔的鬼子军车。舞台上则表现罗汉抱着我父亲东躲西藏，之后就是罗汉被绑住双手跪地、被反绑吊在半空的镜头，至于罗汉如何被鬼子捉住并没有交代清楚。接下来，罗汉被剥皮这场戏，整个过程中，鬼子并未出现，仅仅出现屠夫手持长刀，朝向四周点头哈腰的神情和动作，以表达屠夫四周皆是凶残鬼子之意，之后则表现屠夫精神失常的情节。屠杀这场戏总体感觉叙事清晰度偏弱。其他艺术形式可以通过鬼子狰狞的面孔、凶残的语言、淫邪的狞笑和寒光闪闪的刺刀等来表现鬼子的惨无人道，激发观众的爱国情感，继而升华抗日主题。而舞剧《红高粱》中并没有出现类似艺术符号，因此，观众若事先不熟悉《红高粱》相关故事和人物，便很难理解这出戏究竟表达了什么。要看懂舞剧《红高粱》，对小说原著有较为深入的理解方可。

其次，个别人物关系交代模糊。舞剧《红高粱》的主要人物是四个，即我奶奶、余占鳌、刘罗汉、豆官。就目前《红高粱》的艺术改编史来看，最大的不同在于我奶奶、余占鳌、刘罗汉三者的关系。目前有以下两种三角关系：第一种，我奶奶与余占鳌、刘罗汉素不相识，只是在出嫁途中（认识余占鳌）和出嫁之后（认识刘罗汉），才与二人结识，譬如电影《红高粱》便是此种关系的代表。第二种关系，我奶奶与余占鳌、刘罗汉三人年龄相当，我奶奶与余占鳌情投意合，刘罗汉对我奶奶是单相思。舞剧《红高粱》中的三角关系当属第二种，三人年龄相当，在九儿洞房、祭酒等情节中，都有罗汉参与：九儿洞房时，罗汉在洞房外，手捧酒碗，借酒浇愁，神情黯然，最后提灯离去；余占鳌久别归来，与九儿重温旧好时，罗汉再度神情黯然。由此可知，罗汉对九儿有情却不得不止步。比较而言，戏曲《红高粱》可以通过台词交代三人的关系，而单靠舞蹈动作的舞剧则交代不够清晰，罗汉形象塑造不够鲜明，不了解小说剧情的人物很难把握罗汉的形象。至于我奶奶与余占鳌在颠轿时是否已经认识，舞剧并未交代清楚。

最后，个别人物心理塑造偏弱。舞剧长在表现仪式和宏大场面，譬如颠轿、祭酒，其庄严的仪式感可通过浩大的舞蹈得到极好体现，弱在叙事推进和心理刻画。综合来看，戏曲艺术最擅长刻画人物心理，可通过唱词将故事情节、人物关系以及心理感受全部唱出来、说出来，观众通过聆听唱词和观看表演，可以非常清晰地了解故事情节，把握人物心理，譬如戏剧《红高粱》便长在塑造人物心理。舞剧《红高粱》在没有台词相助的情况下，主要通过舞蹈动作和演员面部表情来塑造人物性格、刻画人物心理。罗汉本是剧中主要人物之一，观其言行譬如为九儿盖上盖头、为九儿喷酒消毒、为九儿端来新酒品尝、疼爱豆官与其玩耍、为救豆官而被捕被害等，都可见出罗汉是有情有义、忠义有加之人，然在其对九儿的爱情和被捕被害情节中，对其心理活动的刻画则不够明了。

即便存在艺术缺憾，但毫无疑问，舞剧《红高粱》取得了令人瞩目的艺术成就和社会影响。剧作在莫言《红高粱》跨媒介传播史上占据重要位置，是不折不扣的精品佳作，极好地宣扬了敢爱敢恨、追求自由的红高粱精神和宁死不屈、勇于反抗的爱国主义精神。

第二节　舞剧《红高粱》的演出与传播

一　舞剧《红高粱》演出概述

舞剧《红高粱》自 2014 年开始全国巡演，在此之前，完成了近百场演出，取得了良好的演出效果。自 2013 年来，舞剧《红高粱》的演出情况如下①：

1. 2013 年舞剧《红高粱》演出情况：

（1）2013 年 7 月 13 日，青岛广电影视剧场（首演）；

（2）2013 年 7 月 14—23 日，青岛广电影视剧场（10 场）；

（3）2013 年 10 月 22 日，青岛大剧院汇报专场；

（4）2013 年 10 月 23 日，青岛大剧院十艺节比赛场。

截至 2013 年 10 月参演第十届中国艺术节，累计完成演出 100 场。

2. 2014 年舞剧《红高粱》演出情况：

（1）2014 年 1 月 4、5 日，国家大剧院（2 场）；

（2）2014 年 1 月 14—17 日，山东剧院，十艺节优秀作品展（4 场）；

（3）2014 年 3 月 23 日下午，青岛人民会堂，某保险冠名（1 场）；

（4）2014 年 3 月 23、24 日，青岛人民会堂（2 场）；

（5）2014 年 4 月 17 日，潍坊大剧院（1 场）；

（6）2014 年 5 月 17 日、18 日，烟台胶东剧场（2 场）；

（7）2014 年 7 月 25 日、26 日，大连人民俱乐部（2 场）；

（8）2014 年 9 月 3 日，澳大利亚阿德莱德澳亚艺术节开幕（1 场）；

（9）2014 年 10 月 10 日、11 日，成都华美紫馨剧场，2014 国家舞台艺术精品成都演出季（2 场）；

（10）2014 年 11 月 4—5 日，北京保利剧院，奥林匹克艺术节（2 场）；

---

① 资料来自青岛市歌舞剧院。

（11）2014 年 12 月 16 日，青岛大剧院，农商银行之夜（1 场）；

（12）2014 年 12 月 31 日，菏泽大剧院（1 场）。

（2014 年共计演出 21 场）

3. 2015 年舞剧《红高粱》演出情况：

（1）2015 年 1 月 1 日，菏泽大剧院（1 场）；

（2）2015 年 1 月 23、24 日，湖南大剧院（2 场）；

（3）2015 年 1 月 27 日，岳阳会展中心（1 场）；

（4）2015 年 1 月 31 日，湖北大剧院（1 场）；

（5）2015 年 7 月 28—29 日，新疆人民剧院，第四届新疆国际舞蹈节（2 场）；

（6）2015 年 8 月 30—31 日，青岛会堂，纪念抗战胜利 70 周年（2 场）；

（7）2015 年 9 月 16—17 日，南京文化艺术中心（2 场）；

（8）2015 年 9 月 21 日，合肥大剧院（2 场）；

（9）2015 年 10 月 29 日，青岛大剧院（1 场）。

（2015 年共计演出 14 场）

4. 2016 年舞剧《红高粱》演出情况：

（1）2016 年 11 月 7 日，南京文化艺术中心（1 场）；

（2）2016 年 11 月 14 日，海口人大会堂（1 场）；

（3）2016 年 11 月 19 日，佛山琼花剧场（1 场）；

（4）2016 年 11 月 22 日，南宁剧场（1 场）；

（5）2016 年 12 月 9 日，镇江影剧场（1 场）；

（6）2016 年 12 月 11 日，镇江句容市大剧院（1 场）。

（2016 年共计演出 6 场）

5. 2017 年舞剧《红高粱》演出情况：

（1）2017 年 4 月 1 日，江苏宿迁大剧院（1 场）；

（2）2017 年 9 月 8 日，美国跨越太平洋中国艺术节（1 场）；

（3）2017 年 9 月 10 日，美国萨克拉门托哈里斯艺术中心（1 场）；

（4）2017 年 9 月 12 日，美国拉斯维加斯奥尔良剧场（1 场）；

（5）2017 年 10 月 7、8 日，山东省青岛市黄岛区（2 场）；

（6）2017 年 12 月 5 日，安徽大剧院（1 场）。

（2017 年共计演出 7 场）

6. 2018 年舞剧《红高粱》演出情况：

（1）2018 年 6 月 20 日，江苏南通更俗剧院（1 场）；

（2）2018 年 6 月 24 日，陕西榆林神木大剧院（1 场）；

（3）2018 年 6 月 27 日，延安大剧院（1 场）；

（4）2018 年 6 月 30 日、7 月 1 日，四川广安人民广场大剧院（2 场）；

（5）2018 年 7 月 6、7 日，上海国际舞蹈中心剧场（2 场）；

（6）2018 年 7 月 9 日，浙江杭州萧山剧院（1 场）；

（7）2018 年 7 月 13 日，河南新乡平原文化艺术中心（1 场）；

（8）2018 年 7 月 25、26 日，青岛人民会堂（2 场）；

（9）2018 年 12 月 8、9 日，山东青岛胶州会议中心（2 场）。

（2018 年共计演出 13 场）

7. 2019 年舞剧《红高粱》演出情况：

（1）2019 年 6 月 7—8 日，香港，2 场次，公益演出；

（2）2019 年 7 月 12、16、19 日，抚州汤显祖大剧院、佛山南海影视剧院、北海人民影剧院，3 场次，商业演出；

（3）2019 年 10 月 10—11 日，山东剧院，2 场次，商业演出；

（4）2019 年 10 月 18—19 日，上海浦东新区文化艺术指导中心，2 场次，商业演出；

（5）2019 年 12 月 21 日，徐州音乐厅，1 场次，商业演出；

（6）2019 年 12 月 24 日，常州凤凰谷大剧院，1 场次，商业演出；

（7）2019 年 12 月 27 日，海安大剧院，1 场次，商业演出；

（8）2019 年 12 月 29 日，太仓大剧院，1 场次，商业演出。

（2019 年共计演出 13 场）

8. 2020 年舞剧《红高粱》演出情况：

（1）2020 年 1 月 1 日、2 日，苏州开明大戏院，2 场次，商业演出；

（2）2020 年 6 月 19、20 日，城阳大剧院，2 场次，商业演出；

（3）2020 年 11 月 14 日，人民会堂，1 场次，院线 A；

（4）2020 年 11 月 16 日，人民会堂，1 场次，商业演出；

（2020 年共计演出 6 场）

舞剧《红高粱》自 2013 年开始演出，到 2020 年为止已经演出 180 场次，受到演出城市观众的热烈欢迎和高度评价。莫言《红高粱》以及红高粱故事、红高粱精神都随着舞剧《红高粱》的演出而再次在国内外广泛传播。

二　舞剧《红高粱》的接受与传播

（一）舞剧《红高粱》的获奖

舞剧《红高粱》自诞生以来，取得了令人瞩目的成就，获得诸多大奖，兹列举如下：

2013 年，第十四届文华大奖、文华编导奖、文华表演奖；

2014 年，中宣部第十三届精神文明建设"五个一工程"优秀作品奖；

2014 年，山东省第十一届精神文明建设文艺精品工程特别奖；

2014 年，第七届山东省泰山文艺奖舞蹈类艺术作品一等奖。

这些奖项表明了舞剧《红高粱》受到业界的高度肯定和评价。除参加专业大赛并获奖外，舞剧《红高粱》还多次参加国内外重要艺术活动。比如 2014 年 12 月 29 日，舞剧《红高粱》艺术文献展在青岛市艺术研究院艺术文献展厅开展；2014 年 10 月 9 日，庆祝新中国成立 65 周年第七届山东省泰山文艺奖颁奖典礼暨山东国际大众艺术节闭幕式在山东剧院举行。

（二）舞剧《红高粱》研究

目前关于舞剧《红高粱》的学术研究成果并不多。搜索中国知网，相关论文仅为 18 篇，包括新闻快报类的文章、人物专访的文章（乔燕冰，2014），真正从学术角度入手，探究舞剧《红高粱》艺术成就的成果寥寥几篇。如从故事性与戏剧性、时空表达、音乐形象的视角探究舞剧《红高粱》的戏剧性（韩春启，2013）；从具象到抽象的舞台呈现、对小说的传承与创新、山东民歌等视角探究《红高粱》从小说到舞剧的改编（朱晓琳，2014）；从原著改编、人物性格、戏剧冲突等视角探究舞剧《红高粱》戏剧中的人物塑造（高裕欣，2016）。

第六章　莫言《红高粱》文化产业开发研究

第一节　红高粱文化节

自 2010 年 9 月 26 日首届红高粱文化节开幕以来，到 2022 年 8 月份，红高粱文化节已经成功举办了 12 届。很多人会将红高粱文化节和莫言《红高粱》联系起来，认为该节是为莫言而创设的，实际上该节日并非专为莫言创设。莫言曾在 2021 年参加红高粱文化节时亲口否认红高粱文化节是为自己创设。因为早在红高粱文化节设立当初，莫言既没有获得茅盾文学奖，也没有获得诺贝尔文学奖。据高密市文化广电新闻出版局局长邵春生解释，红高粱文化节的设立是基于三点："一是因为莫言的小说《红高粱》，二是因为电影《红高粱》在这里拍摄，三是因为红高粱这种植物本身就跟我们高密人有着相似的性格。"①因此，红高粱文化节的创设与莫言有着极为密切的关系，莫言在小说《红高粱》中写到了这种独具灵性的植物，张艺谋在此基础上，又拍摄了电影《红高粱》并一炮走红，极大地提高了《红高粱》的社会影响力和国际知名度。迄今为止，红高粱文化节成为高密重要的年度文化庆典，每次开幕都在当地举行隆重的典礼，举办丰富的文学、文化、经贸活动，加上莫言多次亲自参与该节庆活动（详见本节附表1），使

_____

① 《莫言带火"红高粱文化节"　高密四宝也搭上顺风车》，中国新闻网，2012 年 11 月 1 日，https：//www.chinanews.com.cn。

得红高粱文化节的社会影响力越来越大。

综观历届红高粱文化节的活动，每届活动内容都非常丰富。譬如高密市 2019 年红高粱文化节主会场设在凤凰公园，共设有开幕式、摄影展、综合文化展、新中国文学 70 年与莫言研究暨"红高粱文学作品"研讨座谈会、第九届红高粱诗歌奖系列活动、张其凤艺术馆开馆、"感动高密·最美奋斗者"评选表彰活动、市新作协成立暨作家签约活动、全国名家名票京剧晚会、"我和我的祖国"爱国主义歌曲大家唱、"高粱红了"半程马拉松赛、红高粱艺博园开园等 19 项文化活动。2020 年红高粱文化节共包含三大系列活动，分别为：开幕式系列活动、"红高粱之约"主题活动、庆祝新中国成立 71 周年系列文化活动三大部分。三大系列活动又包含 30 项具体的文化活动（详见本节附表 2）。2021 年红高粱文化节活动共分四大系列活动，分别是：开幕式系列活动、"红高粱之约"综合文化展、红高粱主题文化活动、"红高粱之约"系列活动，又具体包含 18 项活动（详见本节附表 3）。[①] 通过分析，可见红高粱文化节的节庆活动涉及书画剪纸、诗词曲赋、美食展览、婚纱展览、奇石玉器等，领域涉及文学艺术、民俗文化、饮食文化、戏曲文化、摄影比赛、舞剧演出、经贸活动等，是一个融合文学、文化、展会、经贸、艺术多层面的节庆活动。节庆活动会邀请文学界著名作家如莫言、铁凝等参会，也会邀请娱乐圈明星如周迅、朱亚文及著名导演郑晓龙等参会，另外学术界也会参与相关的颁奖活动和学术研讨。每年开幕式都会成为当地媒体的新闻热点。总体来看，红高粱文化节极好地提升了高密市的文化艺术影响力和社会知名度。

附表 1　历届红高粱文化节开幕时间

开幕时间	节庆名称	莫言是否参加
2010 年 9 月 26 日	第一届红高粱文化节	是
2011 年 9 月 24 日	第二届红高粱文化节	是

①　以上资料由潍坊市高密市红高粱文化节筹委会提供。

续表

开幕时间	节庆名称	莫言是否参加
2012 年 10 月 29 日	第三届红高粱文化节	是
2013 年 9 月 26 日	第四届红高粱文化节	是
2014 年 10 月 11 日	第五届红高粱文化节	是
2015 年 9 月 29 日	第六届红高粱文化节	否
2016 年 9 月 28 日	第七届红高粱文化节	否
2017 年 10 月 28 日	第八届红高粱文化节	否
2018 年 9 月 30 日	第九届红高粱文化节	否
2019 年 10 月 19 日	第十届红高粱文化节	否
2020 年 11 月 6 日	第十一届红高粱文化节	否
2021 年 9 月 29 日	第十二届红高粱文化节	是（视频参会）

附表 2　2020 年红高粱文化节活动

序号	活动系列	活动名称	活动时间	活动地点	活动内容
1	开幕式系列活动	开幕式	2020 年 11 月 6 日	高密市红高粱艺博园戏楼前广场	围绕红高粱文化节主题设置领导致辞、嘉宾发言、歌舞朗诵、视频播映、签约揭牌、作品捐赠、参观展览等环节，活动时长约 50 分钟
2	开幕式系列活动	"乡土高密"名优特产暨旅游商品展	2020 年 11 月 6 日至 11 月 8 日	高密市红高粱艺博园戏楼前广场东侧区域	名优特产暨旅游商品展
3	开幕式系列活动	高密非遗展示展演暨"文创高密"创意作品展	2020 年 11 月 6 日至 11 月 8 日	高密市红高粱艺博园非遗展示体验馆	高密非遗展示展演暨"文创高密"创意作品展
4	开幕式系列活动	"寻味凤城"莫言家乡美食展	2020 年 11 月 6 日至 11 月 8 日	高密市红高粱艺博园戏楼前广场西侧区域	莫言家乡美食展
5	开幕式系列活动	"国粹中医药医美新视界"高密医美健康文化展	2020 年 11 月 6 日至 11 月 8 日	高密市红高粱艺博园西侧北展厅	高密医美健康文化展

序号	活动系列	活动名称	活动时间	活动地点	活动内容
6	开幕式系列活动	"初心不忘 文学故乡"优秀图书展	2020 年 11 月 6 日至 11 月 8 日	高密市红高粱艺博园西展厅一楼	优秀图书展
7	"红高粱之约"主题活动	"高粱正红"优秀作家文学作品展	2020 年 11 月 6 日至 11 月 12 日	高密市红高粱艺博园戏台广场东侧一楼展厅	优秀作家文学作品展
8	"红高粱之约"主题活动	"追梦百年"夷安画会书画艺术作品邀请展	2020 年 11 月 6 日至 11 月 12 日	高密市红高粱艺博园东一楼、二楼展厅	夷安画会书画艺术作品邀请展
9	"红高粱之约"主题活动	"庆丰收 奔小康"高密农耕文化农民画展	2020 年 11 月 6 日至 11 月 12 日	高密市红高粱艺博园东南一楼展厅	高密农耕文化农民画展
10	"红高粱之约"主题活动	"家乡美 意写高密"油画作品展	2020 年 11 月 6 日至 11 月 12 日	高密市红高粱艺博园西二楼展厅	油画作品展
11	"红高粱之约"主题活动	"画说红高粱"刘铁飞作品展	2020 年 11 月 6 日至 11 月 12 日	高密市红高粱艺博园刘铁飞美术馆	刘铁飞作品展
12	"红高粱之约"主题活动	"大美高密"美景、美食、美品摄影展	2020 年 11 月 6 日至 11 月 12 日	高密市红高粱艺博园西南一楼展厅	美景、美食、美品摄影展
13	"红高粱之约"主题活动	"红高粱文学现象"主题研讨活动	2020 年 11 月 6 日	高密市凤都国际大饭店会议室	"红高粱文学现象"主题研讨活动
14	"红高粱之约"主题活动	第十届"红高粱诗歌奖"系列活动	2020 年 11 月 7 日	高密市凤都国际大饭店会议室	第十届"红高粱诗歌奖"系列活动
15	"红高粱之约"主题活动	邵力华美术作品捐赠暨邵力华美术馆开馆仪式	2020 年 11 月 6 日	高密市凤凰公园凤凰阁	邵力华美术作品捐赠暨邵力华美术馆开馆仪式

序号	活动系列	活动名称	活动时间	活动地点	活动内容
16	"红高粱之约"主题活动	"幸福高密"文化惠民演出	2020年11月2日	高密市金孚隆花园街购物广场店	文化惠民演出
17	"红高粱之约"主题活动	"梨园故乡情"京剧名票演唱会	2020年11月3日	高密市金孚隆花园街购物广场店	京剧名票演唱会
18	"红高粱之约"主题活动	"金秋凤城"茂腔周系列展演	2020年11月4日至11月6日、11月7日至11月9日	高密市金孚隆花园街购物广场店、艺术剧院前广场	茂腔周系列展演
19	"红高粱之约"主题活动	高密籍优秀作家文学作品朗诵会	2020年11月1日	高密市图书馆报告厅	高密籍优秀作家文学作品朗诵会
20	"红高粱之约"主题活动	"高粱红了"红高粱文化节征文活动	2020年10月至11月	高密市市委宣传部、市文联	红高粱文化节征文活动
21	"红高粱之约"主题活动	红高粱系列影片公益播放周	2020年11月6日至11月12日	高密市市内各广场、公园	红高粱系列影片公益播放
22	"红高粱之约"主题活动	"才聚鸢都　技能兴潍"2020年度潍坊市职业技能大赛——剪纸、扑灰年画类竞赛	2020年10月10日	高密市豪迈工业园文体馆	剪纸、扑灰年画类竞赛
23	"红高粱之约"主题活动	第三届音乐舞蹈戏剧大奖赛（戏剧类）海选	2020年10月至11月	高密市各镇（街、区）	音乐舞蹈戏剧大奖赛（戏剧类）海选
24	"红高粱之约"主题活动	高密市第三届"凤还巢"高层次人才创业大赛暨"凤还巢"创新发展大会	2020年11月	高密市市委组织部	高密市第三届"凤还巢"高层次人才创业大赛暨"凤还巢"创新发展大会

续表

序号	活动系列	活动名称	活动时间	活动地点	活动内容
25	庆祝建国71周年系列文化活动	现代茂腔戏《初心永恒》首演	2020年9月30日	高密市大剧院	现代茂腔戏《初心永恒》首演
26	庆祝建国71周年系列文化活动	庆祝新中国成立71周年艺术作品展	2020年9月30日至10月7日	高密市凤凰公园凤凰阁展厅	庆祝新中国成立71周年艺术作品展
27	庆祝建国71周年系列文化活动	国庆灯谜有奖竞猜活动	2020年10月1日至2日	高密市图书馆报告厅	国庆灯谜有奖竞猜活动
28	庆祝建国71周年系列文化活动	庆国庆——新时代文明实践爱国主义影片展映活动	2020年9月30日至10月7日	高密市城区各广场	爱国主义影片展映
29	庆祝建国71周年系列文化活动	"我爱你中国"2020年全市红歌大赛	2020年11月1日	高密市金孚隆花园街购物广场店	红歌大赛
30	庆祝建国71周年系列文化活动	"爱家乡爱高密"2020年全市广场舞大赛	2020年11月1日	高密市金孚隆花园街购物广场店	广场舞大赛

附表3 2021年红高粱文化节活动内容

序号	活动系列	活动名称	活动时间	活动地点	活动内容
1	开幕式系列活动	红高粱文化节开幕式	2021年9月29日	高密市红高粱影视城老县城东门广场	围绕红高粱文化节主题,设置领导致辞、嘉宾发言、视频播映、签约揭牌、文体演出等环节
2	"红高粱之约"综合文化展	"翰墨秋韵"诗词曲联书法展	2021年9月29日至10月7日	高密市红高粱影视城	围绕高密市经济社会发展情况,由诗词楹联协会组织艺术家创作100件散曲和对联作品,由书法家协会组织书法家撰写
3	"红高粱之约"综合文化展	"红高粱之约"高密美术名家邀请展	2021年9月29日至10月7日	高密市红高粱影视城	展出夷安画会高密籍美术名家和高密市省级以上会员专题创作的70幅美术精品

续表

序号	活动系列	活动名称	活动时间	活动地点	活动内容
4	"红高粱之约"综合文化展	"有凤来仪"建党百年名家摄影书画作品展	2021年9月29日至10月7日	高密市红高粱影视城	展出以高密市各级道德模范和高密好人为主题的120件摄影及书画作品等
5	"红高粱之约"综合文化展	"红高粱杯"全国优秀剪纸作品展	2021年9月29日至10月7日	高密市红高粱影视城	展出"红高粱杯"全国优秀剪纸作品展获奖及参展作品
6	"红高粱之约"综合文化展	"金牛奋蹄"农民画精品展	2021年9月29日至10月7日	高密市红高粱影视城	展出高密市农民画协会围绕乡村振兴专题创作的农民画精品60幅
7	"红高粱之约"综合文化展	"墨舞凤城高密行"枣庄美协交流展	2021年9月29日至10月7日	高密市红高粱影视城	展出枣庄籍知名书画家刘啸泉、袁大川、张永勤围绕庆祝建党百年、地区文化交流、高密传统文化等方面专题创作的书画作品40幅
8	"红高粱之约"综合文化展	"太行在"画展	2021年9月29日至10月7日	高密市红高粱影视城	展出高密市知名画家针对高密城乡发展和革命根据地太行山老区的写生作品40幅
9	红高粱主题文化活动	红高粱文学现象学术研讨会	2021年9月29日	高密市维也纳国际酒店	邀请有关作家、评论家围绕红高粱文学现象进行学术研讨
10	红高粱主题文化活动	"文化下基层"诗词曲赋专场讲座	2021年9月30日	高密市高密二中	邀请中华诗词学会张存寿、南广勋等专家为潍坊地区诗词曲赋爱好者和高密市部分学校学生开展专题讲座
11	红高粱主题文化活动	红高粱诗歌奖系列活动	2021年10月中旬	高密市红高粱影视城	举行第十一届红高粱诗歌奖评审及颁奖活动
12	"红高粱之约"系列活动	高密市第四届"凤还巢"高层次人才创业大赛	2021年9月29日	高密市市融媒体中心金色演播大厅	聚焦高密市重点产业发展需要,吸引海内外高层次人才带资金、带技术、带项目来我市创新创业
13	"红高粱之约"系列活动	茂腔周展演	2021年10月1日至10月7日	高密市大剧院及部分社区广场	在"十一"假期和红高粱文化节期间面向社会展演优秀茂腔剧目

序号	活动系列	活动名称	活动时间	活动地点	活动内容
14	"红高粱之约"系列活动	"才聚鸢都·技能兴潍"第二届潍坊市职业技能大赛——乡村振兴技艺（剪纸、扑灰年画）大赛、茶艺师大赛	2021年10月9日	高密市豪迈体育馆	根据第十一届职业技能大赛安排，承办和组织我市剪纸艺人参加相关比赛
15	"红高粱之约"系列活动	第二届莫言家乡美食展	2021年9月29日至9月30日	高密市红高粱影视城	在红高粱影视城设立专区组织高密特色名小吃展销活动
16	"红高粱之约"系列活动	"红高粱之约·文化乐万家"公益展演进社区	2021年9月29日至10月20日	高密市全市各城市社区	在城区各社区广场举办文化惠民演出活动，为群众提供公共文化服务
17	"红高粱之约"系列活动	高密特色美食文化节	2021年9月29日	高密市凤都国际大酒店	举办胶东地区特色菜品制作暨餐饮文化交流活动
18	"红高粱之约"系列活动	"泥叫虎·展风采"现场创作	2021年9月29日	高密市红高粱影视城	组织山东工艺美术学院师生、我市部分非遗代表传承人现场创意、绘画高密泥叫虎

第二节 红高粱影视城建设与开发

目前在莫言家乡高密，红高粱影视城是开发较为成熟的景区。景区毗邻莫言平安庄旧居，占地面积1700亩。景区根据电视剧《红高粱》打造了土匪窝、瞭望台、四门塔、指挥部等景点。电视剧《红高粱》在这里取景拍摄重头戏并成为热播电视剧，之后这里又拍了几部电视剧，如《大秧歌》《槐乡情仇》等反映乡村主题的作品。2016年红高粱影视城荣升国家级AAA景区。在红高粱影视城内，还有刘铁飞美术馆、红高粱抗战馆等场馆。

一　红高粱影视城的功能定位

红高粱影视城的主要功能有二：乡村文学影视旅游基地、影视艺术拍摄基地。

（一）乡村文学影视旅游基地

包含影视旅游和文学旅游两个功能。先看影视旅游，主要与影视《红高粱》相关。张艺谋导演的电影《红高粱》取得世界瞩目的艺术成就，为观众所熟知，电影《红高粱》的部分场景是在高密拍摄完成。电视剧《红高粱》则以更加大众化的传播方式赢得大批观众，为游客所熟知。在此背景下，很多游客前往高密红高粱影视城，以进行《红高粱》影视旅游体验。红高粱影视城自建成以来，成为中外游客尤其是周边游客节庆日休闲旅游的重要目的地。"春看油菜花似海，秋看高粱红满天"已成为红高粱影视城的独特风景和特色。游览红高粱影视城，不仅可以近距离欣赏影视《红高粱》中的著名拍摄场景，还可以感受浓浓的文学气息、红高粱文化和影视文化。

1. 影视《红高粱》拍摄地旅游体验

影视城内的景点多与影视《红高粱》相关。游客进入基地，首先感受到的便是浓郁的红高粱文化特色，即迎宾近景演出《醉美红高粱》；也可听到回绕在耳边的电视剧《红高粱》的主题歌曲《九儿》，令游客瞬间进入影视《红高粱》情境之中。而后的景点如土匪窝、十八里坡、九儿家、单家大院等有的复制自影视《红高粱》，有的则可在影视《红高粱》中找到相关影像。

2. 其他影视作品拍摄体验旅游

除了实地体验、参观游览影视《红高粱》的拍摄场景，游客还可以现场参与演出情景影视剧，譬如游客不仅可以现场观看工作人员演出《血战红高粱》等情景剧，还可以参与演出做一把演员。这些情景影视剧多为抗战题材，故事情节上多与小说《红高粱》有着密切联系，譬如《血战红高粱》《曹县长审案》《胶东婚俗》《单员外招亲》

《壮士招募》《醉美红高粱》等情景剧和互动演出活动。以《血战红高粱》为例，该情景剧改编自小说《红高粱》，共分三幕：罗汉被捕、营救罗汉、九儿牺牲。剧情讲述的是："1938 年 4 月 16 日，在高密东北乡青杀口发生了一场激烈的战斗。以余占鳌为首的抗日武装力量为营救地下党员罗汉，与鬼子发生了激战。打死打伤鬼子 20 多人，打死鬼子中将中岗弥高，有力打击了日军的嚣张气焰，振奋了高密军民抗击日本侵略者的热情。"① 这是一部不折不扣的抗日爱国情景剧，让观众重温了莫言小说的抗战故事和爱国主题，取得了较好的抗日文化宣传和爱国主义教育效果。

3. 文学旅游

红高粱影视城的建设与开发其最初的影响力和知名度来自莫言和他的文学作品，特别是小说《红高粱》和诺贝尔文学奖影响巨大，一时之间，游客慕名前往，感受莫言这位文学大师的文学风采和家乡文化。特别是在莫言获得诺贝尔文学奖之初，不少游客前往莫言家乡，只为去沾沾好运，甚至有游客去挖莫言平安庄旧居的青萝卜和胡萝卜，连一棵小苗都不剩，整个院子被踩得溜光，比压路机压过的还平整。② 游客前往莫言家乡和旧居，首先可以真切感受到莫言这位在世界文学舞台上占据重要位置的小说家的成长环境和家乡文化，对更加深入了解莫言的文学作品起到重要作用。中外学者如日本翻译家藤井省三、大江健三郎、杜特莱夫妇等来到莫言平安庄旧居实地参观，瑞典国家电视台的记者看到莫言竟然在如此破旧屋子里生活了二十年，感动得流下了眼泪。③ 也有的家长带着孩子前来进行励志教育。③ 另外，游客可对莫言小说中写到的相关人物地点有进一步了解，譬如莫言小说中写到的胶河便是在其平安庄旧居东边几米远，如今的胶河虽然和莫言

---

① 《全民抗战　血战红高粱　激情上演！！！》，公众号：红高粱影视基地，2017 年 9 月 9 日。说明：该公众号后认证为"红高粱影视城"，两者同时存在。本书所引出自"红高粱影视基地"。

② 管谟贤：《老屋》，载管谟贤、管襄明《莫言与红高粱家族》，江苏凤凰文艺出版社 2015 年版，第 52 页。

③ 管谟贤、管襄明：《莫言与红高粱家族》，江苏凤凰文艺出版社 2015 年版，第 51 页。

童年时期的胶河相比已有较大变化，但仍是莫言写过的胶河。

（二）为影视拍摄提供重要场景

1. 已拍摄影视剧作品体验旅游目的地

将改编自小说同名影视剧中的相关情节进行现场拍摄还原，是当下依托文学创建的影视城的常用模式，譬如根据陈忠实小说《白鹿原》开发的白鹿原影视城，就是在白鹿村里，以现场拍摄电影的手法，选取电影《白鹿原》中的片段在原场地进行现场拍摄还原，使游客真实体验电影拍摄场景、关中建筑风貌及文化。具体到红高粱影视城也是如此，景区根据影视剧《红高粱》中的故事情节、主要人物、故事场景等进行相关景点开发，以此吸引游客体验影视剧作品中的人物、场景、情节。如游客进入红高粱影视城，可以欣赏土匪花脖子山寨"土匪窝"，进入山寨体验留影，都是不错的旅游体验；"野合地"这一景点可以令观众现场领略九儿和余占鳌高粱地里野合的激情；而高粱地里的花轿则令游客体会九儿出嫁的场景和半路遇劫匪的故事；至于单家大院，更是电视剧《红高粱》重要的拍摄场景，九儿房间摆设和周迅照片都让游客迅速进入电视剧《红高粱》的故事情境中。

2. 未拍摄影视剧作品取景目的地

就影视城而言，接受影视剧组进入影视城进行拍摄是常见做法，譬如白鹿原影视城先后有《百鸟朝凤》《毛泽东》《兵出潼关》《老腔》《白鹿原》等十余部影视作品来此拍摄取景。就红高粱影视城而言，除郑晓龙执导的电视剧《红高粱》2013 年拍摄于此外，还有郭靖宇执导的电视剧《大秧歌》（2014）、刘烈雄执导的《槐乡情仇》（2016）、茂腔电影《红高粱》（2017）、电影《巧姻缘》（2016）、电影《星空来客》（2016）也曾拍摄于此。潍坊首部网络贺岁电影郑板桥在潍县故事系列之《巧姻缘》（2016）也来红高粱影视城取景拍摄。除了拍摄影视作品，还可提供话剧等艺术的拍摄，譬如高中学生到景区拍摄《林教头风雪山神庙》话剧宣传片。①

---

① 《红高粱影视城迎来话剧短片拍摄团队》，公众号：红高粱影视基地，2022 年 6 月 17 日。

二 红高粱影视城景点开发依据

(一) 影视《红高粱》元素

红高粱影视城的建设与开发依托莫言《红高粱》改编而成。首先在景点建造上，主要景点都取自影视《红高粱》的拍摄场景，譬如高密县署、土匪窝、花脖子山寨、四门塔、指挥部、十八里坡、单家大院、瞭望台、野合地、青杀口、单家大院、九儿殉难地。其次在氛围营造上，在红高粱影视城内，循环播放影视《红高粱》主题歌曲，张贴有影视《红高粱》海报剧照宣传牌等，营造了良好的影视艺术氛围。

(二) 莫言文学元素

莫言文学元素首先体现于依据莫言文学作品打造的文学景点。除小说和影视《红高粱》之外，也有景点来自莫言其他小说，如乡村游乐场灵感来自莫言小说《透明的红萝卜》。莫言小说中的蛙码头、会唱歌的墙、透明的红萝卜、白狗秋千架、酒缸塔等也被打造成景点。其次，在红高粱影视城内部，还有巨大的莫言作品石雕。莫言的知名代表作品《红高粱》《丰乳肥臀》《透明的红萝卜》等都被刻在书形石雕上，这些书形石雕和平安庄村庄入口的莫言小说书形石雕相映成趣，坐落于红高粱影视城的野地当中。

(三) 将莫言元素与高密地方文化相结合

莫言小说中不仅写了轰轰烈烈的爱情故事，还写了高密独特的地域文化和民俗文化，譬如高密剪纸、高密拤饼、高密酿酒文化等，这些民俗文化在影视《红高粱》中都得到了体现。同样在红高粱影视城中，民俗文化不仅是复现莫言文学世界和相关影视作品之必需，更是传扬高密文化的重要途径。因此，红高粱影视城设置了丰富的高密民俗文化旅游项目，譬如聂家庄泥塑、扑灰年画、民俗小吃、三十里红酒坊、民俗作坊等。民俗小吃村汇集全国特色小吃数百种，既有高密本地特色小吃如高密炉包、高密土匪鸡，也有周边区市小吃如青岛大虾面，以及其他地区特色小吃，令游客在体验红高粱文化的同时，亦

可领略全国饮食特色文化，极大地丰富了游客的旅游体验。但较之白
鹿原影视城中小吃规划而言，红高粱影视城中的小吃地域特色相对缺
乏。在白鹿原影视城中，"有田小娥粉汤羊血、黑娃豆腐坊、嘉轩烤
吧、鹿三油糕等美食作坊，这些美食作坊不仅具有浓浓的乡土气息，
而且和文学作品中的人物联系起来，使人们仿佛置身于小说的场景，
品味的不仅是传统美食，更是一场文化盛宴"①。而红高粱影视城中的
小吃多是全国各地特别是高密周边特色小吃，较少将《红高粱》小说
及影视作品中的相关人物与民俗村小吃结合起来，这削弱了红高粱影
视城的地域特色和文学气息。笔者认为红高粱影视城可在这方面借鉴
白鹿原影视城的做法，譬如增加余占鳌抟饼、九儿炉包、罗汉烧酒等，
如此一来，食物就和莫言小说中的文学人物有机交融，令游客在品尝
高密饮食的同时，更加深切地领悟莫言的文学作品。

综观国内文化名人旧居、故居建设与开发，其重要途径便是将名
人元素与家乡文化相结合，以名人元素带动家乡文化，以家乡文化促
进名人文化发展。在红高粱影视城开发与建设中，莫言与高密民俗文
化、非物质文化得到了很好的结合。这里的民俗文化包含全国性民俗
文化、高密特色民俗文化。全国性民俗文化如舞龙舞狮等，是在全中
国都可见到的民俗文化。高密特色民俗文化则主要指高密地区特色的
民俗文化，如高密四宝等。两者以高密特色民俗文化占据主导。以第
四届红高粱文化旅游节为例。节庆活动期间，举办了非物质文化遗产
民俗文化活动，在花脖子山寨广场，有舞狮、舞龙、喷火等传统民俗
演出；红高粱影视城特别注重民俗文化的引入和宣传，在弘扬红高粱
文化的景区注重将非遗传统文化贯穿节会其中，在十八里坡民俗村的
民艺民俗坊内景区邀请到了国家级非物质文化遗产传人齐秀花、聂佩
斗、别世杰、刘存志、曹军等老师，现场教授游客剪纸、泥塑、扑灰
年画、黑陶、面塑等传统非遗技艺，游客亲身感受非物质文化遗产的

---

① 王浪、郭棉青：《白鹿原影视城的文学旅游开发模式探析》，《咸阳师范学院学报》2018
年第4期。

独特魅力。① 红高粱影视城另有非遗街这一展览非遗文化的场所。游客可以现场参观聂家庄泥塑（泥叫虎）、扑灰年画、高密剪纸、木版年画等。这些非遗文化都可以令游客现场参观其制作或绘画过程，以最直观的方式了解国家级非遗文化。参观体验之余还可以购买礼物赠送亲朋好友。非遗街还有九儿文创产品，譬如制作面食的磕子、文创杯子、九儿骑驴泥塑、泥塑公鸡等特色文创产品。另外，因为莫言在小说《红高粱》中写到了当地婚庆民俗"颠轿"，因此，婚庆民俗文化也成为红高粱影视城打造的特色文化，景区打造了婚俗一条街，包含颠花轿、抛绣球、花轿巡游等项目。景区还创设了花轿节（2021.9.1—2021.10.31）来极力展示花轿文化。花轿节期间，游客可以乘坐体验到 20 多种不同风格的花轿，以及 16 人抬的花轿之王。除了婚庆民俗外，还有民俗展馆来展示宣传高密的民俗文化。②

（四）就莫言文学作品及相关影视作品进行情景剧演出体验

红高粱影视城内的精彩演出，主要集中于三个地方，一个是景区入口处，一个是占鳌寨，一个是红高粱文学影视城。首先在景区入口迎宾处，有余占鳌、九儿的精彩舞蹈。接下来是占鳌寨，内设武斗聚义厅、龙王庙祈福、祭酒神，游客既是看客，也是故事的亲历者。这三处场景和演出都来自小说或影视《红高粱》。武斗聚义厅以小说中花脖子的土匪窝为原型进行场景还原。龙王庙祈福同样来自小说中余占鳌做轿夫的经历，现场有多位红布蒙面的"轿夫"将石头龙王像抬出龙王庙，如实还原了电视剧《红高粱》中抬龙王的场景。祭酒神更是小说的核心情节之一，现场不仅有伙计们在逼真的烧酒作坊劳作的场景，还有红布蒙面的伙计们现场祭酒的仪式表演，引得游客纷纷拍照。还有非常有代表性的演出《高粱红了》，令游客在边走边看中仿佛置身于抗日杀敌的经典故事时空，该剧展现了中华儿女同仇敌忾、保家卫国的英雄气概，激发人们的爱国主义热忱，培养人们的历史责

① 《莫安旧居·红高粱影视城景区成功入选第五批潍坊市文化产业示范基地》，公众号：红高粱影视基地，2018 年 11 月 21 日。
② 《秋游红高粱，最美花轿节》，公众号：红高粱影视基地，2021 年 9 月 1 日。

任感，珍惜来之不易的幸福生活。沉浸式演出《高粱红了》是红高粱影视城中较有代表性的演出，于 2021 年获得潍坊市"十佳情景小剧"荣誉。该剧自 2021 年推出以来获得社会各界赞誉，每日演出 3—4 场，实现常态化演出。"来红高粱小镇，看实景沉浸演艺"成为景区的文化招牌。《高粱红了》是省内首台文学主题实景沉浸演出，分为五幕："九儿出嫁""高粱地爱情""罗汉就义""祭酒神""孙家口伏击战"，作为观众的游客"成为这场红色浪漫故事的亲历者，带来震撼的视觉体验和深入人心的感动"①。除了占鳌寨，红高粱文学影视城也集中了众多演出，譬如神鸟叼签、拉洋片、二鬼摔跤、顶大缸、杂技飞刀、民间绝活等精彩演出。以第四届红高粱文化旅游节为例，景区内排练准备了迎宾近景演出《醉美红高粱》、抗日情景剧《血战红高粱》，以及《县长审案》《胶东婚俗》《单员外招亲》《壮士招募》等互动情景演出。游客除了以观众身份观看景区演员表演之外，还可以演员身份参与角色扮演。

除了《高粱红了》《祭酒神》《龙王庙祈福》《惊魂青纱帐》等极具红高粱特色的演出外，影视城内还有其他特色民俗演出，譬如民间舞龙舞狮表演。狮龙在中国是祥瑞的象征，有风调雨顺、国泰民安之寓意，同时也有祈年的含义。

（五）以红高粱文化元素为主体，开发多元特色旅游项目

为满足不同年龄、不同身份游客的不同旅游需求，景区开展多样化的特色旅游项目。譬如举办满足年轻人旅游需求的抖音大赛，既通过游客抖音极好地传播红高粱文化，同时也提升了游客的参与感；又如举办摄影大赛，同样以游客自媒体影像照片的传播起到传播红高粱文化和提高游客参与度的双重作用。为满足儿童游客需求，进行了儿童游乐项目和设施的开发与建设，在景区设置了小黄人、熊本熊、疯狂动物城卡通人物等萌系形象，通过与游客合影等形式增强游客的现

---

① 《沉浸演艺〈高粱红了〉获 2021 年度潍坊市"十佳情景剧"!》，公众号：红高粱影视基地，2022 年 1 月 6 日。

场体验感和互动感；另外还有与钢雕文化创意园中的变形金刚互动体验，游客通过说话、舞动与高达 2.7 米的变形金刚互动体验留影。为营造景区文化氛围，景区举办高粱地音乐节，譬如在花脖子山寨高粱景观田内，打造高粱地民谣音乐节。

（六）自然景观与人文景观有机融合

红高粱影视城通过融合自然景观和人文景观来满足不同游客游览需求。首先来看自然景观。景区内种植有红高粱、油菜花等植物。红高粱是高密本地特色植物，且成为莫言小说中的重要角色和精神象征。很多游客和读者记住莫言是从《红高粱》开始，影视城内的大片红高粱便是他们现场了解莫言的首要场景。特别是在中秋前后，景区内的红高粱长势正好，恰是欣赏红高粱的绝佳时机。在小说《红高粱》中，莫言写到了极具高密特色的植物红高粱："八月深秋，无边无际的高粱红成式洸洋的血海，高粱高密辉煌，高粱凄婉可人，高粱爱情激荡。秋分苍凉，阳光很旺，瓦蓝的天上游荡着一朵朵丰满的白云，高粱上滑动着一朵朵丰满白云的紫红色影子。"① 游客可以现场接触红高粱这一给予莫言和张艺谋无限艺术灵感的神奇植物，领略它们的风采和神韵，进而加深对小说《红高粱》和红高粱精神的理解。影视城还种植有观赏性较强的油菜花，可供人们春来赏花留影、怡情养性。还有浪漫唯美的粉黛乱子草花海，少女心满满的粉黛花海如梦如幻，也是游客极佳的打卡地。而一进影视城门口，迎面便是近百亩的花海，马鞭草、金鸡菊争奇斗艳，花香宜人，都非常适合游客拍照赏玩。再看人造景观，既包含以莫言元素为依托的景观，如土匪窝、十八里坡，也有自主开发的景观，如钢雕园、戏水园、滑雪场。自然景观的设立可以满足游客亲近自然的山水之乐，人文景观的打造则可以满足人们的人文之需。

---

① 莫言：《红高粱家族》，人民文学出版社 2012 年版，第 2 页。

三 红高粱影视城旅游模式

红高粱影视城在建设时巧妙融合影视元素、莫言元素、文学元素、抗战元素、民俗元素等多元文化符号，丰富的文化融合和旅游体验使得红高粱影视城拥有了较为稳定的游客群体。综观近年来红高粱影视城的规模和特点，目前红高粱影视城的旅游模式可从两个角度划分。首先，按照游客身份及旅游目的，可分为节庆游、研学游、康养游、团队游、学术交流游等；其次，按照游客旅游体验划分，可分为风情旅游、乡村旅游、文学旅游三种。

（一）按照游客身份及旅游目的

1. 节庆游

红高粱影视城影响较大的活动是节庆。所谓节庆游，指的是法定节假日游和常规节庆游。法定节假日包含国庆节、端午节、清明节、春节、中秋节等国家法定节假日，常规节庆则指红高粱影视城内部的常规性节庆活动，譬如红高粱文化节、油菜花风铃节、花轿节、清凉狂欢节等。法定节假日和常规性节庆活动是游览红高粱影视城的最佳时刻，此时红高粱影视城的游客数量往往达到巅峰。与此同时，景区每逢节假日都会推出大型主题节会活动以吸引游客，譬如新春大庙会、油菜花风铃节、红高粱文化旅游节、"小小诺贝尔"研学游等一系列主题独特、内容丰富的节会活动。①

（1）常规节庆游

红高粱影视城有几大常规性节庆活动：红高粱文化节（秋天）、油菜花节（春天）、风铃节（春天）。2018 油菜花风铃节长达一个月，自 4 月 20 日至 5 月 20 日，包含：稻草人风铃节，4 月 5 日至 4 月 13 日；油菜花风铃节，4 月 14 日至 5 月 13 日。为迎接节日到来，红高粱

---

① 《红高粱影视城荣列山东省构建"1＋N"影视基地（园区）布局》，公众号：红高粱影视基地，2018 年 12 月 21 日。

影视城制订了丰富而详细的节目演出方案①：

> 青杀口：开门迎宾；花脖子山寨：花脖子迎宾、壮士招募、九儿智斗花脖子、血战红高粱；十八里坡：单员外招亲、颠花轿。

（2）法定节庆游

在国家法定节假日，尤其是有三天、五天、七天小长假的节日，都是红高粱影视城游客最多的日子，譬如五一小长假、国庆黄金周、春节黄金周等。以 2019 年春节为例，为迎接春节黄金周游客高峰，红高粱影视城 2019 年新春大庙会准备了非常丰富的节目单②：

> 1. 开门迎宾；2. 狮舞迎春；3. 迎宾大鼓；4. 财神赐福、行为艺术；5. 传统婚俗表演；6. 舞龙、高跷表演；7. 曹县长巡视；8. 训白鼠；9. 三仙归洞；10. 十样杂耍；11. 奇人绝技；12. 民间杂耍；13. 壮士招募；14. 天下第一秤；15. 皮影戏；16. 秧歌；17. 单员外招婿；18. 茂腔表演；19. 卡通玩偶总动员；20. 变形金刚

丰富的旅游项目使得为期 15 天的 2019 春节新春大庙会（2019.2.5—2019.2.19）接待游客 11 万余人次。其中正月初七单日最高峰游客接待量达 13000 人次，创历史最高纪录；运营收入数据同比去年增长 30%，游客量同比去年增长 15%，多项数据创历史新高。③ 2019 年国庆节游客人数则达到 5.3 万人次。再看 2018 年，春节游客人数达到 10 万人次，国庆节游客近 10 万人次。2021 年，国庆节游客人数达 10

---

① 《红高粱影视城稻草人风铃艺术节震撼开幕! 宛如童话世界》，公众号：红高粱影视基地，2018 年 4 月 5 日。
② 《红高粱影视城新春大庙会人气火爆，年味浓，游客量再创新高!》，公众号：红高粱影视基地，2019 年 2 月 5 日。
③ 《红高粱影视城第四届新春大庙会多项数据屡创新高，完美收官!》，公众号：红高粱影视基地，2019 年 2 月 20 日。

万人次，劳动节游客人数达 7.2 万人次。①

（3）其他节庆活动

在一些并没有法定休假的节日里，红高粱影视城也会推出一些相关节庆活动，以提高景区影响力和知名度，如在妇女节、植树节、重阳节等节日里推出活动。譬如 2019 年推出女神节（2019.3.4—2019.3.10），期间红高粱影视城景区提供免费祈福带，为女性游客提供了精彩不断的传统颠花轿、爱国抗日情景剧、曹县长审案等精彩情景体验节目；植树节（2019.3.11—2019.3.17）期间举行万人植树节活动；腊八节（2019.1.13）期间举办书法写福字活动表达对家乡的祝福。与此同时，红高粱影视城微信公众号都会在重要节庆假日送上祝福，譬如中秋节、重阳节、元宵节、国庆节、春节等重要节日。除此之外，景区还会针对不同时节推出特殊惠民活动，譬如在六月份毕业季推出针对中高考生的惠民活动，学生游客持中高考准考证，便可获得门票减免。在端午节也会推出门票减免活动。

2. 研学游

研学游是红高粱影视城的重要旅游项目。红高粱影视城内有丰富的研学资源，譬如文学影视城、莫言旧居、莫言小学、国家级和省级非物质文化遗产街、高粱地风情区、青草湖水岸、田园花海、莫言文学馆。该景区是山东省首批中小学生研学实践教育基地，曾获得山东省研学旅行创新线路设计大赛一等奖等多项荣誉，非常适合中小学举行研学活动。红高粱影视城的研学游包括踏青研学游、"小小诺贝尔"研学游、夏令营研学游、享冬之旅研学游等多种类型。为更好地服务研学活动，红高粱影视城先后"开发多个适合不同年龄段的中小学生研学精品课件，推出精品研学教育课程体系，提升服务质量，为全国中小学生提供优质的校外实践体验，吸引了越来越多的中小学生走进研学课堂"②。影视城携手山东旅游职业学院"山东省职业教育·王煜

---

① 数据来自红高粱影视基地微信公众号。
② 《红高粱影视城掀起研学热》，公众号：红高粱影视基地，2022 年 6 月 10 日。

琴名师工作室",深度挖掘当地的丰富文化资源,设计推出了一批各具特色的研学旅游线路,打造了体系完备、内涵丰富、形式多样、安全可靠的众多研学旅行项目,不断构建多元化、多层次的研学旅游活动体系。①

研学游是中小学较为常见的学习方式,集游览、学习、实践等多方面学习于一体,研学旅行是重要体验,能够极好地发挥学、游、思的相互融合与促进作用。很多中小学校为贯彻执行教育部门等11部门《关于推进中小学生研学旅行的意见》精神,大力推行研学游,"让广大中小学生在研学旅行中感受祖国大好河山,感受中华传统美德,感受革命光荣历史,感受改革开放伟大成就,激发学生对党、对国家、对人民的热爱之情,增强对坚定'四个自信'的理解与认同。让学生在研学旅行中学会动手动脑,学会生存生活,学会做人做事,促进身心健康,培养学生的社会责任感、创新精神和实践能力"②。而红高粱影视城融文学、文化、影视、抗战等元素于一体,是非常适合中小学研学游的场所。红高粱影视城自建成以来,接待来自青岛、潍坊、高密等地区数量众多的研学游团体,取得了较好的研学效果。

踏青研学游多在春暖花开时举行,而"小小诺贝尔"课程主题游则包含平时如六一儿童节和暑假夏令营研学游。红高粱影视城、莫言旧居、莫言小学是研学旅行最佳目的地。通过游览研学,孩子们体验传统文化、知识科普、励志拓展、酿造工艺、射击锻炼、军事体验、田园农耕等内容。以峡山王家庄初级中学"小小诺贝尔"研学游为例,其研学是响应潍坊市教育局《潍坊市推进中小学生研学旅行工作实施方案》要求,让学生体验不同的自然和人文环境,增强学习兴趣,提高团队意识和抗挫折等综合素质,更加深入地了解诺贝尔文学奖得主莫言的作品及其成长历程,加深对文学创作的热爱。潍坊市峡山区王家庄初级中学组织七年级全体学生赴莫言旧居及红高粱

---

① 《红高粱小镇迎来秋季研学游热潮!》,公众号:红高粱影视基地,2021年10月18日。
② 《"小小诺贝尔"文武双全,精彩暑假到这来》,公众号:红高粱影视基地,2018年8月22日。

影视城，开展高密莫言、东北乡"小小诺贝尔"民俗文学研学游活动。带领孩子们走进高密，探访文豪，看莫言旧居，与大师同行，感受莫言文化，体会诺贝尔奖影响力，体验民风民俗，领略中国传统文化的魅力！

笔者找到红高粱影视城研学游方案两份，分别为一日游、两天一夜游。

红高粱影视城研学游方案 A、方案 B①

方案 A：一日

出发时间：7：30（青岛—胶州马店）

目的地：高密红高粱影视城（预计 9：00 左右到达）

交通方式：大巴车

返回时间：15：00 左右

课程内容：

课题一：参观莫言旧居主要内容，在研学导师的指导下带领大家寻找莫言的创作之路，行走途中搜集写作素材，挖掘人物背后的故事，进行文学知识的学习参观和互动式体验，引导观察提高学习兴趣，在实战中切实提升孩子的写作技巧。

课题二：在非遗民俗民艺馆学习传统文化知识及手工技艺，制作手工艺品，如剪纸、泥塑、扑灰年画、黑陶、面塑、扎染等。

课题三：在钢雕文化创意园内由老师带领大家了解废旧钢材循环再利用，学习钢雕艺术的写实与创意结合，学习"有限资源，无限循环，变废为宝"，进行 DIY、环保和创新的理念等比赛内容。

课题四：在单家大院民俗馆内乡舍民宿、手上功夫、逸趣闲情等展示，通过实物、陶艺、图片、雕塑等手段，反映高密近代具有代表性的民俗事象及传承变化，展示高密风土人情和劳动人

---

① 《研学旅行的圣地，青少年文化的摇篮》，公众号：红高粱影视基地，2018 年 7 月 25 日。

民的勤劳智慧。

方案 B：两天一夜

出发时间：第一天 7：30（潍坊—胶州马店）

目的地：红高粱影视城（预计 9：30 左右到达）

交通方式：大巴车

返回时间：第二天 15：30 左右

住宿：红高粱大酒店（距离影视城车程十分钟）

课程内容：

课题一：参观莫言旧居、莫言小学，在研学导师的指导下带领大家寻找莫言的创作之路，行走途中搜集写作素材，挖掘人物背后的故事，进行文学知识的学习参观和互动式体验，引导观察提高学习兴趣，在实战中切实提升孩子的写作技巧。

课题二：在非遗民俗民艺馆学习传统文化知识及手工技艺，制作手工艺品，如剪纸、泥塑、扑灰年画、黑陶、面塑、扎染等。

课题三：在钢雕文化创意园内由老师带领大家了解废旧钢材循环再利用，学习钢雕艺术的写实与创意结合，学习"有限资源，无限循环，变废为宝"，进行 DIY、环保和创新的理念等比赛内容。

课题四：在单家大院民俗馆内乡舍民宿、手上功夫、逸趣闲情等展示，通过实物、陶艺、图片、雕塑等手段。反映高密近代具有代表性的民俗事象及传承变化，展示高密风土人情和劳动人民的勤劳智慧。

课题五：在花脖子山寨参观红高粱，认识高粱，用学到的知识把高粱变成手工艺。学习红高粱精神，参与《血战红高粱》培养爱国主义情操。

课题六：在乡村游乐场中与同学讨论传统游戏玩法，一个乡土情怀的乐园，拓展训练：障碍长廊、轮胎塔、走晃桥、荡麻绳、高架攀绳等，不仅锻炼孩子的体魄，更提升孩子的运动智能和团体合作精神。

课题七：在红高粱儿童农场通过挖坑、播种等农活，感受劳

动的辛苦和粮食的来之不易；用石磨自制小豆腐，在野炊地根据
自然环境生火做饭，提高野外生存能力。

课题八：在 CS 野战营中用融入军事体验元素和军营文化元
素的独特模式，学习射击原理，渗透国防意识，唤起与宣传教育
具有积极的社会意义。

通过研学游，孩子们见到了书本里从未见到过的新世界，激发了
好奇心，大家时不时互相讨论、驻足观看，真正学习到了之前没学到
过的知识。① 孩子们在实践中收获了知识，在玩耍中获得了教育，接
受迥异于课堂教学较为全面的熏陶和教育：

（1）励志自强教育

作为首位中国籍诺贝尔文学奖获奖作家，莫言的成长历程和获奖
结果具有传奇色彩，他曾自称获诺贝尔文学奖像范进中举人一样，这
里有作家谦虚的成分。但其实纵观莫言的家庭出身、成长历程，笔者
认为莫言获诺贝尔文学奖具有极好的励志教育价值和意义。莫言出生
在农村，到小学五年级便因家庭成分不好被迫辍学，当其他孩子得以
在校继续读书时，他不得不每天孤身外出放牛，一个人面对野地、小
鸟和牛羊，倍感孤独。之后参军，在解放军这所大学校不断学习提高，
再到解放军艺术学院、北京师范大学读书学习，在此过程中，莫言一
直非常勤奋努力。笔者认为莫言的成功除了天赋和机遇外，更多的是
超乎常人的勤奋。或许莫言的某些作品还不适合孩子们去看，譬如有
的作品中涉及暴力书写（如《檀香刑》中的酷刑和暴力描写）、审丑
描述（如《红蝗》中对大便的描写）、语言风格的泥沙俱下，但莫言
的成长和成功经历却非常值得孩子们学习。笔者总结以下几个方面：

阅读教育。莫言的阅读经历对孩子们具有重要学习价值和启发意
义。莫言出身农村家庭，虽然非书香门第，但他从小就酷爱阅读，不
仅把大哥的课本教材和文学书籍悉数阅读完毕，还到处借阅邻村的文

---

① 《点亮青春的火把，红高粱研学持续升温》，公众号：红高粱影视基地，2021 年 5 月 14 日。

学书籍，如《苦菜花》《青春之歌》《钢铁是怎样炼成的》等。为了阅读，不惜忍受孤独、责骂，不惜替石匠女儿推磨一上午以换取《封神演义》两小时的短暂阅读，且有石匠女儿站在身后监督，时间一到，便立刻收走书籍的苛刻条件。① 即便被如此责难也要坚持阅读，甚至藏在猪圈中看书，被马蜂蜇肿眼睛也坚持阅读，直到眼睛肿得睁不开。② 童年时期的阅读经历为莫言日后的写作打下了坚实基础。莫言这种阅读经历虽然和他所处年代书籍的匮乏有关，但也与莫言个人热爱阅读密切相关。因此，从莫言身上，孩子们要学的是热爱阅读，坚持阅读，终生阅读，才会受益终生。

勤奋教育。莫言的勤奋对孩子们具有重要启发意义。上文提到，莫言的先天条件并不占据优势，甚至长期以来连肚子都吃不饱，长期忍受饥饿、孤独和贫困。但他异常勤奋，通过努力，一步步走上写作道路，取得令人瞩目的成就，并最终获得诺贝尔文学奖。在此过程中，勤奋是莫言成功的重要原因。譬如莫言在解放军艺术学院读书期间便极其勤奋，他常写作到半夜，饿了便用热得快烧水煮方便面吃，甚至因为听说方便面要涨价一次性买回八十包方便面。他说："深夜两点了，文学系还是灯火通明。"③ 可见莫言和文学系诸学子之极端勤奋。这对孩子们有巨大启发意义，即无论身处何时何地、何种境况，都要勤奋努力，都要自强不息，才会取得傲人成就。莫言的经历印证了一句话：天行健，君子以自强不息。

作家教育。感受莫言的成长环境，感受诺贝尔文学奖的巨大社会影响力。文学学习或语文学习的必要环节之一是作家认知学习，譬如作家的人生经历、写作经历、情感经历。抛开其文学创作，优秀作家本身就是孩子们学习的对象，譬如被誉为"诗圣"的杜甫，孩子们除了要学习其伟大的文学成就外，还要学习杜甫忧国忧民、关心民生疾苦。这是孩子们需要了解、更要传承下去的伟大情感和爱国精神。因

---

① 叶开：《野性的红高粱：莫言传》，二十一世纪出版社2013年版，第91页。
② 叶开：《野性的红高粱：莫言传》，二十一世纪出版社2013年版，第100页。
③ 叶开：《野性的红高粱：莫言传》，二十一世纪出版社2013年版，第201页。

此,杜甫本身就是学习的重要对象。其他爱国文人如屈原、文天祥、郭沫若、郁达夫、闻一多等,他们的爱国情感和奉献精神也都值得认真深入学习。孩子们去莫言家乡考察学习,首先会加深对莫言生平的认知,譬如莫言是在什么样的环境中长大,了解其家庭环境、家族环境、家乡环境、求学环境对他的影响,进而了解其家乡高密的地域文化,完成从文学到文化的认知和学习、从作家到家乡的认知和学习。

同时,因为诺贝尔文学奖的影响力,很多游客和学者前去参观考察,令到场参观的孩子进一步感受到诺贝尔文学奖引发的巨大影响和社会关注。这不仅体现为社会层面上诸多游客蜂拥而至的参观学习,还体现为莫言家乡高密的大力宣扬与深度开发,这些来自现场的感知和认知会进一步提高孩子们对诺贝尔文学奖的认知和关注,激发其努力拼搏的意志。

(2)影视文化教育

除了知识教育,影视教育也是当前教育部大力倡导推广的教育之一。2018 年 4 月,教育部下发了《中共中央宣传部关于加强中小学影视教育的指导意见》,明确提出,把影视教育作为中小学德育、美育等工作的重要内容,纳入学校教育教学计划,丰富影视教育活动。各地教育行政部门和学校要积极开展校园影视教育活动,通过电影赏析、电影评论、电影表演、电影配音、微电影创作、影视节(周)活动等,营造浓厚校园影视文化氛围,让中小学生在看电影、评电影、拍电影、演电影中收获体会和成长。在此背景之下,组织学生参观影视《红高粱》拍摄场地,实地感受相关景点,感受影视艺术的魅力,提高影视文化的兴趣,实地体验影视文化产业的价值,便显得格外有意义。在研学游诸多活动中,最吸引学生们的便是"可以互动体验参演的抗日情景剧《血战红高粱》,通过演出抒发自己的爱国情怀"[1]。通过影视旅游,孩子们既收获了轻松愉悦的身心,也

---

[1] 《享冬之旅,红高粱影视城研学游、团队游火爆不断》,公众号:红高粱影视基地,2018 年 11 月 15 日。

学到了影视拍摄和影视表演的知识；既可以观看别人现场演出，也可通过扮演剧中角色体会演出的乐趣和艺术。总体看来，是非常好的影视研学教育。

（3）抗战精神及爱国教育

抗战精神和爱国教育是极其重要的教育内容。爱国是社会主义核心价值观，是每一个中国人都需要培育和践行的。抗战胜利是近代以来中国人民取得的伟大胜利，胜利的取得凝聚了中国人民的伟大抗战精神，这精神要世世代代传承下去。莫言《红高粱》体现了伟大的抗战精神，乡亲们为保卫家园而奋勇杀敌、不畏牺牲。小说的重要创作背景、创作素材、故事内容均与抗战密切相关，小说彰显抗战气质，赞美抗战祖辈，具有重要的抗战文化意义和价值。与之对应的，在红高粱影视城内，有情景剧《血战红高粱》现场演出，游客通过观赏、参与抗战情景剧演出，切身感受抗战文化，激发爱国情怀，进而重温莫言小说《红高粱》的抗战故事和抗战精神。除此之外，2018年由著名青年艺术家刘铁飞创建的红高粱抗战馆开馆迎客，纪念馆在保存、宣传抗战文化方面做出重要贡献。

（4）文化教育

文学与文化的关系极为密切。文学离不开文化的滋养和影响，文学既是一个文字文本，也是一个文化文本。这里的文化教育主要包含地域文化与非物质文化两个层面。从高密地域文化层面来看，当外地游客进入高密，进入莫言旧居，首先感受到的是高密的地域文化特色，诸如城市风貌、街道风情、建筑特色、饮食文化、方言乡音、百姓容貌等。莫言在其作品中不仅展现了诸多高密方言俗语，如小说《红高粱》中的"膈应"（意为"恶心"）、"鬼精蛤蟆眼"（意为"奸诈"）等都是典型的高密方言，还写到了高密的饮食民俗等，譬如小说《红高粱》中的拤饼、炉包，两者都是高密特色美食代表。在小说《红高粱》中，吃拤饼的人往往是土匪，而在高密本地，拤饼实则是百姓的日常美食，在饼中加入碾碎的鸡蛋、小葱、酱料等，卷起来即可享用。高密炉包更是深受莫言喜爱，多次写诗表达赞美和想念之情。他曾写打油诗："韭菜炉包肥肉丁，白面烙饼卷大葱。再加一碟豆瓣酱，想不快乐也不中。"另一首则说"离乡三十年，此物最相思"。在此基础之上，进一步了解高密的特色文化如非物质文化。高密的非物质文化之所以引人关注，是因为莫言在小说中融入了高密的非物质文化遗产，诸如高密剪纸、高密泥塑、高密茂腔等。小说《红高粱》写到了高密剪纸。在小说《蛙》中，则写到了泥塑艺术，小说中的郝大手终其一生，都在捏泥娃娃，而这泥塑艺术恰是高密特色文化，而且是国家级非物质文化遗产。小说中的郝大手这一人物便有高密市非物质文化遗产泥塑传承人聂希蔚的影子。聂希蔚是聂家庄泥塑的第二十代传人。在小说《檀香刑》中，则写到了高密茂腔，小说中的"猫腔"实则是茂腔。茂腔是流行于山东潍坊（高密）、青岛（胶州）等地的地方戏曲，在当地具有较大影响力，颇受当地百姓的喜爱。无论是高密茂腔，还是胶州茂腔，都已被列为国家级非物质文化遗产。作为国家级非物质文化遗产，茂腔深深地影响了《檀香刑》的写作灵感和艺术特色。通过现场游览，游客可以真切感受茂腔的魅力和特色，进而更好地了解莫言小说。另外，在红高粱影视城里还展出了高密四宝之一的扑灰年画。

（5）文学教育

自莫言获得诺贝尔文学奖以来，莫言旧居、莫言家乡就成了众人心目中的文学圣地，正如鲁迅故里成为中外游客到绍兴的首选景点，同样，莫言旧居、莫言家乡成为高密游、潍坊游乃至山东游的重要目的地。游览文学大家旧居或故里，"许多观众怀着朝圣的心情而来，诚如一位游客感言：虽然在鲁迅家里停留只有短短几个小时，但我觉得，只要踏上了这一方土地，接上了这里的'地气'，日后再慢慢'反刍'、回味，就会越来越觉得不虚此行"[①]。参观游览莫言旧居、莫言家乡，其心情相同。在莫言旧居，不仅可以看旧居、看环境、看文化，还可以继续看文学、学文学，因为在名人旧居里，往往都会对名

---

① 杨晔城：《绍兴鲁迅故居暨名人故居多元化保护利用浅谈》，纪念鲁迅定居上海 90 周年学术研讨会论文，2017 年。

人的文学作品特别是代表作进行隆重推介。譬如在莫言平安庄旧居入口处，有巨大的文学石雕，石雕上刻有莫言小说如《红高粱》《生死疲劳》《檀香刑》。

（6）农耕文化教育

对于生活在城市的游客而言，通过参观莫言旧居，可以现场体验农耕文化和红高粱风情。在莫言旧居、红高粱影视城种植了大片红高粱，红高粱既契合了莫言《红高粱》的创作内容及主题，自身又是极为壮观的自然景观。游客走入红高粱深处，既能体验小说、影视《红高粱》中的故事场景，又能感受到与城市景观截然不同的自然风情。对于常年生活于钢筋水泥、摩天大楼的城市人而言，深入野地、进入乡村是难得而宝贵的休闲体验。红高粱既是中国北方常见的普通农作物，又是创造了非同寻常文学世界和社会影响力的"主角"。

（7）人文精神教育

通过游览红高粱影视城，近距离接触大片种植的红高粱，互动观赏体验《血战红高粱》等情景剧，切身体会红高粱精神，学习感悟红高粱精神：正直向上、坚韧顽强、宽容淳朴、奋斗争光。"这十六个字，有对红高粱物种特征的概括，但更多的是对故乡人民的赞美。吾斗胆以为，红高粱精神，就是吾乡人民的精神。愿吾乡人民弘扬这种精神，创造文化，创造财富，创造美好生活。"[1] 红高粱精神有助于孩子们理解莫言《红高粱》的精髓，进而传承红高粱精神，譬如正直不屈的向上精神，努力争光的奋斗精神，淳朴宽容的包容精神，无论对孩子们的学习还是生活都将产生积极指导作用。

（8）美术教育

孩子们通过现场给泥塑老虎上色、现场参观扑灰年画等的制作，会学到很多民间美术知识。手工艺文创街区还有柳编、木雕、拓印等手工艺文创活动。另外，在红高粱影视城内，刘铁飞美术馆是很好的教育基地。刘铁飞美术馆是由政府建造的一所展览刘铁飞艺术作品的

---

① 莫言：《红高粱精神》，微信公众号：两块砖墨讯，2021 年 5 月 23 日。

开放空间，集展览、文化交流、学术研讨于一体，该馆坐落于高密东北乡红高粱影视城内，成立于 2014 年。① 美术馆里展有刘铁飞著名油画作品，其中最为引人关注的是《红高粱》系列油画。青少年通过欣赏刘铁飞《红高粱》系列油画，既感受到油画艺术的独特魅力，也体会到油画中所体现的红高粱精神。

（9）科普教育

在红高粱影视城里还有科普教育体验馆，譬如乐聚机器人科普教育体验馆，该馆展览面积 2000 平方米，"引进深圳乐聚智能机器人，是省内首个机器人科普创客教育实践基地，设立实验教学区、加工制作区、作品展示区、比赛演示区、休闲体验区等，为青少年科普教育研学提供优质平台"②。孩子们在这里不仅可以欣赏到机器人表演的舞蹈，还可以体验操作机器人足球赛和编程启蒙的乐趣。

（10）环保教育

红高粱影视城内还设有钢雕文化创意园。"在钢雕文化创意园，遨游创意王国的奇幻，孩子们能充分感受到废品重生、变废为宝的作品，进一步激发学生的创新意识和环保意识。"③

红高粱影视城的旅游模式除了节庆游、研学游外，还有康养游、团队游、交流游等。但后三者所占人数和比重较小。康养游主要为退休老年游客群体的参观游览；团队游和节庆游较为相近，但是以团体形式进行集体参观游览，节庆游则包含自驾游、结伴游等，规模往往较小。和其他几种旅游模式不同的是，交流游具有较强的学术性，主要为当代文学研究者特别是莫言研究学者们的参观游览，往往在莫言家乡召开学术研讨会的间隙组织学者进行参观游览。

（二）根据旅游体验划分的旅游模式

根据旅游体验划分，可分为风情旅游、乡村旅游、文学旅游三种。

---

① 刘铁飞美术馆官方网站，http：//www. tiefei. com。

② 《你敢穿汉服，我就敢免票！还有 N 种玩法等你国庆小长假来耍哟!》，公众号：红高粱影视基地，2019 年 9 月 19 日。

③ 《享冬之旅，红高粱影视城研学游、团队游火爆不断》，公众号：红高粱影视基地，2018 年 11 月 15 日。

1. 风情旅游：领略高密特色文化

首先，领略高密特色民俗文化。譬如高密特色建筑、民间美术等。其次，领略高密饮食文化。在莫言作品中写到两种最具独特性的高密饮食，一种是炉包，一种是拤饼。还有高密宗教文化。无论是在高密历史上，还是在莫言小说中，高密宗教文化都存在。在莫言小说《丰乳肥臀》中，上官鲁氏唯一的儿子上官金童是她和教堂瑞典教父的儿子。鉴于此，莫言家乡重建教堂，东北乡教堂里已经有基督教徒做起了礼拜。"东北乡早就有教堂，只是后来被破坏掉了，现在这座教堂是教徒们自己集资建立起来的，是东北乡本真文化的再现。"①

2. 乡村旅游：迥异于城市生存的新鲜体验

游览莫言家乡，体验农村生活、农耕文化。譬如一日游路线："上午游平安庄教堂、胶河民宿、生死疲劳印象馆、大栏乡小学、莫言旧居，中午赴炉包铺子享受特色东北乡美食汇，下午观草鞋窨子、红高粱酒坊、茂腔大场院、读书院子、外围农园景观，晚上宿胶河民宿看露天电影。所有景点串联起了莫言的经历，也将体验性的文化项目渗透其中。"② 无论吃饭、住宿，还是景观欣赏，乃至生活方式、人生体验，都和城市生活截然不同，且乡村生活与莫言儿时的生活体验高度重合，具有较强的吸引力。

3. 文学旅游：借鉴中外文豪旧居建设

莫言作为首位中国籍诺贝尔文学奖获得者，其旧居具有极大的吸引力，无论文学研究者，还是普通读者，都有极强的探究莫言获奖原因的冲动，而去莫言旧居考察学习是破解密码、揭晓答案的重要一步。在景点规划中，莫言家乡相关工作人员综合考虑借鉴中外著名文豪旧居（或故居）建设，譬如规划人员曾去莎士比亚小镇考察过三次，以寻求灵感。目前，在景点建设与景区规划上，莫言家乡旅游区的规划

① 《高密16亿开发"莫言文化"，冲动吗?》，凤凰网旅游，2014年12月4日，https://travel. ifeng. com。

② 《高密16亿开发"莫言文化"，冲动吗?》，凤凰网旅游，2014年12月4日，https://travel. ifeng. com。

与莫言作品高度融合，不少景点的创设取材于莫言文学作品，譬如：

莫言家乡景点与莫言作品

莫言家乡相关景点	来自莫言相关作品
"生死疲劳"印象馆	《生死疲劳》
胶河民宿	《过去的年》
蛙码头	《蛙》
会唱歌的墙	《会唱歌的墙》
透明的红萝卜	《透明的红萝卜》
乡村游乐场	《透明的红萝卜》
白狗秋千架	《白狗秋千架》
酒缸塔	《酒国》
红高粱影视城	《红高粱》
孙家口伏击战遗址	《红高粱》
公婆庙惨案纪念馆	《红高粱》
平安庄教堂	《丰乳肥臀》

另外，还可根据旅游目的的不同，分为摄影爱好者的摄影游、退休老年人的休闲游、莫言研究学者的学术游等。

四　红高粱影视城公众号建设与传播

红高粱影视城依托"红高粱影视基地"和"红高粱影视城"两个公众号，推动红高粱文化的建设与传播。其中，以"红高粱影视基地"为主，以"红高粱影视城"为辅。"红高粱影视基地"公众号自2015年开始运营，综观其发布文章，其功能大致包含以下三个方面：

1. 对外宣传红高粱影视城的窗口

红高粱影视城的相关活动及旅游项目的宣传，都通过影视城的微信公众号对外发布，譬如事先发布新春大庙会、冬季嬉雪季等重要旅游项目或活动信息，关注微信公众号的游客可以事先了解相关旅游项目。另外，景区若遇特殊情况需临时关闭，也会通过公众号进行告知。

2. 对外宣传莫言及其文学活动的窗口

通过微信公众号的宣传、介绍，读者游客可以及时了解莫言相关活动。红高粱影视城依托影视《红高粱》建造而成。红高粱影视城的公众号经常发布莫言的相关消息，大致分为以下几类：

一是介绍莫言参加海外交流活动。譬如莫言应邀在牛津大学演讲（2018.6.19）；莫言获得牛津大学摄政公园学院"荣誉院士"称号，并出任莫言国际写作中心院士（2019.6.17）；莫言获得阿尔及利亚总理向中国作家颁发的"国家杰出奖"（2018.10.30）。

二是介绍莫言参加社会活动。譬如莫言登上港珠澳大桥（2018.10.29）；介绍莫言首次书法个展《笔墨生活——莫言墨迹展》开幕（2018.10.15）。

三是介绍莫言文学作品的相关信息。譬如发布关于莫言的文学评论、莫言的写作秘诀等，《莫言：从"流水账"到诺贝尔文学奖的写作秘籍》介绍了莫言给孩子们的八堂文学课、32篇美文，展示了莫言手稿（2019.1.5）；刊登莫言文章如《莫言：我为什么要写〈红高粱〉》（2018.12.3）；刊发关于莫言《檀香刑》的文章（2018.11.14）；莫言新作发布（2018.3.11）；刊发莫言小说改编歌剧《檀香刑》在国家大剧院圆满落幕的新闻（2018.12.7）。

四是介绍莫言作品获奖等内容。譬如莫言《天下太平》获2017汪曾祺华语小说奖（2017.12.30）；莫言参加第四届"林斤澜短篇小说奖"颁奖典礼，金句频出说温州情缘（2018.12.2）。

3. 传播高密特色文化

宣扬、传播高密文化是红高粱影视城的重要使命，既能令读者、游客更加深入理解莫言文学作品中的家乡文化，同时又能传播高密地方文化。譬如对高密四宝的宣传：《速看！红高粱影视城来一群脚踏元宝、憨态可掬的小"金猪"》（2019.01.08）介绍了红高粱影视城民艺民俗坊内泥塑非遗传承人聂来忱赶制金猪生肖泥塑；对高密非物质文化的介绍，如《山东高密有四宝，个个都让你点赞》介绍了高密四宝"扑灰年画、剪纸、泥塑、茂腔"（2018.12.14）；对高密特色美食的介绍，如抒饼（2018.11.13）、高密炉包（2018.08.10）。除了宣传高密本地美食，还宣扬红高粱影视城小吃街"老街食坊""九儿菜馆""占鳌寨"的各种美食小吃，如糖球葫芦、大鱿鱼、烤面筋、大鸡排、小火锅、枣庄菜煎、小蜜枣、华夫冰淇淋、牛肉串、荷香鸡、牛肉汤、牛肉面、各式奶茶。红高粱影视城公众号还推介高密圣贤文化，譬如介绍高密名字由来：高密名字来自大禹的字，逐渐演变为地名。另外，还介绍了历史上极有影响力的宰相晏婴、刘统勋、刘墉这三位高密籍文化名人。

4. 问候·祝福·互动

每逢重要节庆，公众号便会发布问候消息，并且设置互动页面，例如元宵节时有"闹元宵·猜灯谜"活动，邀请游客参与猜谜，以增强节庆气氛、提高互动频率。

五　红高粱影视城开发现状及应对策略

（一）成绩及影响力

1. 荣获多项社会荣誉和奖励

经过数年的建设与发展，红高粱影视城已经产生较大影响。近年来红高粱影视城及相关景区、单位获得中国旅游企业转型创新典型案例、山东省新旧动能转换首批优选项目、山东省特色小镇、上海合作组织青岛峰会先进单位、山东省旅游服务名牌、山东省首批中小学生研学实践教育基地、山东省研学旅行创新线路设计大赛一等奖、齐鲁美丽田园、山东省新闻出版广播影视产业重点基地等多项荣誉。[①]

附表　近年来红高粱影视城及相关景区、单位所获荣誉及奖励

年份	所获荣誉或奖励
2022 年	红高粱小镇列入全国非遗与旅游融合发展优选项目名录
2022 年	红高粱小镇被山东省政府批复为"山东省特色小镇"

---

① 资料来自红高粱集团。

年份	所获荣誉或奖励
2022 年	红高粱小镇入选山东省"十佳乡村旅游目的地"
2022 年	红高粱集团入选潍坊市"十大文化旅游集团"
2022 年	红高粱小镇接待部荣获潍坊市"巾帼最美微笑之星"团队荣誉称号
2022 年	红高粱集团报送的"那年高粱红的鲜亮 红色血脉赓续辉煌"红高粱小镇研学课程获"2021 第二届山东省研学旅行创新线路设计大赛"一等奖
2022 年	红高粱集团报送的旅游商品红高粱啤酒获"2021 第二届山东省精品旅游文创设计大赛"三等奖
2019 年	红高粱集团获"厚道鲁商品牌企业"荣誉称号
2019 年	高密市红高粱文化投资开发有限公司被授予"2018 年度山东省旅游服务名牌"称号
2018 年	高密市红高粱文化投资开发有限公司入选第五批"潍坊市文化产业示范基地"
2018 年	红高粱文化投资开发有限公司入选"山东省畜牧旅游示范区"
2018 年	红高粱影视城入选山东省"行走齐鲁资源单位"
2017 年	莫言旧居·红高粱影视城入选第一批"全省中小学生研学实践教育基地"
2017 年	红高粱影视城被评为 2017 年度山东省新闻出版广播影视产业重点基地（园区）
2017 年	东北乡文化旅游区被评为潍坊市文明旅游先进单位（2016 年度）
2017 年	红高粱影视基地获第十届中国潍坊文化艺术展示交易会最佳展演活动奖
2016 年	红高粱影视基地获"齐鲁美丽田园"称号
2016 年	红高粱影视基地入选山东省十条乡村旅游金光大道

2. 取得较高社会影响力和知名度

综观红高粱影视城的旅游数据，景区已经具有较为稳定的游客客源和经济收入。另外，景区加大对外宣传力度，除加强与省内外各大旅行社的联系与交流，还加强与官媒和自媒体的合作。先来看官方媒体的报道，以 2021 年国庆节为例，红高粱影视城取得了令人瞩目的经济效益和社会影响力，先后受到新华社、大众网、大众日报、潍坊文旅发布、潍坊电视台等主流媒体的报道。国庆节期间，红高粱影视城加大了与自媒体的合作，邀请青岛、潍坊的抖音达人对景区进行多角度、全方位的宣传，总曝光量达 1500 万以上，一度成为同城榜热点，极大提升了红高粱文旅品牌的知名度、影响力。除了微信公众号，红高粱影视城还创建抖音官方号，来加强景区相关活动宣传，提高景区社会影响力和知名度。

3. 形成一批较为成熟的网红打卡景点和旅游路线

经过多年运营，红高粱影视城已经研发打造出一批较为成熟的网红打卡景点和演出节目。景点主要有：占鳌寨、城隍庙、文渊阁、单家大院、婚俗体验馆、非遗街、九儿菜馆、红高粱文博园等；演出节目主要有：高粱红了、祭酒神、龙王庙抬龙王、惊魂青纱帐、迎宾舞、茂腔剧场等。旅游路线主要包含两条：一条是莫言旧居线路，一条是红高粱影视城线路。莫言旧居线路主要包含莫言平安庄旧居、莫言小学等，红高粱影视城线路则包含文学旅游、文化旅游、影视旅游三大方面。文学旅游主要为了加深对莫言文学作品特别是小说《红高粱》的理解和认识，莫言作品中的人物和情节会出现在景区中，譬如祭酒神、野合、颠轿、龙王庙、九儿菜馆、曹县长巡街、占鳌寨。文化旅游既包含全国性的传统文化，也包含高密传统文化。全国性的传统文化有民间舞龙舞狮、打铁表演、魔术表演、少林气功、汉服活动等；高密文化旅游主要包含高密饮食文化、高密非物质文化。高密饮食文化是指游客品尝高密特色饮食，譬如高密炉包、高密拤饼等。高密非物质文化则以高密四宝为代表，包含高密剪纸、高密泥塑、高密茂腔、高密扑灰年画。游客可通过观赏、体验、参与、品尝等形式游玩。另外，景区还研发了风铃节、花轿节等特色节庆活动。花轿节期间，不仅在绿色的高粱地里有仿造的道具花轿，还有真人抬的各种大红轿子，乘客可体验乘坐 20 多种不同风格的花轿，其中有 16 人抬的花轿之王。

4. 举办海外文化交流活动

通过与海外文化教育机构合作，举办文化交流活动，提高影响力和知名度。譬如红高粱影视城于 2018 年 7 月 6 日举办了第二届海峡两岸（高密）校园文化，邀请台湾 15 所学校的师生一同来到东北乡，游览参观莫言旧居、莫言小学、红高粱影视城，切身感受莫言文学和红高粱文化。本届文化节以"融合校园文化，共叙两岸亲情"为主题，以交流和学习为主线，分为校园文化发展之见、国学经典之咏、课堂教学之探、非遗四宝之恋、两岸校园文艺之声、书法艺术之美、红高粱文化之约等板块。①

5. 邀请电视台参与录制活动

譬如邀请山东齐鲁频道《拉呱》栏目户外版走进红高粱影视城开展录制活动。节目组看重景区别具特色的影视、文学等文化品牌及丰富场景，分别取景于红高粱影视城花脖子山寨、十八里坡民俗村以及高密平安庄村、松兴屯村、聂家庄等地，着重介绍莫言文学、高密四宝、红高粱文化等。在景区内，游客们见到节目录制也很感兴趣，纷纷拿出相机、手机拍照合影留念，同时积极配合节目录制。② 另有山东电视台生活频道《跨界卖霸》公益营销真人秀节目在红高粱影视城录制。

6. 参与地方重大节庆活动，提高社会声誉

高密位于山东省潍坊市。众所周知，潍坊有享誉世界的国际风筝节，每年的国际风筝节都是潍坊市最为重大的节庆活动之一，除吸引专业风筝参赛者前往，还会吸引大量游客前往参与。在此背景下，高密市主动参与国际风筝节，在高密设立分会场。2018 年 4 月，红高粱影视城举办第二届油菜花风铃节暨第三十五届潍坊国际风筝会高密分会场风筝放飞仪式。在近千亩油菜花海中，放飞三只巨型风筝和百余只具有高密本土文化特色、造型各异的风筝。潍坊风筝会高密分会场举办风筝放飞、风筝艺术展、鼓乐、舞狮以及稻草人风铃节等活动。③ 此项活动对于游客而言，可谓一举两得，既可体验风筝节的文化特色，也可以体验油菜花风铃节的文化特色。

7. 加强社会合作，大力推介影视城

红高粱影视城积极开展与省内外旅行社的合作交流，邀请省内外旅行社负责人到景区参观考察洽谈，譬如邀请烟台、滨州、淄博、日照、潍坊、威海旅行社负责人开展考察洽谈活动，参观考察莫言旧居、

---

① 《红高粱文化之约，共叙两岸亲情》，公众号：红高粱影视基地，2018 年 7 月 7 日。
② 《山东齐鲁频道〈拉呱〉栏目户外版，走进红高粱影视城》，公众号：红高粱影视基地，2018 年 9 月 26 日。
③ 《4 月 20 日，潍坊国际风筝会高密分会场风筝放飞活动将与油菜花风铃节同期开幕!》，公众号：红高粱影视城，2018 年 4 月 11 日。

莫言小学、红高粱影视城内的红高粱服务中心，观看沉浸式演出《高粱红了》。旅行社负责人称赞有加，希望将来展开合作。另外影视城还亮相胶东经济圈和旅游联盟上海旅游推介会，并作为潍坊市唯一景区获得独立展示机会。景区总监进行现场讲解，全方位展示了小镇独特的红高粱文化与莫言文学特色，非遗传承人聂来忱进行聂家庄泥塑产品的展示和表演活动。特别是通过现场演绎的形式全面展示了莫言的文学魅力，成为一大亮点，和聂家庄泥塑一起受到好评。本次推介会极好地宣传了高密特色文化旅游资源，为开展红高粱文旅市场渠道夯实基础。红高粱影视城还积极参加中国国际文化旅游博览会等重点文旅项目推介。另外，影视城参加第二届山东国际精品旅游产业博览会暨文旅融合新动能发展峰会，推介红高粱小镇的特色景点、沉浸演艺、营销政策等，让红高粱元素在全国唯一的以"精品旅游"为主题的创新展会平台留下浓墨重彩的一笔。①

8. 多元开发创意旅游项目和活动

红高粱影视城除了打造影视《红高粱》相关景点，营造影视氛围，宣扬高密特色文化等，还积极开发多项创意活动，丰富游客旅游体验，创办多项旅游互动活动，譬如高粱地音乐节、抖音大赛、红高粱主题摄影大赛等。高粱地音乐节是在花脖子山寨高粱景观田内举办，邀请音乐人现场演唱当下流行歌曲、民谣、摇滚等曲目。抖音大赛则通过关注景区微信公众号，留言联系方式报名参加抖音大赛，赢取奖品。创意须融入景区美景、美食、民俗、文化、演出等内容。红高粱主题摄影大赛则邀请摄影爱好者来到红高粱影视城，拍摄以红高粱影视城、红高粱、东北乡风土人情为主题的摄影作品，参加摄影大赛，获奖作品在红高粱影视城展示。

9. 努力开发多元景观，丰富游客多元旅游体验

除了经常组织活动，还在景区内努力开发多元景区，以吸引游

---

① 《红高粱小镇亮相第二届山东国际精品旅游产业博览会》，公众号：红高粱影视基地，2022 年 6 月 24 日。

客。譬如红高粱影视城新增"大地流彩"四季花卉景观园，这是红高粱影视城内新打造的又一处集休闲景观和婚纱摄影于一体的新型观光区。该景区努力打造胶东最大的婚纱外景拍摄基地，"中式的小桥流水与欧式田园风格相融合，有摄影取景点三十多处，包含爱情广场、玫瑰花园、荷兰风情、竹林深处、十里桃源、永结同心、蔷薇廊桥、心心相印、四季田园、香飘大地、蝶舞翩翩、音乐湖岸等取景点"①。

10. 根据季节设定节庆活动和旅游项目

春赏油菜花、秋赏红高粱、冬玩嬉雪乐园，是红高粱影视城根据季节特点创设的几个重要旅游项目。以 2019 年为例，元旦假期开启玩雪旅游项目，冬玩嬉雪乐园包括戏雪、斗雪、赏雪活动。斗雪包括雪地坦克、雪地摩托车、欢乐雪圈、雪上飞碟；戏雪包括雪地滚筒、雪地悠波球、雪地转转乐、雪地香蕉船；嬉雪区包括雪地迷宫、雪乡美景、雪地科普展等，吸引大批青少年游客前往。②

11. 丰富演出活动，吸引游客参与

红高粱影视城开发了丰富的演出活动，有的是与莫言文学作品密切相关，如祭酒神、龙王庙祈福均出自小说《红高粱》。景区在 2021年十一黄金周推出精彩演出活动：

（1）开门迎客，演出地点：红高粱影视城迎宾广场；

（2）武斗聚义厅，演出地点：聚义厅；

（3）三仙归洞，演出地点：黑眼据点；

（4）龙王庙祈福，演出地点：龙王庙；

（5）祭酒神，演出地点：酒坊；

（6）实景沉浸演艺剧《高粱红了》，演出地点：红高粱大剧场；

（8）神鸟叼签，演出地点：文学影视城（永安门入口处）；

---

① 《你心目中的花海是这样的》，公众号：红高粱影视基地，2018 年 8 月 21 日。
② 《红高粱影视城·嬉雪乐园，元旦盛装开园！精彩抢先看》，公众号：红高粱影视基地，2018 年 12 月 18 日。

（9）拉洋片，演出地点：文学影视城（永安大街）；

（10）二鬼摔跤，演出地点：文学影视城（永安大街）；

（11）民间杂技奇人绝技，演出地点：文学影视城（同乐戏院）。[①]

在这些演出中，游客既可以观看演出，也可以参与演出，进而获得较好的游览体验。景区创设了抬花轿、抛绣球等婚俗展演活动，受到游客喜爱和好评。还有敲大鼓活动，这项活动适合小朋友，新年敲一敲大红鼓，新的一年"一鸣惊人"。另有颠花轿、打铁花、黄包车项目。

12. 打造红高粱影视城独特的色彩美学

张艺谋因拍摄电影《红高粱》而走红。众所周知，张艺谋最喜爱的颜色为红色，在电影《红高粱》中，红色是贯穿影片始终的主导性色彩。这也恰好对应了莫言《红高粱》的主色调，因为在小说《红高粱》中，莫言也写到诸多红色的意象，红色也是小说《红高粱》的主导性色彩。相同的是，红高粱影视城的主打色调亦为红色，景区内虽可见黄色（金鸡菊）、绿色（林荫树）、粉色（蔷薇花）、蓝色（青草湖）等色系景观，红色更是处处可见。首先是影视城的红色拱门，拱门左右张贴有红色对联："盛世胜景传千年文化，淳风醇俗焕万载遗情。"在拱门上方是大红灯笼高高悬挂，极好地营造了红红火火的喜庆氛围。大红色的祈福丝带随风飘扬，聚集了压倒性的红色，和张艺谋电影《红高粱》中压倒性的红色相映成趣。另外，舞蹈中的九儿与余占鳌全都一身红衣，酒缸上贴有红色福字，还有红色桌布、红色高粱、红色喜轿、红色轿衣等。烧酒作坊实景演出中，作坊"伙计"眼部以下一律蒙着大红色长布，九儿则一身大红色衣裤，十分鲜艳显眼。总之，红高粱影视城时时处处可见红色，使得红色成为影视城不折不扣的主色调。

---

① 《2021国庆黄金周红高粱影视城总接待游客突破10万人次，实力圈粉，精彩继续！》，公众号：红高粱影视基地，2021年10月8日。

13. 弘扬中华优秀传统文化

2017 年 1 月，中共中央办公厅、国务院办公厅印发《关于实施中华优秀传统文化传承发展工程的意见》，将弘扬中华优秀传统文化上升为国家战略。2022 年 10 月，在党的二十大报告中，习近平总书记强调要弘扬中华优秀传统文化。红高粱影视城在弘扬中国优秀传统文化方面取得了骄人成绩，具体包含：

传统饮食文化：红高粱影视城内汇集了高密传统特色饮食和全国各地特色饮食，游客足不出景区，便可体验中国各地传统饮食文化，譬如高密炉包、糖球葫芦、青岛大虾面等。

传统民俗文化：譬如通过开展花轿节带领游客体验传统婚俗文化，通过推出打铁项目带领游客体验传统打铁文化。

传统戏曲文化：在景区内有茂腔展演，游客可现场体验茂腔这一国家级非物质文化遗产的独特魅力，进而了解莫言在小说《檀香刑》中所写到的猫腔（实为茂腔）的艺术特色。

传统服饰文化：为让更多人了解汉服，弘扬汉服文化，红高粱影视城推出"汉服免费游艺博园"活动，并通过公众号介绍了华夏服饰文化特色及元素。[1]

传统非遗文化：红高粱影视城建有非遗展示体验馆。体验馆以高密四宝文化为核心，外加木版年画、陶艺、扎染、布衣等民俗手工艺种类，通过邀请非遗传承人驻场、沉浸式场景、光影体感互动等方式，增强参与性、互动性、体验性。[2]

（二）存在问题及不足

红高粱影视城的建设与开发取得了较好成绩，但也有不足。目前存在的问题主要集中于以下几点：

---

① 《你敢穿汉服，我就敢免票！还有 N 种玩法等你国庆小长假来耍哟!》，公众号：红高粱影视基地，2019 年 9 月 19 日。
② 《你敢穿汉服，我就敢免票！还有 N 种玩法等你国庆小长假来耍哟!》，公众号：红高粱影视基地，2019 年 9 月 19 日。

1. 深度开发不足，配套建设尚有欠缺

目前在国内名人旧居或故居景点处，往往会有专门的商业街或店铺，出售与名人相关的文学书籍或文创产品。譬如在鲁迅故居前有商业街，街道上有诸多小店铺，或出售江南特色折扇，或出售绍兴特色黄酒，或出售鲁迅作品中提及的戒尺，很多游客会选择购买戒尺这种与鲁迅相关的纪念品，此种戒尺上往往刻有鲁迅肖像，且有百草园的相关文字和对三味书屋的解释，同时戒尺为红色竹制品，并有装饰性的黄色吊穗，有较强的纪念意义。游客通过购买此戒尺，可达到教子励志、学习鲁迅、纪念鲁迅、装饰家居的目的，可谓一举多得。

在当前依托文学创建的影视城内，也多开发与文学、影视相关的文创产品。譬如在白鹿原影视城里，开发出许多文创纪念品。"白鹿原胸针、白鹿原各种帽子、手机挂件、卡通纪念品等，这些纪念品上面都有白鹿原的文化标识，由此呈现出以《白鹿原》为核心版权的衍生品开发。"① 同样地，在红高粱影视城内，目前也已开发出系列红高粱特色文创产品，譬如：红高粱啤酒、泥老虎、福寿双至面磕子礼盒、九儿余占鳌摆件、高密四宝礼盒、诺贝尔纪念币礼盒、九儿骑毛驴摆件、剪纸摆件、红高粱帆布包、高粱饴小礼袋、泥小虎抱枕、卡通泥小虎 T 恤衫、招财进宝 T 恤衫、红高粱帽子。其中，高密四宝是高密最具代表性的传统特色艺术之一，包括高密剪纸、高密叫虎、高密扑灰年画和高密茂腔，均为国家级非物质文化遗产。虽然红高粱影视城在文创产品开发方面已经取得较好成绩，但总体感觉还有较大深度挖掘的空间。

再看配套设施。"名人故居的价值，不仅体现在精神文明层面，同样体现在物质文明层面。后者以做强做大名人经济为主，形成名人故居的产业化发展，使名人文化资源转化为现实生产力，惠及更多民众。"② 针对不同游客的多元需求，景区的配套设施还有待完善，譬如

---

① 王浪、郭棉青：《白鹿原影视城的文学旅游开发模式探析》，《咸阳师范学院学报》2018年第4期。

② 杨晔城：《绍兴鲁迅故居暨名人故居多元化保护利用浅谈》，纪念鲁迅定居上海90周年学术研讨会论文，2017年。

为游客增设免费 WIFI、干净便利的洗手间、方便哺乳的母婴区、景区讲解配套设施、观光游览车等服务有待完善。

2. 实景演出规范性和专业性不够

红高粱影视城内的情景剧演出多在野外场地进行，虽有固定演出时间，但没有较为规范和专业的演出舞台，虽有类似剧场的观众席，但也是室外席位，较难体验到专业的演出效果，且室外演出受到天气等因素影响较大，风暴等恶劣天气将直接影响演出和观众观赏。鉴于此，景区可以借鉴动物园中狮虎表演或海洋世界海豚表演所设的专门演出场所，有固定的演出时间、固定的演出舞台、固定的专业演员来提升实景演出的质量。至于游客现场参与情景剧拍摄，最好同步跟进现场录制、拍摄、洗片、制碟服务，令游客体验完毕后可以现场获取照片、取到视频等体验产品，而照片和视频上标示的红高粱影视城等字样，则可对景区进行二度宣传。

3. 基地影响力有待进一步提升

目前，红高粱影视城的游客和参观者多局限于青岛、潍坊、高密等山东地区，在全国其他地区影响力还不足。除了游客旅游、参观，还有来自全国各地的学者前来参观、考察。譬如近年来潍坊高密先后召开过多次莫言学术研讨会，会议举办方会邀请与会学者到红高粱影视城进行团体考察。但无论是自驾游，还是团体游，目前游客和参观者主要集中于邻近高密的县市和地区，在山东省外的知名度还有待提高，学者参观考察的人数也相对有限。鉴于此，红高粱集团可加强参与省外旅游推介会、文化经贸洽谈等活动，进一步推广红高粱影视城的知名度和影响力，进而吸引更多游客前往观光体验。

（三）红高粱影视城发展应对策略

1. 优化旅游路线，提升旅游体验

当前游客到红高粱影视城去，主要是游览和体验，譬如游览花脖子土匪窝、单家大院、县衙，体验九儿坐轿、花脖子坐镇山寨、曹县长审案，但旅游体验较为单一。另外，景区内缺少较为专业的现场讲解员，且其他配套还需完善。譬如笔者去威海刘公岛甲午海战纪念馆等红色纪念馆参观时，馆内配备有专用的讲解耳机，可随时定位随时讲解，极大地方便游客了解相关景点内容、精神及其内涵。比较而言，红高粱影视城目前还缺少此种较为专业的配套设施。红高粱影视城需要通过游客问卷调查来更深入了解旅游满意度，以提升景区旅游体验。同时还需要规划好旅游路线，作出游客旅游体验及景区经济双收益最佳方案。还要进一步完善配套设施，譬如在景区内为游客增设免费WIFI，只要游客进入景区，便可免费享用WIFI，游客方便上网，会更多更及时地发朋友圈、发抖音快手、微信视频号以便在亲友中分享自己在景区的游览体验，有利于扩大景区的影响。景区还需为游客提供干净便利的洗手间、方便哺乳的母婴区、景区讲解配套设施、价格适中的自驾观光游览车、闲适休息区等服务。增加清晰明了的景区指示路标或景区导游人员，令游客根据路标便可轻松到达对应景点。

2. 满足不同层次游客需求，分层量身打造旅游景观

红高粱影视城是以莫言和影视《红高粱》为核心元素创设的景观。因此，应充分考虑游客的游览目的，笔者认为游览目的大体可分为以下几种：

学术考察：这类多集中于文化文学研究者特别是莫言研究者，此类学者往往具较高的学历、较好的专业素养和宽广的人文视野，通过学术会议及实地考察，进而获得学术的精进。鉴于此，在影视城建设的过程中，应较多考虑莫言元素、文学元素、文化元素的设计与体现，譬如可以更多融入关于莫言生平与成就的介绍、莫言文学作品的介绍与展示等。此种设计同样适用于以研学为目的的中小学生群体。

研学旅游：这类旅游多集中于中小学群体，通过参观莫言旧居和红高粱影视城，获得知识的丰富、视野的开拓和修养的提升。从语文学习视角来看，文学教育、语言教育对他们而言极为重要，既可以提升母语学习的水平和能力，同时又提高了文学素养；从升学角度来看，语文在当下中国中小学学业学习当中占据很大的比重，特别是在高考中语文学科的重要性越来越大，难度系数也越来越高。因此，无论是从学生角度看，还是从家长角度看，都非常重视语文学习。而通过研

学旅游，孩子们的语文水平和文学素养都会得到提高。

休闲娱乐：这类旅游多集中于在节假日放松娱乐的上班族、安度晚年的退休族。上班族平时忙于工作，趁节假日携家带口外出游玩放松；退休族则有大把的时间，外出游玩主要是为了打发时间、愉悦身心。

第一种学术考察，学者们往往以更为专业的眼光进行考察，譬如莫言文学元素的融入与体现、地域文化的融入与体现、文化旅游产业的开发与研发等。因此，影视城在建设过程中，应充分考虑此类元素的开发、设计与融入。

第二种研学旅游，在景观设置和景点打造上，既要考虑其研学目的，同时也要考虑孩子们的身心和年龄现状，可相应增设趣味性的项目，供孩子们在学习之余获得身心的放松。

第三种休闲娱乐，游客们更加注重好玩、放松、趣味，因此，在景观设计和景点研发时，应多考虑游客的参与、摄影、体验乃至直播等需求。譬如情景剧演出、坐轿颠轿、祭酒仪式、美食品尝等都是不错的项目。

附录　红高粱影视城游客问卷调查

1. 您是来自哪里的游客？
   A. 高密本地　　　　　　B. 高密周边
   C. 山东省内其他地区　　D. 山东省外

2. 您是从何种途径知道的红高粱影视城呢？
   A. 旅行社　　B. 莫言获奖　　C. 亲朋介绍　　D. 网络查询

3. 您来红高粱影视城的目的是什么？
   A. 感受莫言家乡风采　　B. 让孩子沾沾文气，接受教育
   C. 听说挺好玩的　　　　D. 其他

4. 红高粱影视城的哪个（或哪些）景点（或项目）让您印象深刻？
   A. 土匪窝　　　　B. 单家大院　　　　C. 九儿家
   D. 十八里坡　　　E. 实景演出　　　　F. 其他

5. 您对红高粱影视城的建设与开发满意吗？

    A. 满意，开发非常好

    B. 不满意，开发很一般

    C. 一般，不好不坏

6. 您是否会把红高粱影视城这个旅游目的地介绍给您的亲朋好友呢？

    A. 会   B. 不会

第三节　红高粱抗战馆

一　红高粱抗战馆概况

红高粱抗战馆位于山东高密东北乡红高粱影视城东侧，是著名画家刘铁飞以孙家口伏击战为历史背景打造的红色研学主题展馆，该馆于 2018 年 12 月开放。由国务院参事室副主任陈廷佑题写馆名，属非国有博物馆，归高密市文化和旅游局管理。红高粱抗战馆是以莫言《红高粱》创作原型"孙家口伏击战"为主题的展馆，建筑面积 2400 平方米，展厅面积 1500 平方米，馆藏抗战文物 3000 多件。

抗战馆中珍藏孙家口伏击战日军中将的大衣、指挥刀，日军机密情报、中国第一版红军长征地图等重要文物。值得一提的是，莫言先后两次来该馆参观，并将镇馆之宝"中将大衣"写进了其小说《晚熟的人》。

目前，该馆现有文物藏品 2620 套，实际件数为 3210 件，其中珍贵文物 107 件，包括中共高密游击队相册、我方缴获的日军中将披风、日军记载许世友的情报、中共军队夏庄讨伪战原始报告等。基本陈列以"孙家口伏击战"为主展区，另设"日军在胶东""世界反法西斯""中共抗战""印象红高粱"四个分展区。红高粱抗战馆致力于讲好红色故事，赓续红色血脉，打造爱国主义教育和革命传统教育基地，培育和践行社会主义核心价值观，现已被命名为潍坊市爱国主义教育基地、山东省红色研学基地，接待党政机关、企事业单位、学校等研学活动。另外，抗战馆还开设了重温入党誓词宣誓区等特色功能区。①

为什么该馆要以孙家口伏击战为历史背景打造呢？"孙家口伏击战发生在 1938 年 4 月 16 日，当时日军刚刚入侵山东，省主席韩复榘跑了，高密县长曹梦九也跑了。日军所到之处烧杀抢掠，激起民愤，特别是在高密东北乡一带，日军车队上的士兵随意射杀百姓，民不聊生。这激起了地方游击队的怒火，他们四支队伍联合起来，在孙家口村打了一场伏击战。该战击毙日军 39 名，其中有一位中将，这在抗战史上十分了不起，之后胶东大地抗战队伍星火燎原，所以这场伏击战意义十分重大，它在民族危亡之际，给了广大民众以信心与勇气，这正是红高粱不屈精神的体现。"②

红高粱抗战馆的建馆主旨是"为了和平，铭记历史"。正如红高粱抗战馆馆长刘铁飞所说："我建这个红高粱抗战馆，主要是为了纪念故乡的英雄。当时我方游击队阵亡了几十人，他们多数是二十岁左右，正是大好年华，为了父老乡亲，他们舍弃了自己的生命。我们纪念他们，就是为了让他们的这种精神能够得以延续，让红高粱的不屈精神在故乡世世代代传承下去。"③

红高粱抗战馆目前已在全国特别是山东省内引发巨大社会反响，被命名为潍坊市爱国主义教育基地、潍坊市中小学生研学基地、山东省红色研学基地，红高粱抗战馆已成为胶东半岛的研学新地标。

作为红高粱文博园的馆群项目之一，红高粱抗战馆周边配套了铁飞美术馆、红高粱婚俗馆、红高粱碑林、伏击战复原战场、抗战训练场等项目。铁飞美术馆坐落于红高粱抗战馆东侧，馆中展出刘铁飞代表作品包括价值千万的大作《归》、"红高粱系列经典作品"等。红高粱婚俗馆是以展示百年婚俗及老结婚照为主题的展馆。馆内有一件网红打卡藏品，即周迅拍电视剧《红高粱》时乘坐的花轿。伏击战复原

①　刘铁飞红高粱抗战馆资料。
②　红高粱抗战馆纪录片。
③　红高粱抗战馆纪录片。

战场复原了孙家口伏击战战场。内有老石桥、装甲车、战壕等场景，四周种满高粱。战场还配有抗战道具服装、CS 激光枪等，可着装体验真人实战。抗战训练场则是根据当年游击队员训练情况复原的，内设投弹练习区、拼刺草靶场等。观众可亲临抗战战士的训练场地，学投手榴弹、刺杀操、吃风餐露宿饭，体验战争年代祖辈们艰苦奋斗的伟大抗战精神。此外，红高粱抗战馆群还有红高粱碑林和梅园。红高粱碑林是胶东地区规模较大的一处碑林，共有唐代至民国时期的古代石碑一百余块，很多古碑具有较高价值，还有大量记录古代妇女美德的贞节列女碑。[1]

二 红高粱抗战馆展区

红高粱抗战馆共分四个展区，分别是第一展区孙家口伏击战、第二展区日军在胶东、第三展区世界反法西斯、第四展区中共抗战。

第一展区：孙家口伏击战。包含孙家口伏击战、缴获枪械、缴获器材、抗战大车四个板块。第一展区主要展出孙家口伏击战相关的展品。孙家口伏击战发生于 1938 年 4 月 16 日，被莫言写进小说《红高粱》，也被高密县志记载。展区内既有日军用品，如日军军医军帽、日军护腿、日军电话机、装有军事地图的日军办公桌、日军汽灯、日军公文包、日军衣帽箱等；也有我方战士所用物品，譬如游击队用于战壕敌情观察的铁帽子、匣子枪枪套、手榴弹、手雷；还有当年参与孙家口伏击战的战士资料，如关于姜黎川、曹克明等的资料，另有本部历次战役阵亡官佐士兵姓氏表、九儿绣包等。还有抗战大车，它是一辆清代制造的木轮大车，在抗战时期游击队用它运输弹药粮食等。在第一展区的墙上有见证者的照片留影，是红高粱抗战馆刘铁飞馆长为公婆庙、孙家口 80 岁以上老人拍摄的，以铭记历史。这些老人都是那段历史的受难者，同时也是见证者。他们很多还能记得当年伏击战

---

① 刘铁飞红高粱抗战馆资料。

及日军烧杀的场景，有些则是被日军欺侮或父母兄妹被日军杀害，他们中的大多数人都见过真实的日军。刘铁飞将每年逝去的老人头像由彩色变为黑白，他说等到整个照片墙都变成黑白时，这场伏击战就成为遥远的记忆了。本展区主要展示高密军民不屈的抗战精神。

第二展区：日军在胶东。包含日军在胶东、日军物品、日军慰安所废墟、谭延闿壮烈碑手书四个板块。本展区主要展示日军在胶东的暴行及在胶东时的各种侵华物证。通过展出实物及日军秘密文件，揭露日军在高密、昌邑、胶州等地区建慰安所、军事围剿等详细情况，并展示日伪时期胶东人的生存状态。展区的展品多为日军使用过的枪炮子弹、生活用品和书籍资料等，譬如有日军军旗、日军军靴、日军手套、日军大衣、日军武士刀、日军作战服、日军画报、日军飞机（图片）、日式飞机计时器、日式三八大盖（复制品）、公婆庙村收集的各式日军子弹、日军水壶、日军装甲车计时器、日军各类工具、日军军官望远镜、日军弹药包、日军炮弹和炮、各型号炮弹、延时炸弹、92式步兵炮、日军铁蹄（马掌）、记有高密战事的日军文件、日军刑具（烙铁）、日军烧水铝壶、日军搪瓷盆及菜刀、日军逼迫中国劳工所使用的铁锹，还有带瞭望孔的日本工兵铲、日军酒瓶酒盅。在本展区内，还设有日军慰安所废墟，该废墟为刘铁飞馆长于2018年6月赶到高密拆毁的日军慰安所收集来的废墟残片。据历史记载，日军曾在高密建立三个慰安所，犯下滔天罪行。展区另有日军在中国的起诉书与判决书、日军手抄《天皇诏书》、谭延闿手书《壮烈碑》。本展区主要展示日军侵略高密的暴行和物证。

第三展区：世界反法西斯。该展区主要展示世界反法西斯大背景之下中国人民抗战的伟大进程和伟大贡献。展厅内有日军军事人员武器布置图、日军防疫地图、日军扫荡报告、日军为飞机加油（图片）、军事照相机等。

第四展区：中共抗战。包含中共抗战、开国上将许世友、抗战行动队、没有共产党就没有新中国四个板块。本展区集中展出中国共产党领导抗日队伍在胶东大地抗战史料，展示中国共产党引领中国抗战走向胜利，为世界反法西斯战争做出卓越贡献。① 展区内展有日军出版的图书资料展品（日军战败前夕出版的，关于中国的矿藏产量对于日军战争持久性的影响）。开国上将许世友部分包含：八路军时期的许世友、开国上将许世友。另有中共抗战武器、八路军抗战枪头、敌后生活的织布机、量食物用的升和斗、木锨、木叉、铡、木推车等，还有刘铁飞"保家卫国"年画、八路军公文包、中共抗战高密行动队队员图像、八路抗战刺刀、八路军电台天线、日军战败后1946年出版的《没有共产党就没有新中国》等书籍。

在整个红高粱抗战馆展厅上空悬挂着的是刘铁飞创作的巨幅《柔情红高粱》油画作品，气势恢宏，为展馆营造了热烈庄严的氛围。在展馆入口处，根据孙家口伏击战布设了"孙家口伏击战战场复原场景"，现场内有抗战大车、土堆，土堆周围是装有沙土的麻袋，在土堆的后面靠墙处有带成熟高粱穗的实物高粱，将祖辈们战斗的场地高粱地极好地还原了出来。在复原场景地后方墙上张贴的是刘铁飞馆长的油画《抗战》，油画中所展示的场景恰是余占鳌带领乡亲们抱着燃烧的酒坛子从高粱地里冲向日军，去炸日军汽车的场景。为了让游客更好地了解孙家口伏击战，在复原场景现场写有文字介绍，介绍了当年孙家口伏击战的真实场景："此场伏击战的胜利得益于军民合作，当时听说要打鬼子，为配合伏击战孙家口村民捐出了全部的耕地农具——铁耙。游击队员把铁耙三支一捆布置在公路上，齿间朝上，作为阻止日军车辆加速驶离的障碍物。1938年4月16日上午10时许，十辆日军卡车与一辆装甲车行驶至孙家口村时，第1辆车在村口转角处被铁耙刺破车胎而无法行驶，后面的车辆被堵住无法动弹。"② 并将莫言小说《红高粱》中描写孙家口伏击战的文字也一同附上："汽车轰轰地怪叫着，连环铁耙被推得卡塔卡塔后退，父亲觉得汽车像一条吞食了刺猬的大蛇，在痛苦地甩动着脖颈。"③ 对于并不进行文学研究

---

① 刘铁飞红高粱抗战馆资料。
② 刘铁飞红高粱抗战馆资料。
③ 莫言：《红高粱家族》，人民文学出版社2012年版，第66页。

的参观者，把莫言小说中关于孙家口伏击战的描写附上，能够令他们更好地了解这段历史的重要性。

红高粱抗战馆最具代表性的 38 件藏品，列表如下（资料来自红高粱抗战馆）：

红高粱抗战馆最具代表性的 38 件藏品

序号	藏品名称	藏品介绍
1	抗战将士碑	该碑收集自高密与平度交界处，当年此地为三县交界，抗战游击队很多，这应是为抗日阵亡将士集体墓地所立的石碑
2	孙家口伏击战战场复原场景	根据历史上真实发生的孙家口伏击战的记载恢复的伏击战场景。莫言在小说《红高粱》中写到孙家口伏击战场景
3	清代战车	制作于清朝末年，为古时打仗攻城门所用。抗战时期，此战车曾被游击队用来运送土炮等武器
4	平安宝刀与土炮	宝刀为莫言老家平安庄杜启顺先生捐赠，为其祖辈所传，抗战时曾发挥重要作用。土炮也称土枪，是东北乡抗战游击队最常用的武器之一
5	日军重机枪	此枪为孙家口伏击战缴获，同期缴获的还有一万余发子弹
6	日军三八式步枪	为当年日军所使用，出土于离伏击战旧址不远的崔家集镇，应为当年董希瞻游击队缴获使用后，因无子弹供应而掩埋于沟底
7	日军绘制的山东地图	其中最大的一幅是《山东省详密图》，里面几乎将山东的每个村庄都做了详细标记
8	日军手榴弹	是日军97式手榴弹，出土于孙家口伏击战旧址，是日本陆军于1937年列装的破片杀伤式手榴弹。这种手雷的外壳是切开的菠萝形，共有48个破片位置，所以经常被称作四十八瓣手雷
9	日军刺刀	这几把日军刺刀收集自孙家口伏击战原址孙家口村，是侵华日军中使用最为广泛的冷兵器之一
10	游击队武器	为当年孙家口伏击战时游击队员所使用的武器
11	日军汽车与装甲车	伏击战共击毁日军汽车9辆，装甲车1辆。其中1辆完整的军车被董希瞻开回游击队驻地，并满载重机枪等战利品
12	日军中将披风	披风内侧印有"广支检定 昭和十三年 备小纳 中冈"等字样，经考证分析，这件披风应为中冈弥高遗留物品
13	日军指挥刀	收集自周戈庄镇，为孙家口伏击战缴获物品
14	游击队用于战壕观察敌情的"铁帽子"	该"铁帽子"用于战壕上方，上面再覆盖草根树叶等，游击队员在战壕中可通过它前面的洞口观察敌情

续表

序号	藏品名称	藏品介绍
15	沈鸿烈与曹克明等的文件	民国时期的山东省主席沈鸿烈签发的文件；日军秘密文件中记录曹克明的情况
16	铁砧子	游击队铁匠王进道使用过的铁砧子及铁钳
17	九儿绣包	绣包是从红高粱抗战馆所藏的董希瞻枪套中发现，他钱包上所绣的"韩玉梅"，应是其心上人。董希瞻是莫言小说《红高粱》中余占鳌的原型之一，对应的韩玉梅即为九儿原型
18	余占鳌枪套	余占鳌原型之一董希瞻所使用枪套
19	日军办公桌	该办公桌收集自胶州
20	抗战大车	清代木制大车，由昌邑企业家朱先生捐赠。抗战时期，游击队征用该车作为运送枪械弹药、粮草的重要交通工具
21	见证者照片墙	刘铁飞馆长为东北乡孙家口与公婆庙两个村庄老人拍摄，他们是那段历史的幸存者，同时也是见证者
22	日军奉公袋	是侵华日军携带个人物品的布制收纳袋。正面文字"奉公袋"，左下角印制日军姓名；背面印制收容物品名称：勋章、证书、存折、照片等。"奉公袋"也是遗书袋，家属只要收到"奉公袋"，就知道自己的亲人已经阵亡了
23	"国家干城"银杯	这个汉奸送给日军的银杯是刘铁飞馆长 2013 年赴台北举办画展时，从一家古董店高价购得
24	日军飞机计时表	收集自曹克明游击队驻地周戈庄镇
25	天壤无穷奖杯	用炮弹壳做的奖杯，上面印有镏金大字"天壤无穷"，为白川义则题字，此人曾做过关东军司令，是双手沾满中国人民鲜血的战争罪犯
26	日军秘密文件	印有"秘"字的文件，是《山东省高密县、青岛市胶县农村调查报告》，其中详细记录了东北乡周边区域的粮食生产、物价受到卢沟桥事变的影响，为其进一步统治做好准备。印有"极秘"的文件，为日军最高机密，文件为《山东省进步状况调查》，内中记录了日军自 1937 年入侵山东后，每一年所占领的市县，以及所扶植的汉奸政府负责人等详细情况。文件对于研究日军侵略史，具有十分重要的意义
27	日军炮弹与炮轮	日军在胶东地区所使用的各型号炮弹
28	慰安所残件	刘铁飞馆长在 2018 年 6 月赶到刚拆毁的高密日军慰安所搜集的物证
29	轰动世界的野人：刘连仁资料	是轰动世界的"野人"刘连仁的一些资料
30	谭延闿手书《壮烈碑》原稿	国宝级文物——国民政府主席谭延闿早年为日军写的《壮烈碑》原稿

序号	藏品名称	藏品介绍
31	关东军司令签发的文件	日本关东军司令菱刈隆签发
32	日军所绘胶济线改良图	日军在八十年前绘制的胶济铁路线改良图，胶济铁路 1904 年 6 月 1 日全线通车，见证了德国和日本对山东的殖民和侵略
33	日军神风特攻队情报	这份情报极其珍贵，是记录日军神风特攻队作战行动的一份秘密情报
34	日军大地图	是日军欲占领全世界所绘制的世界大地图
35	老百姓支前抗战	是老百姓在敌后生产、支持前线的真实写照，多数物品收自胶东八路军游击队驻地
36	染有血迹的八路军担架	在抗战中所使用，上面至今还留有斑斑血迹
37	油画《保家卫国》	刘铁飞馆长收集到一幅印有八路军的年画，并找到同一时期的老门，进行融合创作，恢复当年场景。身处乱世的百姓将八路军当成了自己的守护者
38	一份详细记录中共袭击日方的情报	这份日军秘密文件详细记录了中共军队组织群众袭击日方车辆的情况。该秘密文件是 1944 年日本驻青岛警察署高密分署长森口末生呈报给日本驻青岛总领事喜多长雄的

三 红高粱抗战馆的价值

（一）抗战文化价值

通过参观红高粱抗战馆我们会发现，馆内收藏了诸多珍贵的文物资料，主要有三大类：第一大类是日军侵华战争期间使用过的武器弹药、相关地图书籍、使用的日常工具、穿过的衣服等；第二大类是我方军民抗战时所用的武器弹药及其他物品等；第三大类是与侵华、抗战相关的捐献类文物资料。总体来看，该馆具有重要的历史价值、抗战价值、文物价值。从历史角度看，通过日军侵华物品，譬如日军子弹枪炮、慰安所残片等，可以深入了解日军妄图统治中国的卑鄙野心和侵华期间犯下罄竹难书的累累罪行，这些藏品是日军无法否认的铁证。从抗战价值看，馆内珍藏的抗战物品，譬如八路军带血担架、余占鳌枪套、抗战大车等，显示出当时中国军民同心抗战的英勇壮举和伟大精神。从文化价值来看，馆内珍藏的文物很多是不可多得、独一无二的珍贵文物。

（二）党史教育价值

自建馆以来，红高粱抗战馆年接待观众量超过 10 万人次。目前前往红高粱抗战馆参观的游客多为以下几类：第一类，前来研学的中小学生，他们通过参观学习，了解高密地区、胶东地区日军暴行和抗战壮举，接受抗战文化和爱国主义教育。第二类，参加机关事业单位党支部主题党日活动的党员干部，他们在参观完毕后，要在抗战馆的党旗下宣誓，重温入党誓词。第三类，普通游客，在节假日或周末前来旅游参观。2018 年开馆以来，已接待党政机关、企事业单位、学校等党性教育及研学活动 800 多次，参观人数近 20 万人次。[①] 红高粱抗战馆在党史学习、党建活动等方面具有重要价值，是很好的党建活动场所和党史教育场所。党员通过参观红高粱抗战馆，更直观深入了解日军侵略高密、潍坊、胶东地区的罪行和罪证，更好地把握中国共产党率领中国抗战军民奋勇杀敌、无畏抗日的伟大功绩和难忘历史，对党员干部起到很好的党史教育作用。

（三）爱国主义教育价值

无论哪种类型的游客，在参观完毕后，都会对日军侵华暴行和中共领导军民抗战的伟大精神留下深刻印象，因此，红高粱抗战馆起到了很好的爱国主义教育作用。"很多参观过该馆的老师及家长表示：没想到这里有这么多珍贵的抗战文物，孩子不用去北京等大城市，就能接受高品质的爱国教育。"[②] 红高粱抗战馆目前已被评为山东省红色研学基地、潍坊市中小学生研学基地、潍坊市爱国主义教育基地、高密市新时代文明实践百姓学堂、潍坊市关心下一代教育基地，是潍坊市及其周边地区乃至山东省的爱国主义教育基地，在传播爱国思想和社会主义核心价值观等方面发挥重要作用，具有重要社会地位。

---

① 《高密："红高粱"里续"抗战"》，公众号：文旅潍坊，2022 年 7 月 17 日。
② 刘铁飞红高粱抗战馆资料。

（四）红色文化旅游价值

目前山东省内已有较具代表性的红色旅游文化品牌。这些旅游文化品牌多依托山东红色文学或红色影视作品，譬如位于枣庄的铁道游击队景区依托刘知侠小说《铁道游击队》及同名影视建构而成；位于临沂的红嫂革命纪念馆依托小说《红嫂》建构而成；位于山东海阳的地雷战革命景区则依托电影《地雷战》建构而成。鉴于此，在高密依托莫言《红高粱》创建红高粱红色旅游基地凸显其重要意义，而红高粱抗战馆的创建对潍坊市和山东省红色文化旅游品牌创建都具有重要意义。红高粱抗战馆成为潍坊市、山东省旅游新地标。

第四节　莫言旧居保护与开发

本节将结合中外名人故居文化产业开发，来探究莫言旧居的文化产业开发。众所周知，名人故居"是城市的文化名片，是城市的文脉和灵魂、擦亮名片、延伸城市文脉，让名人故居在城市文化建设中发挥应有的作用"①。

一　中国文学名人故居及旧居建设与开发

文学名人或者文化名人在取得举世瞩目的文学成就后，他们生前或曾住过的居所往往成为当地重要的文化景观和旅游景点，名人故居和旧居对于提升当地文化底蕴起到非常重要的作用，既是供学者交流和学习参观的文学场所，也是供游客观光和放松娱乐的旅游场所。名人故居和旧居是一座城市的文化之魂和文化品牌。中国现当代文学史中的文学大家，如鲁迅、郭沫若、茅盾、巴金、赵树理等名人故居都已成为当代著名文化旅游景点。以鲁迅故居最为引人瞩目。鲁迅故居

---

① 杨晔城：《绍兴鲁迅故居暨名人故居多元化保护利用浅谈》，纪念鲁迅定居上海 90 周年学术研讨会论文，2017 年。

成为绍兴城的镇城之宝，鲁迅家乡绍兴的文化建设与旅游产业开发很大程度上都以鲁迅为依托，鲁迅文学元素在绍兴景观开发中更是处处可见。鲁迅笔下的人物、地点、事物都在绍兴城处处可见。譬如咸亨大酒店、孔乙己特产、茴香豆、乌篷船、百草园、三味书屋，游客在游览鲁迅故居的同时，既重温了鲁迅文学中的经典元素，也对鲁迅家族历史和绍兴文化有了更深的了解。可以毫不夸张地说，绍兴是一座鲁迅之城，也是不折不扣的文学之城。当代作家以陈忠实故居建设与开发为例。作为当代文学大家，陈忠实以其小说《白鹿原》而闻名天下，根据其小说改编的影视剧《白鹿原》更是极大提升陈忠实的影响。陈忠实故居位于白鹿原影视城，游客前往白鹿原影视城游玩时，可一同参观陈忠实故居。故居内陈设有作家用过的生活用品，还有写作用的书桌，是读者、学者和游客了解陈忠实生平和生活的重要场所，距离陈忠实故居几百米处，便是作家笔下的白鹿村。

二 莫言旧居保护与开发

综观古今中外的文学、文化、艺术名人，在其取得巨大艺术成就后，名人旧居往往成为其故乡或居住地的宝贵的文化遗产，因其巨大的价值而受到当地政府的保护或开发。作为首位中国籍诺贝尔文学奖获得者，莫言故乡高密在他获得诺贝尔文学奖后发生了很大变化，高密这座原本并不太出名的城市因为莫言而闻名全国，驰名世界。在其获奖以后，中外记者、学者、游客涌向高密，探究莫言成功的秘密。目前，莫言旧居有两处：一处是山东省潍坊市高密平安庄旧居（简称"平安庄旧居"），另一处是山东省潍坊市高密县城南关旧居（简称"南关旧居"）。莫言在平安庄居住的时间是：1955—1976 年，在此生活了 22 年；在南关居住的时间是：1988—1995 年，在此居住了 7 年多。离开南关旧居的莫言举家迁往北京，定居北京。

（一）平安庄旧居

在平安庄入口处，摆放着写有莫言代表作品书名的石头书。进入村庄旧居，游客可以自由进出"莫言家"，免收门票。旧居墙外牌匾写有莫言的生平介绍："中国首位诺贝尔文学奖得主——莫言居住旧址，是一座典型的北方家居住宅，始建于民国元年（1912），原有东西厢房现已拆除。自莫言曾祖父始，管氏一门在此生活过五代人。上世纪 90 年代初迁走。"右边是英文翻译。正如牌匾介绍，莫言平安庄旧居是高密农村甚至是北方农村最典型的民居。在旧居入口处，写有红色对联"忠厚传家远，诗书继世长"。进到院子里面，摆设有莫言与家人的照片介绍，还有莫言主要文学作品介绍，以及农用土缸、石头磨。一进正门首先是灶房，左右各有两口北方农村常见的大铁锅，配有风箱。对面是木箱和桌子，桌子上面摆放着莫言的老照片，是1973 年莫言到河崖棉花加工厂当季节工和同事的合影，还有一张是莫言 1976 年从棉花厂应征入伍来到山东黄县总参谋部当兵的照片。东一间是爷爷奶奶居室，爷爷奶奶搬走后，莫言在此结婚生子。方土炕上铺着竹凉席，墙壁是土坯。东二间，原是叔叔婶婶居室，房顶是木头大梁。西二间是莫言父母居室，莫言兄妹四人皆出生于此。居室土炕对面摆放着张艺谋拍摄电影《红高粱》时的四人合影，即张艺谋、莫言、姜文、巩俐。还有一张莫言与大江健三郎以及毛丹青的合影，这是 2002 年大江健三郎来到莫言家乡过年、参观时的留影。西一间是仓库。最西头的房间摆放着一些农具，有手推车、簸箕、篓子等。房子地面是老房子特有的土地面，表面坑坑洼洼。老房子采光不好，进到屋里，黑咕隆咚的。

平安庄旧居"是 1912 年建成的，1966 年翻修过一次，1955 年到1976 年，莫言从出生到从军离开，在这里生活了约 22 年，后来在当兵期间，回乡探亲，也断断续续地住过。旧宅是 5 间共约 60 多平米的土墙平房，门朝南，屋内仍摆放着莫言几十年前使用过的一些旧物件。东西向有一米多高的土墙，门前有一庭院，面积大约百余平米"①。自

---

① 《初冬，走进莫言家乡，领略红高粱文化》，公众号：红高粱影视基地，2018 年 11 月26 日。

莫言获诺贝尔文学奖以来，平安庄旧居迎来送往无数慕名前往的游客和学者，成为高密之行的必去处所。其中，既有中外莫言研究与翻译的学者，也有前来研学励志的学子游客。

（二）南关旧居

如果说将高密东北乡的平安庄算作"莫言祖居"合适，那么南关旧居算作"莫言旧居"更合适。莫言南关旧居坐落在高密城立新街西段天坛路 26 号。旧居由正房 4 间、东西厢房和一个较大的院子组成，建于 20 世纪 80 年代末。莫言一家在此居住了将近 8 年，1995 年莫言举家迁往北京，将该房卖给好友张世家。2010 年张世家将该房捐赠给高密市人民政府，后被改造成莫言旧居。"自 1988 年至 1995 年，莫言在此居住期间创作了《天堂蒜薹之歌》、《酒国》、《丰乳肥臀》等，为其获得诺贝尔文学奖奠定了坚实的基础。修缮过程中，力求恢复原貌，西厢房展出莫言在此居住期间的文学创作内容，东厢房作为高密东北乡文化沙龙，文友活动交流的场所。"① 2014 年 4 月 14 日，高密市莫言南关旧居对外开放揭牌仪式举行，这是继莫言文学馆建成开放之后，该市打造的又一文学交流场所。

从外观上看，南关旧居也是一座平民住宅，样式与高密百姓的住房相比没有特别之处。但是就在这里，莫言创作发表了在世界文坛上引起轰动的小说作品，南关旧居时期是莫言创作史上的一个重要阶段。据介绍，旧居修复工程完全是按照莫言一家当时居住的原貌进行的。大门还是原来的，并贴有与莫言老家平安庄旧居同样的对联"忠厚传家久，诗书继世长"。这是莫言和两位兄长最喜欢的对联，由此可看出莫言的家风和他对儒家文化的尊崇。在入口处，写有莫言恩师徐怀中亲笔题写的"莫言旧居"，成为参观者留影打卡处。

南关旧居是三合院平房，入门处是白色影壁墙，照壁上写着大红的福字。三合院院子中央有一口水井，是北方农村常见的可以人工压水的水井，水井周围可以种植蔬菜。院子里还有石凳、石桌。旧居里

---

① 王有志、王翔：《潍坊高密市莫言南关旧居正式对外开放》，《潍坊日报》2014 年 4 月 17 日。

面，仍是当年莫言居住于此的摆设，有莫言写作用的书房、莫言夫妻居住的卧室、莫言女儿的卧室、会客用的客厅。旧居里摆放着沙发、缝纫机、大衣柜等旧时家具，床上则放着北方农村常见的花花被子和红色枕巾。游客依稀可见莫言当年在此奋笔疾书的写作场景。众所周知，在南关居住时，莫言多部重要文学作品诞生于此，譬如《丰乳肥臀》《酒国》等。在南关旧居的墙上专门介绍了莫言写作《丰乳肥臀》的过程：

> 这部书的腹稿我打了将近十年，但真正动手写作只用了不到九十天。那是 1994 年的春天，我的母亲去世后不久，在高密东北乡一个狗在院子里大喊大叫、火在炉子里熊熊燃烧的地方，我夜以继日，醒着用手写，睡着用梦写，全身心投入三个月，中间除了去过两次教堂外，连大门都没迈出过，几乎是一鼓作气写完了这部五十万字的小说。①

南关旧居见证了莫言在此度过的宝贵的青春岁月和勤奋的写作岁月，是了解莫言创作生涯的重要环节和场所，参观者来此既可以了解高密风情、民居建筑风格和特色，也可以现场感受作品的创作背景、还原莫言的创作现场。旧居墙上张贴有很多关于莫言的介绍，譬如莫言当兵时期的介绍，包含莫言在总参创作四集电视剧《神圣的军旗》、参加中央电视台《人民子弟兵》栏目的拍摄等的介绍。另外还有莫言与知己张世家的相关介绍，譬如摘选莫言《红高粱与张世家》《高密奇人》等文章，可以让游客从莫言的文章中了解到小说《红高粱》的诞生以及与张世家的深厚友谊。在南关旧居的厢房里，现设有莫言南关旧居管理办公室，每日有工作人员在此办公，接待参观客人。莫言南关旧居是游客了解莫言、学者研究莫言的重要场所。

---

① 莫言：《用耳朵阅读》，百花文艺出版社 2012 年版，第 37 页。

第七章　色彩艺术与红高粱精神的呈现：
刘铁飞油画《红高粱》系列

在根据莫言《红高粱》创作而成的美术作品中，刘铁飞的油画《红高粱》系列影响最大，传播最广。油画《红高粱》系列有多幅作品被收藏，曾在意大利、中国台湾等国家和地区举办红高粱主题画展，引发强烈社会反响，专家给予高度评价。

油画《红高粱》系列是刘铁飞以"高密东北乡为背景，以莫言的小说为素材"① 创作的一系列油画，包含《柔情红高粱》《野性红高粱》《大地红高粱》《红高粱生灵》等油画。综观油画《红高粱》，汪洋恣肆的红色色调、孕育万物的女性形象、蓬勃旺盛的红高粱精神、痴情缱绻的乡愁情感构成了其核心艺术元素。

第一节　汪洋恣肆的红色色调：油画《红高粱》
色彩艺术的呈现

从莫言的小说《红高粱》，到张艺谋的电影《红高粱》，再到刘铁飞的油画《红高粱》，红色在莫言《红高粱》跨媒介传播过程中，始终占据主导地位。莫言、刘铁飞与张艺谋这三位艺术家之间存在神奇

---

① 莫言：《维桑与梓　必恭敬止》，引自刘铁飞《刘铁飞与红高粱》，刘铁飞美术馆出品，2016 年，第 10 页。

的艺术"姻缘",这神奇的艺术"姻缘"便是色彩——红色。莫言《红高粱》中的红色最能表现祖辈们爱恨情仇的故事和自由奔放的精神,恰是这红色所张扬的蓬勃旺盛的生命力深深打动了张艺谋。张艺谋在电影《红高粱》中强化张扬恣肆的红色以彰显他对莫言小说的共鸣与认同,也将自己对生命强力与色彩艺术的理解表达得淋漓尽致。

张艺谋电影《红高粱》中的红色深深打动了刘铁飞,他曾一口气连看七遍电影《红高粱》。电影《红高粱》激发了刘铁飞强烈的艺术共鸣和飞扬的艺术灵感,加之他"拜读莫言的名著后而产生的自我解读",便有了油画《红高粱》系列,该系列"以浓烈的色彩展现在画布上的一组作品,喷薄涌动的红覆盖了一切,生命和旋律,似新生的朝阳,似生命的律动"①。刘铁飞的油画《红高粱》系列极力突出红色,在《归》《野性红高粱》《胜利》《根》《醉美红高粱》《印象红高粱》《柔情红高粱》《野种》等油画作品中,红色都是难以取代的主色调。油画《抗战》中的红色意象更是布满整幅画面:红色的高粱、红色的火焰、红色的皮肤、红色的叶子……红色意象既真实再现了乡民怀抱酒坛炸鬼子的壮烈抗战场面,也烘托了高密东北乡先辈们宁死不屈的抗日激情。

《柔情红高粱》系列也以红色为主色调,以《柔情红高粱》Ⅴ、《柔情红高粱》Ⅰ为例,整幅作品依旧是弥漫性红色,在约占三分之一的红色天空背景之下,是灵动飘舞的红高粱、红色的高粱穗、红色的高粱叶、红色的高粱秆,所有的高粱都在风中向右前方飘动,力度十足,更饱含柔情,像一个个舞动的美丽女子。刘铁飞和朋友在高粱地里采风时,意外发现红高粱的万种风情:"高粱穗有的迎风飘扬,像女孩的柔发一样。有的则沉甸甸地迎向大地,像是要亲吻养育它们的母亲,而更多的,则是相互依偎在一起,像是情人般。还有一些,并未长成的穗头,昂首散发,像楚楚动人的舞女,而随风舞动的高粱

---

① 刘铁飞:《柔情红高粱——刘铁飞油画作品》,今明美术馆、大千画廊出品,2013年,第57页。

叶,则像极了女性纤纤的手臂。"① 在《柔情红高粱》系列其他油画中,虽其背景或为绿色,或为红色,或为蓝白色,但主角高粱必为红色,尤其是大红色饱满的高粱穗始终占据画面主导位置。

《印象红高粱》被刘铁飞自认为最完美的作品。画中一望无际的红高粱地里,远处是弥漫整个天空的红色云彩,一个身穿红色肚兜、光着屁股的小男孩,右手牵着一条长而宽的红色绸带,在高粱地里自由奔跑,红色绸带随风飘扬,饱满的红色高粱穗随风摇摆,红色的高粱叶子轻轻舞动。作为《印象红高粱》的初稿,《野种》画中小男孩的红色绸带有了归宿,这归宿便是躺在高粱地里的年轻裸体女人。女人闭目躺卧在倒伏的高粱上,两腿之间飘出红色绸带,绸带的另一头恰好牵在小男孩的手里。画作既被称作《野种》,寓意很明显,小男孩是裸体女人的孩子,连接女人和男孩的那根红绸带,是神奇生命纽带——脐带的艺术象征。《醉美红高粱》和《野种》比较相像。在大片暗红色的高粱地里,年轻裸体女子躺在倒伏的高粱上面,双眼紧闭,或在甜睡,或在沉思,女子周围是暗红色的夜幕,但女子和高粱穗却是高亮色调,女子白皙的肌肤和高挺的乳房是整个画作中最显眼的意象。刘铁飞自称:"从这幅画开始,它已脱离了影视的影响。而是纯粹的表现了人、自然的和谐,并回答了高更的终极哲学问题:人,从自然中来,到自然中去。"②

在油画《红高粱》系列其他画作中,即便没有压倒性红色,也必有鲜红的沉甸甸的高粱穗,或娇羞,或饱满,或张扬,它们无一例外都是画作的主角,譬如《大地红高粱》系列多表现秋风中或寒冰中的红高粱,然亦不乏红色。概而言之,油画《红高粱》系列"采用喷薄涌动的红色覆盖整个画面,熠熠然直透人心,将红高粱的万种风情挥洒至极致"③。而这红色正如法国艺术家盖勒所称赞的"充满了生命的热情与激

---

① 刘铁飞:《柔情红高粱——刘铁飞油画作品》,今明美术馆、大千画廊出品,2013年,第15页。
② 刘铁飞:《刘铁飞与红高粱》,刘铁飞美术馆出品,2016年,第52页。
③ 刘铁飞:《刘铁飞与红高粱》,刘铁飞美术馆出品,2016年,第22页。

情，它与凡·高的《向日葵》一样，都是燃烧自己的生命来点亮作品"①。

第二节　文化回归的"亲娘主义"：油画《红高粱》中孕育万物的女性形象

对女性、生命、故乡、红高粱的艺术表达，构成了刘铁飞油画《红高粱》系列的关键词。他的很多油画作品皆以女性为主角，油画《九儿》《归》《娘》《五月的新娘》《根》《野种》《高粱醉》《醉美红高粱》《高密东北乡》《娘啊娘》无不如此，且画中女性多为裸体，她们或躺、或蹲、或立、或骑驴、或闭目、或甜笑，她们年轻、健壮、美丽、丰乳、肥臀，她们是高密东北乡的母亲，也是高密东北乡的根。这些女性形象承载了作者对女性的赞美、对母亲的赞美。

《根》在构图上与依照李敖曾祖母舍命护子故事创作而成的《娘啊娘》极为相似，画中央跪着一位裸体女子，她闭目仰面，双手交叉放在腿上，她的周围是暗红色红高粱。而在《娘啊娘》中，相同的裸体女子，跪在黄土铺就的小路上。刘铁飞趁画面未干时，从故乡挖了一捧土，撒在画中母亲膝下的土地上。

《娘》是刘铁飞根据莫言《红高粱》中的童谣"娘——娘——上西南"意境生发创作而成："无边的旷野上，一位裸身女子，背对着我们，正向着一轮巨大的如血的夕阳走去，那童谣似乎溢出了画面，天地间一片宁静，那女子，是我们东北乡的娘，似乎正走向永恒。"②这幅画的主色调仍为红色，因为夕阳西下而为暗红色，暗红色的背景前面，是暗红色的、野性十足的红高粱，高粱穗饱满低垂，叶子随风飘动，一望无际的红高粱中间是暗红色的小路，小路上正走着一位年轻的裸体女子，她向火球一样的太阳走去。这位高密东北乡的娘和世

---

① 邓楠：《高密东北乡籍著名艺术家刘铁飞〈金高粱〉油画荣获法国卓越艺术奖》，大众网，2022年1月13日，https://www.dzwww.com。

② 刘铁飞：《柔情红高粱——刘铁飞油画作品》，今明美术馆、大千画廊出品，2013年，第3页。

间伟大的母亲一样,将"伟大的情与爱包容释然所有的艰难困苦、悲伤忧患,将阳光灿烂、欢笑祝福留于红尘人世,而她自己却一无所有地赤然而去"①。

《归》根据《娘》创作而成,两幅作品极为相似,所不同的是《娘》中裸体女子两侧是荒野,而《归》中裸体女子两侧是红高粱。油画《胜利》和《娘》《归》三幅作品在构图、色调、意象上都非常相近,同样是弥漫整幅画面的压倒性红色调、红色的天空、一望无际的红高粱,高粱中间的小路上跑着一个裸体的小男孩,他和《娘》中的女子一样,正迎向巨大夕阳奔跑。

刘铁飞之所以如此关注女性和母亲主题,源自他的艺术主张和对女性的赞美。还在美院学习的时候,他就提出了针对"后娘主义"的"亲娘主义"。所谓"亲娘主义"是艺术层面的文化回归,是"与母性题材与本土文化有关的。他的'亲娘',既是一个个具体的女性形象,又是一个抽象的乡土文化形象。是东北乡的图腾,代表着生命、繁衍和本能,代表着宽容、慈悲和奉献。把每一个女人,都当成自己的亲娘一样去爱,把每一个女人,都当成自己的亲娘一样去画"②。而对母亲、对娘的深情也是刘铁飞画作中屡屡出现女性、母亲的重要原因,这种深情影响到他对小说《红高粱》的喜爱。他说:"小说中最打动我的,其实是母子之情,就是豆官的娘被日本人的枪打倒后,他用双手堵住娘的伤口的情景。"③

第三节　蓬勃生命的精神写意:油画《红高粱》中的红高粱精神

莫言小说《红高粱》讲述了祖辈们敢爱敢恨的爱情故事和宁死不

---

① 刘铁飞:《刘铁飞与红高粱》,刘铁飞美术馆出品,2016 年,第 57 页。
② 莫言:《维桑与梓　必恭敬止》,引自刘铁飞《刘铁飞与红高粱》,刘铁飞美术馆出品,2016 年,第 10 页。
③ 访谈内容。

屈的抗日故事，蕴含了张扬奔放的生命意识和刚毅顽强的自由精神。《红高粱》包含多重精神内涵，可将其概括为红高粱精神。红高粱精神是一种经由小说《红高粱》体现出来的综合精神，莫言曾对红高粱精神给予解释：正直向上、奋斗争光、宽容淳朴、坚韧顽强。这十六个字比较全面地概括出了他心目中的红高粱精神。

红高粱精神在刘铁飞的油画《红高粱》中得以传承和体现。在家乡高密东北乡高粱地里写生时，他最初感受到的是红高粱的野性美，因此在油画《野性红高粱》中，刘铁飞更多展示的是红高粱的野性美和狂野美，大片红色背景之下，大红色的红高粱随狂风摇摆，野性不羁，表现了这种植物神奇的生命力。油画《野种》中光屁股奔跑的小男孩也洋溢着野性之美。画中男孩像极了小说《红高粱》中的豆官，我爷爷余占鳌和我奶奶九儿在红高粱地里野合，生下了野种豆官，这幅油画将野合场景也再现了出来。"在画了一段时间以后，深秋的季节，在寒风中看着高粱那种不屈的精神，所以我觉得应该把它原始的野性美展现出来。我觉得最完美的作品叫《印象红高粱》，画面是一望无际的高粱，底下有个小孩在牵着一条红绸子奔跑，那幅画在展示的时候莫言老师也是为之一震，因为他之前知道我在画红高粱，但是没想到我能画出这么有震撼力的一幅大作品。他说画出了东北乡的神韵。"① 这里的小黑孩虽是根据莫言小说《透明的红萝卜》中的黑孩儿创作而成，实际上画的是作者自己。刘铁飞说："其实，我画那个黑孩，画的就是我自己。我小时候，跟电影里的豆官一样，光着屁股在田野里奔跑，以至于在赶集时，有人竟以为我是非洲小孩。那幅画，我想表现的是，人在天地自然中，无拘无束地奔跑的那种境界。"②

油画《红高粱》除表现红高粱的阳刚之美和野性之美外，还表现了其女性般的阴柔之美。刘铁飞自称："后来在深秋写生的时候，突

---

① 纪录片《刘铁飞与红高粱》。
② 访谈内容。

然发现在秋风中高粱不断摇曳的姿态有一种柔情美。"① "夕阳下，我眯起眼来望着一片被晚霞映得通红的高粱时，恍然间明白：除了野性美，它还有万种风情。"② 于是便有了油画《柔情红高粱》。

无论野性美，还是柔情美，都是红高粱自由生命的张扬和生命之美的绽放。究其根本，刘铁飞创作油画《红高粱》系列"最想表达的是红高粱的精神。就像那幅被中国邮政纪念抗战胜利70周年选为明信片的《野性红高粱》那样，一棵棵的高粱立在那里，就像一个个不屈服的士兵一样"③。他的油画《大地红高粱》系列极好地表现了这种红高粱精神，画中的红高粱虽经寒风侵蚀，仍傲然挺立。如《大地红高粱》系列之二背景是天寒地冻，高粱枯萎，高粱穗已被收割，仅剩高粱秆挺立寒风之中，然而在周围萧条的暗黄色之中，有一棵红高粱依然挺立。这棵独一无二的红高粱，叶子和高粱穗是暗红色，叶子虽已所剩无几，但高粱穗却饱满低垂，如鹤立鸡群般彰显着生命的不屈精神。《大地红高粱》系列之三背景是冰天雪地，大面积的冰雪中残存着暗黄色的红高粱，高粱被寒冷摧残，大面积倒地折断，而就在这暗无生机中，两棵高粱坚强挺立着，此时的高粱红色消褪，仅余暗黄色。如果说《野性红高粱》《柔情红高粱》侧重表达生命最健旺时红高粱那蓬勃旺盛的野性美和柔情美，那么《大地红高粱》系列表现的则是生命虽经摧残侵害却仍坚强不屈，这恰是历经磨难、百折不挠的中华民族伟大精神的象征。正如刘铁飞所说的："当看到冬日田野里最后一株红高粱，已被风吹成雕塑。它不屈的身姿，就像我们的民族，历尽岁月磨难，仍能立于世界之林。孤零零的几片叶子在风中舞动着，凄美而充满诗意，像是在演绎这片土地上一个一个的故事。高粱穗已不再昂仰，因它要慢慢地低下头，去亲吻大地。明年，这里还会是一片一望无际的红高粱。"④ 正因如此，油画

---

① 纪录片《刘铁飞与红高粱》。
② 刘铁飞：《刘铁飞与红高粱》，刘铁飞美术馆出品，2016年，第24页。
③ 访谈内容。
④ 刘铁飞：《刘铁飞与红高粱》，刘铁飞美术馆出品，2016年，第65页。

也"会像莫言的小说与张艺谋的电影一样，让红高粱的精神走向世界"①。而对红高粱精神的艺术表现，也是刘铁飞与莫言艺术创作的重要共性。

第四节 维桑与梓，必恭敬止：油画
《红高粱》的乡愁表达

眷恋家乡的乡愁情感从《诗经》时代便被吟唱，"维桑与梓，必恭敬止"不仅唱出了古代人们对家乡的恭敬与思念，也唱出了千百年来文学艺术永恒的母题之一：乡愁。"乡土情感是一种高贵的情感，也是一种艺术的情感。文学家把这种情感化为千言万语，画家将这种感情化为五光十色的画面。"②莫言十分贴切地概括了他和刘铁飞以不同的艺术载体，即小说和油画表达了共同的母题：高密东北乡的乡愁眷恋。

莫言在他的文学作品中反复表达了他对家乡高密的深切眷恋，这种眷恋之情深深打动了读者。莫言曾形容他和家乡的关系就像鱼和水的关系一样，家乡给了他无穷无尽的艺术灵感。那么刘铁飞创作《红高粱》的艺术动力除了张艺谋电影《红高粱》所引发的艺术震撼与艺术共鸣之外，很重要的一点便是刘铁飞浓郁的乡愁情感。莫言在小说中创造了他的高密东北乡文学王国，这王国里的所有人物、所有故事都来自高密那片神奇的土地，这片神奇的土地上写满了莫言对生他养他的家乡高密的乡愁深情。和莫言同为高密东北乡老乡的刘铁飞，高密大地上的红高粱同样令他魂牵梦绕。他说："我的故乡在我小的时候一直在种红高粱，那时候种的也是一片一片的，我们小时候在高粱地里玩，你像捉迷藏，做游戏，捉蜻蜓。特别是

---

① 刘铁飞：《柔情红高粱——刘铁飞油画作品》，今明美术馆、大千画廊出品，2013年，第7页。

② 莫言：《维桑与梓　必恭敬止》，引自刘铁飞《刘铁飞与红高粱》，刘铁飞美术馆出品，2016年，第10页。

后来看了张艺谋的电影《红高粱》以后，我被大片的红色给感染了，然后觉得这种植物有这么神奇的生命力，就是在不经意写生间发现了高粱的各种美，包括最初的那些画《印象红高粱》系列，因为那是回故乡寻找红高粱的第一直观感受，用的也是印象派的技法，画的是色彩斑斓的一片高粱地。"①

恰是因为乡愁，刘铁飞除了创作油画《红高粱》系列，还创作了一系列家乡民俗主题油画，如《岁岁平安》《正午时光》《鸢飞千里图》，油画中的古老年画、农家小院、穿开裆裤的幼儿，以及正午时分的慵懒时光，深刻烙印了作者的家乡记忆和挥之不去的岁月乡愁。关于乡愁，刘铁飞说:"三岁进城，此后我便一直怀念故乡。三十年里，一直想把故乡带到城市。终于有一天，我用手中的画笔，将儿时记忆中的故乡，搬进了城市，褪色的年画，斑驳的木门，或是布满锈迹的门环，是我对故乡最美的记忆。故乡跟着我一起，进入了最时尚的展厅，红男绿女也被你吸引，把你带到城市，这是我最幸福的时刻。"②

第五节　小说与油画:珠联璧合的高密东北乡艺术呈现

莫言的小说《红高粱》与刘铁飞的油画《红高粱》都以高超精湛的艺术形式，讲述了高密东北乡可歌可泣的动人故事，两种艺术形式中所颂扬的红高粱精神成为高密大地的精神旗帜和文化血脉。继莫言小说《红高粱》之后，刘铁飞油画《红高粱》"扎根乡土，从故乡的原始经验出发，以独具个性的思维与中西融合的技法，用绘画的语言充分阐释了莫言笔下那汪洋恣肆的文字。在高密东北乡先后出现的这两种相互映衬的艺术形式，可谓珠联璧合。那多姿多彩、波澜壮阔、

---

① 纪录片《刘铁飞与红高粱》。
② 纪录片《刘铁飞与红高粱》。

那红得叫人震惊的画面像是故乡一望无际的红高粱深处奏响的一曲交响乐，抵达的是东北乡人灵魂的腹地。那巨大的气魄和庄严的气象扣人心弦、令人难忘"①。莫言小说《红高粱》与刘铁飞油画《红高粱》堪称高密东北乡的"艺术双璧"。刘铁飞和莫言不仅是老乡，还在题材运用、艺术追求、主题表现、意象抓取、艺术表现上有诸多相似之处，表现如下：

其一，两位艺术家的创作素材相近，都取材于高密东北乡那片神奇的土地。莫言以高密东北乡的故事创作小说，刘铁飞则以高密东北乡的高粱、风俗、器物为素材创作油画，其油画《红高粱》系列作品画出了高密东北乡的神韵。

其二，两位艺术家的创作主题相近，都将对高密故土的眷恋与深情融进了他们的艺术作品中。莫言对故乡的深怀思念与眷恋之情，刘铁飞同样拥有。

其三，两位艺术家的艺术表现相近。莫言的小说创作汲取中国古典文学、民间文学和国外优秀文学作品的艺术技巧，以超写实的幻觉现实主义创作手法，书写了极具传奇色彩的高密东北乡故事。刘铁飞则立足故乡本土文化，自创"亲娘主义"，既涉及艺术创作素材，也涉及艺术创作手法，是一种立足于高密东北乡的超写实主义艺术创作，因此他的油画创作擅长抓住事物的神韵，油画《红高粱》系列作品便是典型代表。综观莫言与刘铁飞的艺术创作，如莫言所说："从故乡的历史和现实生活中攫取素材，从故乡的民间文化和艺术中汲取灵感和技巧，这不仅仅是刘铁飞画画儿时应该走的道路，也是我从事文学创作时必须遵循的路线。"②

其四，两位艺术家的艺术资源相近，都从民间文学艺术中汲取丰富醇厚的艺术养分。莫言的小说创作与高密民间文学有着密切的渊源关系，民间故事、民间传说、民间小戏（茂腔）等都是莫言小说创作

---

① 刘铁飞：《刘铁飞与红高粱》，刘铁飞美术馆出品，2016 年，第 66 页。
② 莫言：《维桑与梓 必恭敬止》，引自刘铁飞《刘铁飞与红高粱》，刘铁飞美术馆出品，2016 年，第 10 页。

的重要故事来源和灵感来源。他在多次演讲中提到的"用耳朵阅读"便是他儿时在家乡听民间故事的经历，他将听来的诸多民间故事写进小说，譬如《红高粱》中余占鳌杀死和尚与民间故事中著名的孝子故事非常相似，而小说《檀香刑》则从内容到形式都与高密地方戏曲茂腔这一民间文学形式有着极为密切的关系。再看刘铁飞。除画油画外，他自 2003 年开始潜心研究中国民间艺术——年画。他用七年时间，收集了清代至近代的印版，在恩师和助手的帮助下，创作出中西文化合璧的作品，因为他从小耳濡目染了家乡的民间艺术和文化氛围。他说："潍坊的民间艺术对我影响很大，因为我从小就生活在这个环境里，过年家中都要贴年画、挂家堂，看着家堂上绘制的慈祥老者与可爱童子，我认为那就是最美的艺术。……对于我的创作，民间艺术的影响是非常明显的。"①

---

① 访谈内容。

附　录

一　《红高粱》改编作品一览表（共计 29 件）

序号	作品名称	媒介形式	创作年份	创作者
1	小说《红高粱》	小说	1986 年	莫言（作家）
2	电影《红高粱》	电影	1987 年	张艺谋（导演）
3	电视剧《红高粱》	电视剧	2014 年	郑晓龙（导演）
4	评剧《红高粱》	评剧	2015 年	天津市评剧院
5	豫剧《红高粱》	豫剧	2012 年	河南三门峡豫剧团
6	晋剧《红高粱》	晋剧	2015 年	山西省晋剧院
7	茂腔《红高粱》	茂腔	2014 年	高密茂腔剧院
8	茂腔电影《红高粱》	茂腔、电影	2018 年	高密茂腔剧院
9	舞剧《红高粱》	舞剧	2013 年	青岛歌舞剧院
10	舞剧《高粱魂》	舞剧	1988 年	大庆歌舞团
11	油画《红高粱》1	油画	2013 年	刘铁飞（青年画家）
12	油画《红高粱》2	油画	2014 年	王健（作家）、尹鲁文
13	国画《红高粱》	油画	2012 年	刘元法（大学教师）
14	小人书《红高粱》1	小人书	2014 年	浙江卫视
15	小人书《红高粱》2	小人书	1990 年	山东美术出版社出版
16	连环画《高粱血酒》	连环画	1988 年	编文：林阳，绘画：晋进、进京、进安、进宫，广西民族出版社 1988 年 8 月第 1 版
17	连环画《红高粱》	连环画	2002 年	改编：莫言、陈剑雨、朱伟

序号	作品名称	媒介形式	创作年份	创作者
18	剪纸《红高粱》1	剪纸	2014 年	马团周（交警）
19	剪纸《红高粱》2	剪纸	2008 年	邓辉（青年剪纸艺术家）
20	剪纸《红高粱》3	剪纸	2014 年、2006 年	齐秀花（民间艺术家）
21	泥塑《红高粱》1	泥塑	2013 年	蔡杰等（民间艺术家）
22	泥塑《红高粱》2	泥塑	不详	聂希蔚（民间艺术家）
23	面塑《红高粱》	面塑	2014 年	曹军（民间面塑艺术家）
24	书法《红高粱》	书法	2015 年	张家荣（退休司机）
25	高粱仔莫言头像	高粱仔塑	2013 年	李钢（雕塑艺术家）
26	扑灰年画《红高粱》	扑灰年画	不详	王树花（年画艺术家）
27	年画《红高粱》	年画	2015 年	刘铁飞（青年油画家）
28	戏曲剧本《高粱酒》	戏曲剧本	2018 年	莫言
29	话剧《红高粱》	话剧	2022 年	江苏大剧院

二　《红高粱》艺术改编概况

（一）电影《红高粱》创作概况

作品名称	红高粱
出品单位	西安电影制片厂
上映时间	1988 年 10 月 10 日
导演	张艺谋
主演	巩俐、姜文、滕汝骏等
编剧	莫言、陈剑雨、朱伟
制片人	吴天明
摄影	顾长卫
配乐	赵季平
剪辑	杜媛
改编	小说《红高粱》《高粱酒》

（二）电视剧《红高粱》创作概况

作品名称	红高粱
出品单位	山东卫视、青岛凤凰影视、花儿影视、湖南电广传媒
上映时间	2014 年 10 月 27 日
导演	郑晓龙
主演	周迅、朱亚文、曹征、韩童生、于荣光、秦海璐、黄轩等
编剧	赵冬苓、管笑笑、潘耕、巩向东
制片人	曹平、裴功勇、霍张领
改编	小说《红高粱家族》
集数	60 集

（三）评剧《红高粱》创作概况

作品名称	红高粱
演出单位	天津评剧院
时间	2015 年
导演	张曼君
主演	曾昭娟、孙路阳、王昆、剧文林、张宸、王群、陈延光等
编剧	贾璐
配器	于泽魇
唱腔设计	樊继中、黄兆龙、剧文林、于泽魇
音乐指导	徐志远
舞美设计	修岩
灯光设计	邢辛
服装造型设计	王玲
形体设计	姚晓明
道具设计	赵志新
音效设计	王刚
副导演	李慧琴
舞台监督	杨涛、陈连军
指挥	于泽魇
板胡	朱永江
伴奏	本院乐队

续表

改编	小说《红高粱家族》
场次	四场

（四）晋剧《红高粱》创作概况

作品名称	红高粱
演出单位	山西省晋剧院
时间	2015 年
导演	石玉昆
主演	师学丽、孙昌、金小毅、雷永鹏、郭学富、谷义侠、贾彦强等
编剧	龚孝雄
总监制	胡苏平、张复明
总策划	张瑞鹏、杜学文、刘英魁
监制	赵银邦、贾新田、和悦
策划	崔明光、王昭宇、谢玉辉
出品人	白向杰、祁爱斌
制片人	周俊歧、金小毅
行政总监	武铁亮、亢翼舟
作曲、唱腔	刘和仁
作曲、指挥	吴小平
灯光设计	蒙秦、金海、李宾
舞美设计	赵国良、蒙秦
服装造型	蓝玲、张颖
执行导演	孙昌
配器	王啸冰、王瑛
舞蹈编导	张右铭
武打设计	赵勇强
灯光助理	余进才
道具	张旭、曹永平
司鼓	陈跟东
晋胡	宋娟
演奏	山西省晋剧院青年团乐队、山西省交响乐团
改编	小说《红高粱家族》
场次	六场

（五）豫剧《红高粱》创作概况

作品名称	红高粱
出品单位	河南省三门峡市豫剧团
时间	2012 年
导演	丁建英
总导演	谢平安
主演	史茹、李永利、余鸿谦、张保军、徐帅文等
编剧	贾璐
唱腔设计	赵国安
总策划	杨树平、赵海燕
总监制	李立江、张万斌
总制作	王朝周
策划	武少峰、王松安、张占海
监制	鲍晓亮
制作	史茹、刘保国、余鸿谦
旁白	吴广林
舞美总设计	李乔、熊春红
服装造型设计	蓝玲
配器、指挥	李宏权
司鼓	谷战卿
板胡	张志昂
伴奏	本团乐队
导演助理	吕保伟
舞蹈编导	宋晓东
场记	郭苏波
道具制作	张照军、许孟阁
舞美制作	赵志刚、李明朝
灯光	李改成、王世威
录音	翟老五
音响	邢万宗、邢志刚
音效	邢万宗、李香琴
服装	韩妤

舞台监督	余鸿谦
剧务	任春义、马明珍
改编	小说《红高粱家族》
场次	四场

（六）茂腔《红高粱》创作概况

作品名称	红高粱
出品单位	高密市艺术剧院、中共高密市委，高密市人民政府
时间	2014 年
艺术总监	王华莹、张积强
总监制	范福生、杨建华、万丽
总策划	徐方吉、翟敏
监制、策划	徐明、邹治方
编剧	莫言、咏之、龚孝雄
导演	周波
主演	孙洪菊、单宝宏、薛林涛、任斌、王浩宇
改编	小说《红高粱家族》
场次	八场

（七）舞剧《红高粱》创作概况

作品名称	红高粱
出品单位	青岛市歌舞剧院有限公司
首演时间	2013 年 7 月 13 日
编导	李世博、贾菲
导演	王舸、许锐
主演	孙秋月（领衔主演）、张珅（领衔主演）、肖雪峰等
编剧	咏之
原著	莫言
顾问	莫言
出品人	黄港
舞蹈编导	李世博、贾菲

总编导	王舸、许锐
作曲	程远
舞美设计	周立新、田胜温
服装设计	韩春启、崔晓东
灯光设计	蒙秦、孙少波、金海
化妆设计	曾卫、王文俊
场次	六场（序、颠轿、野合、祭酒、丰收、屠杀和出殡）

（八）舞剧《高粱魂》创作概况

作品名称	高粱魂
出品单位	大庆市舞蹈团
演出时间	1988年调京参加中国首届舞剧观摩研讨会演出
编导	王举
作曲	崔义光
灯光设计	王兴鲁
服装设计	徐联儿
化妆	于璇
主演	毛军、安立勇
指挥	姜金一、张家勇
乐队	大庆舞蹈团管弦乐队
场次	三场（序、尾声；颠轿、野合、祭酒神）

（九）茂腔电影《红高粱》创作概况

作品名称	红高粱
出品单位	高密市艺术剧院
出品人	邹治方
制片人	项小伟
制片方	北京骊马文化传媒有限公司
监制	李大勇
原著	莫言
编剧	颜全毅

艺术总监	何永泉
音乐总监	李秀增
主题歌词曲	李英明、吴超凡
首播时间	2018 年 5 月 19 日中央电视台戏曲频道《九州大戏台》
导演	许玉琢
执行导演	姜芳
主演	别淑君、孙亚东、陈福涛、任斌

（十）话剧《红高粱家族》创作概况

作品名称	红高粱家族
指导单位	中共江苏省委宣传部、中共山东省委宣传部
策划单位	江苏省文化投资管理集团
出品单位	江苏大剧院、南京保利大剧院、北京保利剧院管理有限公司
联合出品	仙童戏剧
制作单位	江苏大剧院、仙童戏剧
出品人	廖屹、郭文鹏、巩升林
联合出品人	安庭
制片人	李东
监制	李斯思、顾平、尧雷、王悦
创作时间	2022 年
原著	莫言
总叙事、编剧	牟森
联合编剧	马原驰
导演	牟森
联合导演	孙小茗
主演	傅晶、叶璇、杨易、王也、马仁杰、姜雪、李梦珂等
作曲	李京键、靳锐
舞美设计	信阁
声音艺术家	姚大钧
灯光设计	谭华
道具设计	赵炟
动作导演	金曾

执行导演	刁成禹
创作统筹	梅悦子
服装/造型设计	刘红曼
改编	小说《红高粱家族》

三　刘铁飞访谈

访谈者：宫爱玲（山东科技大学教师）

被访谈者：刘铁飞（国际著名青年油画家、红高粱抗战馆馆长）

（一）

宫爱玲：莫言老师称，您曾一连看电影《红高粱》七遍，电影《红高粱》对您最大的触动是什么？它对您创作油画《红高粱》产生了怎样的影响？

刘铁飞：当时我看电影时只有九岁，是跟一个小伙伴"逃票"进的电影院，因为当时每天从早到晚都在放这一部电影，所以连着看了七遍。

对我触动最大的，是它在八十年代，能将野性美展示得那样淋漓尽致：我一进电影院，便看到最精彩处，一群黑脸汉子从高粱地冲出来，抱着燃烧的酒坛子去炸汽车，接着是豆官为他娘送行喊的那段民谣："娘，娘，上西南"。我看得亲切，当时我虽不知这部电影是在离我故乡不远的地方拍的，但我感到无论是电影里的激奋之情，还是粗犷的生活，以及那个憨厚的小孩豆官，我觉得都是我的故乡与我的影子。我甚至觉得当时的豆官就应该由我演，因为他跟我小时候几乎一模一样。

当时我还很诧异：故乡的故事能上电影，而且还拍得这样震撼人心，我那时已觉得我的故乡已不再是那个平凡普通的小村子与田野了。

后来，有很多人对我将"高密东北乡"当作故乡有些不解："您老家是平度啊。"其实，这完全是一个误解，我在看电影时并没有一个行政地理概念，就觉得那是我故乡的事情。长大后一查史料，竟与我的感觉完全一样：发生抗战的孙家口以及莫言故乡的村子那一片土地，在发生"孙家口伏击战"时，是属于平度的。而且最关键的是：领导打孙家口伏击战的关键人物董希瞻是我故乡邻村董家大庄的。后来，莫言先生说，把我"说是东北乡人，也不为过"。

那部电影在我心中扎下了根，一片片红高粱的影子总是在我心中晃来晃去，我觉得故乡的各种植物都充满了神奇。所以，从美院毕业后，我便回故乡开始画各种植物：棉花、玉米、小麦、豆角等。我画遍了各种庄稼后，才发现我喜欢画高粱不仅仅是受电影的影响，而且还有高粱本身的美：它不同于其他庄稼的"整齐划一"而缺少变化。高粱太美了，高高低低，风一吹，摇曳出万千神姿。

真正进入主题创作时，有些作品还是留下了电影给我的印象。像我创作的那幅《归》，其实保留了很多那种印象。当年这幅画的小稿完成时，一家媒体登载了它的图片，有一位读者竟写出了让我深受感动的读后感《我看〈娘〉》：

　　　　对于画，虽偏爱，却不太懂。我喜欢的是水边野畔摇曳的干草，雪中疏斜傲寒的梅花，桥头烟染的垂柳和相思落叶铺满的幽径。然而当那幅《娘》的画展现在我的眼前时，心戛然而止，凝结在《娘》的画面上。

　　　　"娘"拖着黝黑的麻花长辫，踏着云浪迎向天边那轮巨大的落日，落日如血映着娘的柔美、神圣、鲜灿的裸身，而云日后那片无边的黑暗却让我惊恐惧怕……泪水朦胧中，我看见我正疯狂地冲上去，拉住娘的手，拼命往回走……

　　　　娘在孩子心中是最美丽、最亲爱、最神圣的，娘的博爱使你的世界绚丽精彩，没有娘的情深厚爱，人生将是无奈的空白，永远缺少那最靓丽温暖的色彩，因为娘，我快乐着、幸福着。但当目睹了刘铁飞画的《娘》后，曾经的开心悠闲被残酷地震撼揪疼，原本心目中安然善良无私的娘的尽头和最终……我的心在那片幽幽暗暗中破裂滴血……我有些恨那个刘铁飞，是他使我原本美好浪漫的心头涌满凄恻和痛楚。而娘——娘——上西南的童谣又勾起我万千伤感，那正是我幼时常常跟随在人群后，在泪水中看着失去娘的小伙伴跪在地上送娘上"西南"的祝言，这祝言是多少离恨别苦、多少伤心泪水的祈盼。

怨恨之余，我竟不得不感激刘铁飞，是他用那份细腻的心境、浓郁的亲情和超越凡俗的思维，画出了这幅令人（至少我是如此）魂牵梦绕心也念的《娘》，是他让我醒悟：一生都在奉献的娘用她伟大的情与爱包容释然所有的艰难困苦、悲伤忧患，将阳光灿烂、欢笑祝福留于红尘人生，而她自己却一无所有地赤然而去……娘——娘——上西南，宽宽的大路足足的盘缠……这就是娘付出一生所拥有的财富吗？谁又能想到至亲至爱的娘还要独自穿过那片阴寒凄冷的黑暗啊?! 我拿什么来留住你，我亲爱的娘？

若上帝允许，我愿用生命换来娘的永生，让我替娘穿越那漫无边际的黑暗吧！

宫爱玲：与《红高粱》相关的油画作品共计多少幅？油画名字各是什么？目前存在何处？

刘铁飞：《红高粱》相关的油画画了十几年，数量记不清了，但重要的作品至少有四五十幅。这些作品多数为博物馆或私人收藏，少数为我的馆藏。藏家主要在北京、天津、香港、台北、广州等地。

宫爱玲：您认为您的油画艺术创作（《红高粱》系列或其他油画艺术作品）和莫言老师的文学创作有什么异同之处？同为艺术家，我感觉到，在对故乡的眷恋之情和这种情感的艺术表达方面，您和莫言老师有相同之处，刘老师您怎么看？

刘铁飞：我觉得从一个大的方向来说，我与莫言老师的创作方向是一致的，因为当年他给我写的一篇文章《维桑与梓　必恭敬止》中是这样对我期望的："从故乡的历史和现实生活中攫取素材，从故乡的民间文化和艺术中汲取灵感和技巧，这不仅仅是刘铁飞画画儿时应该走的道路，也是我从事文学创作时必须遵循的路线。"我也正是在沿着莫言老师的期望发展。所以有一些研究文学的给莫言老师一个这样的称谓：寻根作家。有一些研究艺术的送我另一个几乎相同的称谓：寻根画家。

但从另一个方面来讲，我与莫言老师的创作又有很多的区别。莫言老师的作品更多的是表现特殊年代的特定人群的命运，而我的作品有一部分是用绘画语言来再现莫言老师的作品，而更多的是关注生命本身，像《野性红高粱》系列，画的是高粱本身旺盛的生命力，还有《高粱生灵系列》，表现的是自然万物生生不息的意象。

宫爱玲：您对小说《红高粱》的理解？小说最打动您的地方是什么？

刘铁飞：因为这部小说是根据一个真实历史事件改编的，所以，我直到现在也没把它当作小说来读，而是纪实文学。之前我讲过，领导打孙家口伏击战的关键人物董希瞻是我故乡邻村董家大庄的，所以，我始终觉得亲切，而且，这部小说将故乡的野性美呈现得如此直接，还是让我很受震撼的。

小说中最打动我的，其实是母子之情，就是豆官的娘被日本人的枪打倒后，他用双手堵住娘的伤口的情景："她恍然觉得儿子解开了自己的衣服，儿子用手捂住她乳房上的一个枪眼，又捂住她乳下的一个枪眼。奶奶的血把父亲的手染红了，又染绿了；奶奶洁白的胸脯被自己的血染绿了，又染红了。枪弹射穿了奶奶高贵的乳房，暴露出了淡红色的蜂窝状组织。"

这样的小说，莫言老师再也不可能写出来了，以我的理解，二十岁到三十五岁是一个作家或艺术家最有激情的创作时期，之后会夹杂进各种复杂的社会经验、人生阅历等，激情会消退，这是没有办法的事情。

宫爱玲：莫言老师的文学作品最打动您的是哪一部？

刘铁飞：最打动我的是《丰乳肥臀》，我觉得这部小说是他的巅峰之作。他将故乡人的几十年命运融入其中，那时，很多普通家庭都是这般命运的。我小时候常听奶奶讲过去她领着几个孩子怎样躲日本人，怎样度过饥饿等的故事。莫言老师的伟大之处，不仅是将这些故事写出了史诗的高度，而且将更多感人或触动人的细节塑造得更加生动，写出了人性的"大美"。像关于四姐的那一段：为了救全家人的性命，四姐自卖自身当了妓女，这是我们上官家的痛苦的秘密。她对我们有恩，所以她从不知何处携带着一个藏匿着珠宝的琵琶归来时，母亲的眼泪便如断了串线的珍珠，扑簌簌地落满了胸襟。

宫爱玲：您的"亲娘主义"是指什么？

刘铁飞："亲娘主义"是我还在美院学习时提出来的，因为它对应的是当时一位教授提出的"后娘主义"。在那个年代，学习艺术的多数都是有"媚外"情结的，就是现在也是，很多艺术创作只是套用了国外的形式，而没有自己的思想与灵魂。其实现在来看，"亲娘主义"的概念已非常明晰：它是艺术层面的文化回归。

宫爱玲：您从 2003 年开始关注民间艺术，如年画，可以问一下潍坊民间艺术如年画对您油画创作尤其是油画红高粱系列有影响吗？

刘铁飞：潍坊的民间艺术对我影响很大，因为我从小就生活在这个环境里，过年家中都要贴年画、挂家堂，看着家堂上绘制的慈祥老者与可爱童子，我认为那就是最美的艺术。从 2003 年起，我开始系统收藏年画与年画印版，到现在已收藏了 200 多套了，其中多数是清代的。对于我的创作，民间艺术的影响是非常明显的。我所描绘的门神与老木门正在慢慢消失，所以很多朋友都喜欢，特别是在台北、香港等地。

民间艺术对我的红高粱系列的影响是比较小的，因为前者所表现的更多的是传统与人文，而后者，则是直接面对生命本身。

宫爱玲：您创作的油画《红高粱》系列，最想表达的是什么？

刘铁飞：我最想表达的，是红高粱的精神。就像那幅被中国邮政纪念抗战胜利 70 周年选为明信片的《野性红高粱》那样，一棵棵的高粱立在那里，就像一个个不屈服的士兵一样。法国艺术家盖勒看了这幅画后发表了这样的观点："刘铁飞的《红高粱》充满了生命的热情与激情，它与凡·高的《向日葵》一样，都是燃烧自己的生命来点亮作品。"

另外，我的《柔情红高粱》，表现的是沉甸甸的高粱穗相互依偎，而随风飘舞的高粱叶则如女性纤纤的手臂，充满柔情。

还有一部分作品表现的是这种植物本身旺盛的生命力。高粱耐涝耐旱，无论是大旱之年还是洪涝之地，它都会挺在那里，并且结出丰满的果实。

今后我的红高粱系列油画，还将继续之前的《高粱生灵系列》，这个系列主要是探索人类与自然万物的共生：人类已占据了地球太多的"生态位"，人类已越来越不把自己当作自然界中的动物来看待，当一个物种像恐龙一样庞大到占满地球时，那将会是噩梦的开始。

我们不断地发展，不断地追求，但我们始终都不应忘记——我们是动物的一种，学名是裸猿！我们不能离开土地、阳光、水，我们也不能离开与我们相处了几千万年的其他动物朋友们。

人类不停发展的目的是什么？其实答案只有一个：让人类有更好的生活。但"更好"已成为西方无止境的追求与动力，如果不停追求更好，那就成为不停追逐欲望的借口。其实生活没有"更好"只有"最好"：那就是与自然和谐相处。

宫爱玲：我查资料时，资料称油画《野种》中的小男孩是根据莫言老师《透明的红萝卜》中的黑孩创作而成。记得我第一次见到这幅油画时，感觉这个小男孩也有点儿像小说《红高粱》中的小男孩豆官，毕竟他是我爷爷余占鳌和我奶奶九儿在高粱地里野合的爱情结晶。您当初创作这幅画时选择黑孩的背景是怎样的？

刘铁飞：其实，我画那个黑孩，画的就是我自己。我小时候，跟电影里的豆官一样，光着屁股在田野里奔跑，以至于在赶集时，有人竟以为我是非洲小孩。那幅画，我想表现的是，人在天地自然中，无拘无束地奔跑的那种境界。

我相信那种感觉莫言老师小时候也有，所以他在很多小说里写了黑孩。现在，他与我一样，也是怀念那时，因为我们进入城市后，在各种各样的规则中，束缚了自己的野性，莫言老师的名字就很能说明这个问题，而我的性格，也是越来越内向，始终行走在都市的边缘，以至于后来通过绘画，来诉说我对故乡的眷恋，以及对于这个世界的观点。

（二）

宫爱玲：您的很多画作中，都有裸体女性形象，这些女性是您"亲娘主义"的艺术表达吗？有的是"娘"，如《野种》《娘啊娘》，有的则是"新娘"，如《五月的新娘》。女性、亲娘、新娘、亲娘主义，您如何融合这些因素来进行油画《红高粱》系列的艺术创作的？

刘铁飞：当年我提出的"亲娘主义"，其实是有两层意思的，一个是母爱文化，另一个是寻根文化，但回归到最后，都是一个意思，因为全世界的人，其实都在思索"我们从哪里来，到哪里去"。

我的画作题材，其实也很明确地标示出这两层意思，红高粱系列中的女性形象，多为母爱象征，而老门系列油画，则是寻根文化。

关于娘，关于母爱，我觉得不同年龄的人会有不同的感受。我小时候读的很多关于母爱的书，都是描写母亲伟大、慈爱等，上大学时，被一位朋友问过对于母爱的理解，我竟背诵起了《约翰·克利斯朵夫》中的一段话："做母亲的并不理解雄心……"那位朋友打断了我："我想问你自己对母爱的看法。"那时，我竟答不出来，窘在那里。那时我觉得母亲就是一位普通的乡下妇人，她并没有书本上所描写的伟大，她也会东家长西家短地议论别人，并且在我儿时不听话时，将我捆在树上抽打。

后来，我创作时，融合了故乡多种母性的形象，并将这种称之为"娘"的母爱形象融入作品中，画的是那种在艰难岁月中为了生存，性格被磨砺得粗糙的女性形象。只有在《五月的新娘》中，我融入了女性的青春美与现代美，那是成为"娘"之前的女人。

宫爱玲：您的油画《胜利》也是根据"娘，娘，上西南"创作而成的吗？为何取名叫作"胜利"？

刘铁飞：这幅画也是延续了《归》的意象，它是由《抗战》与

《胜利》两幅组成的。《抗战》画的是一群东北乡壮汉抱着燃烧的酒坛，冲向侵略者的场景，《胜利》画的是一个裸身儿童，奔向初升太阳的场景，远方高粱地还飞起了 70 只和平鸽，这组画是为了纪念抗战 70 周年而创作的。画中儿童与初阳代表着未来与希望，是胜利后的和平景象，所以取名为"胜利"。

宫爱玲：红色在您《红高粱》系列油画中占据怎样的角色和地位？在进行油画创作时，您在色彩使用上有什么倾向，比如比较青睐哪些颜色？

刘铁飞：红色在《红高粱》创作中占有主体地位。曾有很多画画的朋友跟我讲"不要总画红色了，可将色调画为绿色、蓝色、黄色等，更有新鲜感"。我也做过很多尝试，画出了多种色调来，但最后还是觉得红色更经典一些。如果只谈画，可能不那么好理解。我在收藏抗战物品的过程中，研究了红缨枪。如果枪上绑的是黑色或白色缨子，舞动时总会感觉缺乏一种力量感，绑上红缨子后，立马会感觉精气神全有了，胳膊有劲手腕也灵活了，这就是色彩的力量。我画老门时比较喜欢用充满怀旧感的褐色、土黄等，画花朵及景物时，则喜欢印象派缤纷的色彩。

宫爱玲：我感觉您的红高粱系列油画受到影视《红高粱》和小说《红高粱》的影响比较大。小说的影响，比如根据小说中的童谣创作的《娘》和《归》，影视的影响，比如油画《九儿》《大颠轿》《高粱醉》等都是直接取场景于电视剧，而《柔情红高粱》（2013 年）、《野性红高粱》（2014 年）中满纸汪洋的红色，与张艺谋电影《红高粱》的色彩艺术有异曲同工之妙。电影结尾处，张艺谋让所有的东西红起来，而且是血一样红：高粱地的画面中，血红的太阳，血红的天空，血红的高粱漫天飞舞，人也被染得遍体通红，把红用到了极致，满眼都是红色。关于油画《红高粱》的艺术创作受到相关影视作品的影响您怎么看？您曾说，自《醉美红高粱》开始，您的红高粱系列摆脱了影视的影响，可以详细谈一下吗？

刘铁飞：早期的作品的确是受小说与影视的影响多一些，但是将这些影响与儿时的生活体验结合了起来。张艺谋的"红"的确在我心中飘荡了三十多年，但当我画老门系列时，对于故乡红对联，以及年画中的大面积红色进行研究时，我更多地理解了影视中的"红"来自故乡本土，这是中国特有的大面积地在生活中运用红色。此后，我对故乡的文化理解得更深了。自《醉美红高粱》开始，我的红高粱系列开始摆脱影视的影响，因为那时我已生活在高粱地里，画出了《高粱生灵》等一系列有生活与生命体验的作品。再往后，我开始种高粱了，看它四季变化，画出了《大地红高粱》系列，红高粱的种子，已在我心里生根发芽了，它正在更主观地融入我的生命中。像近期所作的《空》等系列作品，则是我对于生命、高粱地的命运、社会与时代的种种现象的思索。

宫爱玲：您的红高粱系列油画中，主角多为高粱和裸体女性。其中有一幅画直接叫作《高密东北乡》，看此名字，画作内容应该是高密东北乡的家乡风貌，比如您有一幅油画叫作《桥的记忆》（2012 年创作），画的是家乡的一座桥，这座桥也引发了莫言老师的思乡之情，收藏了您的这幅画作，而《高密东北乡》这幅画作内容却只是一位裸体女子。我们知道，莫言对母亲的感情非常深厚，在母亲去世后，创作小说《丰乳肥臀》纪念母亲。我想问您的是，女性多大程度上代表了在您对故乡的记忆和情感？

刘铁飞：思念故乡，其实就是恋母情结。人类最早的风水，其实就是性崇拜，故乡就是孕育我们生命的乐园。有些媒体称莫言为寻根作家，也有的称我为寻根画家，讲的其实都是一个意思。这就是我们小时候依赖母亲，长大一些，青春期，就想避开她，但成年后，理解了母亲，才是真正地体会到亲情的重要。再打个比方。过去我画故乡的旧景物，就是迷恋儿时的记忆，回故乡采风，也是不停地寻找那些老门、老房子以及儿时去过的田野。但是当故乡的老人一个一个地离去时，我才更深刻地意识到，人对人，才是感情的寄托。试想，如果故乡的人全没了，只剩下老房子，你还愿意回去吗？回到问题，除了故乡的景物外，能代表故乡记忆和情感的就是女性了。

宫爱玲：女性的美可以有多种表现，比如中国传统仕女画或国画中有很多美丽优雅的古装女子。比较来看，您的红高粱系列油画中的女性、娘多为裸体女性，而不是着服饰（乡村服饰）的女性，这体现了您怎样的艺术追求或艺术表达？

刘铁飞：我觉得如果画着装女性，则有时会跟生活太接近，产生不了艺术的幻觉，更接近于影像。而画裸体女子，则是我对故乡女性美的更纯粹的表现，这种美不受时代局限，更永恒一些。

宫爱玲：我反复看了您的红高粱系列油画很多遍。我最喜欢您的《柔情红高粱》系列和《野性红高粱》系列，那波澜壮阔的红和一望无际的红高粱，那种感觉，正如莫言文学馆馆长毛维杰馆长所说的，"抵达的是灵魂的腹地，那巨大的气魄和庄严的气象扣人心弦、令人难忘"。所以，我想问的是，在红高粱系列中，您认为哪幅油画最能代表您的心声？您最喜欢哪一幅或者哪一个系列？

刘铁飞：能代表我心声的应该是那幅早期的《印象红高粱》，画面中一个小孩在高粱地里奔跑的那幅。我觉得那幅画是我儿时在故乡的写照，我把它当成自己的孩子一样。

宫爱玲：我感觉您的红高粱系列油画有几个突出特点：一是突出的红色，红色几乎在每一部红高粱作品中都会出现，只不过，在有的画作中，红色是压倒性、全体性的，无一遗漏的红，在有的画作中，则是局部性或点缀性的红；二是裸体女性；三是充满动感，比如《野种》中奔跑的小男孩，《胜利》中奔跑的小男孩，《抗战》中抱着酒坛子炸鬼子的乡亲们，还有主角红高粱几乎都在运动中，总体感觉充满动感。以上三点是概括您油画《红高粱》系列的艺术关键词吗？

刘铁飞：可以这样说。

宫爱玲：《抗战》中那位男性，我第一印象，毫无恶意的，乍一看从相貌上跟您稍微有一点儿相似。抛开抗战本身不说，主人公的那种奔跑、激情和呐喊的姿态有您本人艺术追求的影子吗？

刘铁飞：是的，每个艺术家心中都有一份狂野的激情，有的选择深藏，有的选择释放出来。

宫爱玲：您多幅油画中画到裸体女性，这与莫言老师的小说《丰乳肥臀》有关系吗？因为您曾说莫言老师最打动您的文学作品是他的《丰乳肥臀》，并认为这部小说是他的巅峰之作。之所以这样问，是我发现这些裸体女性几乎有一个共同的特点，就是丰乳肥臀，丰满，健壮，年轻，充满活力。对此，您怎么看？

刘铁飞：有这方面影响，但更多的还是我对人体美的欣赏与迷恋。

宫爱玲：您如何看待张艺谋的色彩艺术，比如电影《红高粱》的色彩艺术？

刘铁飞：他在三十年前，就能这样大胆地运用色彩与构图，的确是让人赞叹。但那也是那个时代所赋予的。在这个时代，莫言写不出这样的小说，张艺谋也拍不出这样的电影了。

宫爱玲：据我所知，您现在每年都会去红高粱影视城那边的美术馆住上一段时间。居住期间，主要做哪些工作或事情？与红高粱近距离接触对您的艺术创作有什么影响？

刘铁飞：最早去住是为了写生方便，因为十几年前去写生时，没有休息的地方，上午到了就开始画，中午吃个面包就可以了，下午画完开车返回。那时年轻，没觉得累，但那样无法深入地进入写生状态。后来有了美术馆就有了落脚的地儿了，但也是以写生为主，觉得跟人聊天都是耽误时间。只是在午饭与晚饭时，与当地一帮朋友谈天说地，算是深入了一点生活。

而现在再去则不同了，我自己种了一片高粱地，一早一晚，我走在高粱地里，观察不同季节、不同光线下高粱的变化，已由原来的对物写生，变为心中的内画了。

我常与当地的朋友坐在高粱地里聊天，除了深入了解民风民情外，还有近期的奇闻趣事。

我觉得我比莫言老师要幸福得多，他现在已很难再有机会接触到这么多有生命力的素材了，而我这里，则几乎成了东北乡各方信息的集聚地，东北乡各色人等都来喝茶，我这里竟有点"聊斋"的意味了。到了晚上，我常在月色下的高粱地里，舞动几圈红缨枪，体验当年抗日壮士的激情与豪迈。深夜，我住在高粱地的小木屋中，聆听几十种不同虫儿的鸣叫，回想莫言小说中的各种情节，这与城市生活完全是两种状态。

宫爱玲：刘铁飞美术馆中的展画作品主要是油画《红高粱》系列作品，每年都会吸引很多中外游客到此参观学习，可以说美术馆在红高粱文化建设与传播中起到很重要的作用。对此，您可以详细谈一下吗？

刘铁飞：到现在，我的美术馆已开馆五年了，很多朋友去过很多遍了，但还是喜欢去看。甚至有很多第一次到高密的朋友，根本想不到这里会有一个这样独特的美术馆。所以，在提升外地朋友对此地印象的品质方面，这个美术馆还是有一些作用的。

我还记得刚开馆时，每天有近千人来参观，大的假期，每天有近万人来参观，我觉得这可能是中国为数不多的有这样多观众的美术馆。它的存在，我觉得对红高粱文化建设与传播是潜移默化的。让很多人能感受到，高粱竟能被展示得这样美，并且这样地有情感，他们看完画再去高粱地，对高粱的感受就不一样了。

我觉得更重要的一点，是我的美术馆非常接地气。无论来的人是男女老少、城里乡下、学者工人等，不用介绍也能看懂，也能入迷，这同样是其他的很多美术馆做不到的。

宫爱玲：抗战馆的展品目前是不是多为实物，如照片、文物的搜集和展出？比如您为公婆庙八十岁老人拍照做纪念墙，命名为《见证者》，诸如此类，未来是否考虑做相关的视频资料、音频资料呢？譬如崔永元口述历史博物馆主要做口述历史和影像资料的整理和保存，抗战纪念馆是否也在考虑未来会增加口述历史或影像资料呢？

刘铁飞：这些我已考虑过了，在为那些老人拍照片时，我已同步进行了视频及音频的收集。

宫爱玲：据我所知，抗战馆未来将以公益开放形式面向公众，不收门票，那么抗战馆的日常管理和维护所必需的经费从何而来呢？

刘铁飞：几个月前，我与建川博物馆馆长樊建川聊天时，专门谈到这个话题，他的博物馆群运营这些年来，已经能够收支平衡了。我觉得这是一种不错的运营方式。我要建的红高粱抗战馆会参考建川博物馆模式，在抗战馆的外面，建造一些配套的商业场所，以这些场所的收入，来维持抗战馆的正常运营，这样才能保证它长期存在下去。另外，这个抗战馆建成后，馆内藏品将全部捐给当地政府，在未来，这个馆及其周边建筑，我也会全部捐出的，这样，才会让它更长久地运营下去，并且发挥最大的价值。

宫爱玲：作为高密东北乡籍艺术家，您对莫言家乡建设与开发过程中取得的成就和不足，譬如对东北乡乃至高密经济文化的带动，有没有想说的呢？

刘铁飞：我几乎是见证了这片土地的文化与旅游发展的全过程，觉得这几乎就是一个奇迹。五年前，我的美术馆还未开放时，方圆几里地没有人烟，白天，有一部分工人在这里干活，晚上，几乎就是一个孤岛，漆黑一片。我的美术馆开馆后的第三天，适逢假期，人成群结队地涌来，一天参观者达几千人。这里种了几千亩高粱，而且电影电视剧《红高粱》都是在这儿拍的，所以来看的人特别多。之后这里便成了景区，并且不断扩建，现在已经成为一个相当规模的景区了。我觉得这里是翻天覆地的变化。

如果说不足，我觉得它与很多景点一样，缺少博物馆。就像冯骥才先生说的那样："在这些'游客的天堂'里连一间见证历史的'博物馆'也没有。"正是看到了这一点，我才决定为这里建一座红高粱抗战馆，因为我觉得这个地方的根本文化就是红高粱文化，而红高粱文化的背景，则是抗战文化。当然，高密还有很多文化能开发成博物馆，像三贤刘墉、郑玄、晏婴，以及四宝都有很多承载历史文化的物件。如果这些能与抗战馆形成馆群，那会给这里的文化旅游带来更多内涵，吸引更多人来参观。

参考文献

一　著作类

陈鸣：《艺术传播原理》，上海交通大学出版社 2009 年版。

丛新强：《莫言长篇小说研究》，山东大学出版社 2019 年版。

董健、马俊山：《戏剧艺术十五讲》（第四版），北京大学出版社 2022 年版。

傅修海：《影视改编与文学经典的传播》，广东高等教育出版社 2021 年版。

高燕：《晋剧艺术研究》，商务印书馆 2022 年版。

管谟贤、管襄明：《莫言与红高粱家族》，江苏凤凰文艺出版社 2015 年版。

管谟贤：《大哥说莫言》，山东人民出版社 2013 年版。

管笑笑：《莫言小说文体研究》，北京师范大学出版社 2017 年版。

韩骏伟、胡晓明：《文化产业概论》（第二版），中山大学出版社 2014 年版。

季中扬：《民间艺术的审美经验研究》，中国社会科学出版社 2016 年版。

柯玲：《中国民俗文化》（第二版），北京大学出版社 2017 年版。

李金梅：《张艺谋电影研究》，中国戏剧出版社 2016 年版。

李军主编：《传统文化与国家治理现代化》，人民出版社 2020 年版。

李勇强：《荧屏之戏：中国戏剧与电视剧改编研究》，中国电影出版社 2018 年版。

梁伯龙、李月主编：《戏剧表演基础》，文化艺术出版社 2018 年版。

林间：《莫言和他的家乡》，厦门大学出版社2013年版。

刘淳：《中国油画史》（增订版），中国青年出版社2016年版。

刘铁飞：《刘铁飞与红高粱》，刘铁飞美术馆出品，2016年。

刘晔原：《电视艺术批评》，中国广播影视出版社2008年版。

隆荫培、徐尔充：《舞蹈艺术概论》，上海音乐出版社2009年版。

莫言：《红高粱家族》，人民文学出版社2012年版。

莫言：《莫言演讲全编》，浙江文艺出版社2020年版。

莫言：《用耳朵阅读》，百花文艺出版社2012年版。

宁继鸣主编，卢雪、关婷婷著：《剪纸艺术》，山东大学出版社2014年版。

宁明：《海外莫言研究》，山东大学出版社2013年版。

曲鲁宁编著：《电影视听语言教程》，中国海洋大学出版社2021年版。

单晓杰：《高密茂腔研究》，西南交通大学出版社2018年版。

施旭升：《戏剧艺术原理》（第二版），中国传媒大学出版社2022年版。

史可扬：《影视传播学》（第二版），中山大学出版社2011年版。

谭静波：《豫剧文化概述》，中国戏剧出版社2002年版。

吴海清、刘胜枝、张建珍：《舞台艺术国际传播》，上海音乐出版社2015
年版。

叶开：《野性的红高粱：莫言传》，二十一世纪出版社2013年版。

尹鸿、曹书乐主编：《影视传播研究前沿》，清华大学出版社2012年版。

俞为民编著：《中国戏曲艺术通论》，南京大学出版社2009年版。

袁勇麟、李薇编著：《文学艺术产业——趋势与前瞻》，四川大学出版
社2007年版。

袁智忠主编：《影视传播概论》，西南师范大学出版社2007年版。

仉坤、张立编著：《民间美术之旅》，中国纺织出版社2015年版。

张东波：《中国民间艺术的产业化研究》，山东大学出版社2019年版。

张国良：《传播学原理》（第三版），复旦大学出版社2021年版。

张宏莹：《媒介话语与社会变迁》，浙江工商大学出版社2022年版。

张菁、关玲：《影视视听语言》（第三版），中国传媒大学出版社2021
年版。

张丽民：《舞剧音乐研究》，中国经济出版社 2009 年版。

张麟：《舞剧艺术论》，上海音乐出版社 2019 年版。

张艺谋图述，方希文：《张艺谋的作业》，北京大学出版社 2011 年版。

张燕鹰：《中国国粹艺术读本·评剧》，中国文联出版社 2008 年版。

张应杭、蔡海榕主编：《中国传统文化概论》（第二版），浙江大学出
　　版社 2016 年版。

张志忠：《莫言文学世界研究》，作家出版社 2021 年版。

章颜：《文学与电影改编研究》，社会科学文献出版社 2018 年版。

赵农：《民间艺术概论》，陕西人民美术出版社 2011 年版。

钟蕾、李杨：《文化创意与旅游产品设计》，中国建筑工业出版社 2015
　　年版。

［美］阿瑟·阿萨·伯格：《媒介与传播研究方法：质化与量化研究导
　　论》（第四版），张磊译，中国传媒大学出版社 2021 年版。

［美］伊莱休·卡茨等编：《媒介研究经典文本解读》，常江译，北京
　　大学出版社 2010 年版。

［英］特里弗·R. 格里菲斯编著：《舞台艺术——舞台实践之完备指
　　南》，孙大庆译，中国纺织出版社 2000 年版。

二　论文类

陈晨：《电影〈红高粱〉中的人物角色分析》，《电影文学》2014 年第
　　16 期。

程远、尹爱青：《舞剧〈红高粱〉音乐创作的整体设计与审美思考》，
　　《北京舞蹈学院学报》2019 年第 5 期。

丛新强：《论〈红高粱家族〉的"抗战""情爱"与"历史观"》，《山
　　东师范大学学报》（人文社会科学版）2019 年第 1 期。

丁晨：《论文学的旅游价值与文学旅游资源的开发》，《湖南社会科学》
　　2006 年第 2 期。

傅祖栋：《浙江现代作家故居保护和利用的对策研究》，《名作欣赏》2015

年第 14 期。

高裕欣：《舞剧〈红高粱〉戏剧中的人物塑造》，硕士学位论文，北京
　　舞蹈学院，2016 年。

韩春启：《舞剧〈红高粱〉的戏剧性与形象语言》，《北京舞蹈学院学
　　报》2013 年第 6 期。

侯翰琳：《戏曲传统表演手段在晋剧〈红高粱〉中的巧妙运用》，《四
　　川戏剧》2020 年第 7 期。

贾凡：《文学旅游地空间意象分析及营造研究》，硕士学位论文，西安
　　外国语大学，2017 年。

简玲玲：《立足于本土文化的研学实践研究》，硕士学位论文，江西师
　　范大学，2021 年。

金凯：《白鹿原影视城文化创意旅游项目产品策划》，《山西青年》2018
　　年第 4 期。

瞿斌：《浅谈在构建城市和谐文化中名人故居的保护、建设及作用——
　　以上海鲁迅故居为例》，《上海鲁迅研究》2010 年第 4 期。

孔令顺、翁玲青：《〈红高粱〉：经典文本的跨媒介传播》，《现代视听》
　　2015 年第 2 期。

李领娣：《山东文学旅游资源与"文学山东"》，《山东青年政治学院学
　　报》2019 年第 3 期。

李晓燕：《莫言小说人物原型研究》，博士学位论文，山东师范大学，
　　2016 年。

刘称心：《非凡的红：电影〈红高粱〉艺术特色浅析》，《视听》2012
　　年第 12 期。

刘克成：《贾平凹文学艺术馆》，《城市环境设计》2010 年第 7 期。

刘惜予：《莫言小说〈红高粱家族〉影视改编研究》，硕士学位论文，
　　四川师范大学，2016 年。

刘志钰、樊桦、罗培轩：《从文化资源保护视角论鲁迅故居发展路径》，
　　《文化产业》2022 年第 12 期。

马婷：《寻找最初的恣意辉煌——从小说〈红高粱〉到电影〈红高粱〉》，

《小说评论》2007 年第 S1 期。

彭维：《"浓墨重彩"推动场面变形与结构流动——以评剧〈红高粱〉为例》，《戏曲研究》2019 年第 2 期。

孙士生：《小说〈红嫂〉及其跨媒介传播研究》，博士学位论文，苏州大学，2012 年。

陶少华：《体验经济视角下的文学旅游发展策略——以文学作品的旅游开发为例》，《桂林旅游高等专科学校学报》2006 年第 3 期。

田耘、甘露：《〈红高粱家族〉的跨文化传播研究》，《肇庆学院学报》2017 年第 4 期。

王浪、郭棉青：《白鹿原影视城的文学旅游开发模式探析》，《咸阳师范学院学报》2018 年第 4 期。

王庆环：《语文教育：创新之路怎样走》，《光明日报》2009 年 7 月 8 日。

王雪涛、张桂红：《电影〈红高粱〉中色彩艺术的运用与赏析》，《电影文学》2014 年第 19 期。

吴福辉：《现代作家故居琐谈》，《博览群书》2018 年第 4 期。

吴明泽：《从电影〈红高粱〉中看民族音乐在电影中的功效》，《电影文学》2014 年第 18 期。

宣传中：《从鲁迅故居到鲁迅故里——关于绍兴名人故居保护和利用的模式研究》，《东方博物》2005 年第 4 期。

杨会敏、付春明：《基于英国作家故居访游的中文系〈外国文学史〉教学研究》，《齐齐哈尔大学学报》（哲学社会科学版）2019 年第 5 期。

杨晔城：《绍兴鲁迅故居暨名人故居多元化保护利用浅谈》，纪念鲁迅定居上海 90 周年学术研讨会论文，2017 年。

杨瑛娟、刘龙龙、唐乾：《体验经济视角的贾平凹文学旅游的开发研究》，《辽宁农业科学》2018 年第 1 期。

曾云霞：《经典小说改编戏剧作品的得与失》，《四川戏剧》2022 年第 7 期。

张贝思：《经典改编与 IP 策略——IP 观念背景下电视剧〈红高粱〉的改编策略研究》，《南方文坛》2020 年第 2 期。

张凯：《高密茂腔〈红高粱〉的调查与研究》，硕士学位论文，新疆师范大学，2017 年。

张杨：《中英近现代文化名人故居保护比较研究》，硕士学位论文，四川大学，2007 年。

张之薇：《从戏曲化表达看晋剧〈红高粱〉的改编》，《中国文艺评论》2016 年第 1 期。

张志忠：《"高粱"为什么这样红——〈红高粱〉的叙事艺术》，《名作欣赏》2018 年第 31 期。

钟子琪：《中国作家文学馆文化传播策略与效果视野下的莫言文学馆研究》，硕士学位论文，贵州民族大学，2021 年。

周惠兰：《鲁迅故居文化旅游资源的保护与开发研究》，《风景名胜》2019 年第 3 期。

周晓风：《文学教育的学科定位与当代文学教育的人文缺失》，《重庆师范大学学报》（社会科学版）2021 年第 3 期。

三　外文类

Brian C. Thompson，"Zhao Jiping and the Sound of Resistance in Red Sorghum"，Studia Musicologica.

Chengzhou He，"Intermedial Performativity：Mo Yan's Red Sorghum on Page，Screen，and In-Between"，*Comparative Literature Studies*，2020，57（3）.

Cheng-Chen Chien，"Rey-Chih Lo，Red Sorghum：Image as Narrative Mediator between Humans and Nature"，*Asian Journal of Management and Humanity Sciences*，2007，2（1 - 4）.

"Color，Character，and Culture：On 'Yellow Earth，Black Cannon Incident'，and 'Red Sorghum'"，*Modern Chinese Literature*，1989，5（1）.

Mo Yan，*Red Sorghum：A Novel of China Howard Goldblatt*，New York：Viking，1993.

后　记

　　工作生涯中不断地和莫言、和小说《红高粱》、和影视《红高粱》打交道，引发了我对本课题的思考，进而申报课题，撰写书稿，这一切都是一种缘分。持续数年的课题研究和写作过程，岁月在不断流失，我也自而立之年进入不惑之年。漫长的研究和写作过程充满艰辛，令我苦恼、令我难忘，更令我成长。

　　在本书完稿之际，最想表达的是绵绵不尽的感谢。最先要感谢的是我的家人的辛苦付出和无限支持。无论是在青岛还是在香港，无论近在咫尺还是相距遥远，我的家人都令我感到无限温暖、无限关爱。特别是最初来港的时光，由于严峻的疫情，心中满是不安和焦躁，是家人每日的线上陪伴和贴心关爱，多次千里迢迢寄来家乡美食和所需衣物，赋予我力量，陪我走过最难时光。

　　本书写作过程中，有幸结识了诸多好友。鉴于选题与莫言家乡密切相关，因此，所结识的朋友中，高密的文化艺术工作者最多，譬如著名青年艺术家刘铁飞先生、高密文学馆馆长毛维杰先生、红高粱文化研究中心袁玉玉老师、高密红高粱集团文旅管理中心邹帅主任，还有艺术家邓辉、齐秀花、聂希蔚，以及红高粱集团徐亮。他们热情真诚，给我诸多无私帮助，在此一并表示感谢。特别是国际著名油画家刘铁飞先生，我对同龄的刘老师有一种天然的亲切感。刘老师为人热情豪爽，不仅给我寄来了珍贵的书籍资料，而且还不厌其烦地接受我的微信"骚扰"，先后两次接受我的笔谈访谈，每次访谈都在百忙之中极为认真地进行解答，这些珍贵的解答文字也收入本书中。他还热情无私地帮我提供红高粱抗战馆的珍贵资料，帮我联系多位我想联系的人，有求必应，非常热心，令我十分感动。为我提供帮助的还有高密市红高粱文化研究中心的袁玉玉老师，她热情周到地帮我查寻相关资料，令我终于获得抓耳挠腮苦寻不到的珍贵资料。还要感谢潍坊市高密市红高粱文化节筹委会提供宝贵研究资料。我也有幸认识了青岛歌舞剧院的刘岩成老师。刘老师也十分热情地多次帮我，提供许多关于舞剧《红高粱》的珍贵资料，并帮我预留舞剧《红高粱》的演出门票，也令我十分感动。还有陕西著名艺术家马团周老师也给我许多帮助，能够联系上马老师深感荣幸。马老师数十年如一日对剪纸、文学、朗诵等艺术的坚守与喜爱深深打动了我，马老师在艺术上取得的卓越成就则深深折服了我。与马老师交流剪纸令人难忘！能够有幸认识这么多朋友，是本书写作过程中极其重要而丰美的收获。

本书的写作，有在青岛家中书房写作的难忘时光。一个人泡在书房中、泡在电脑前，一个字一个字地敲着，敲上一段时间，查阅一下字数，字数在慢慢增加，由几千到几万，由几万到十几万，书稿日渐丰厚。写作的过程有时顺畅，是行云流水般的写作，每天五千字以上的写作速度推进；有时则如挤牙膏一般，抓耳挠腮，苦思冥想，字斟句酌，半天挤出一行文字。看着电脑中一个个的文字，仿佛看到自己种植在黄土地上的一棵棵庄稼。而我则如同辛苦的老农，每日蹲在庄稼地里，修理自己种植的庄稼。

本书的写作，亦伴随在香港大学访学的难忘时光。我清晰地记得本书的具体章节写于港大的哪个图书馆里的哪台电脑。写书的场所多是香港大学图书馆。最常去的图书馆有两个，一个是逸夫教学楼 11 楼的 Music Library。每次去 Music Library，我都会选那台老式电脑，坐在这台电脑前，虽然常被空调冻得手脚冰冷，但往往写书顺畅。写到疲累时，便望向窗外不远处的维多利亚湾，美丽而迷人的维多利亚湾上空常有大朵的白云，海面上各种船只穿行不息，还有不远处高高低低的摩天大楼也十分迷人。眼睛得到休息之后便继续投入写作。另一个是香港大学 Main Library。Main Library 的 6 楼是冯平山图书馆。数十年前，张爱玲也曾在冯平山图书馆看过书。在这里我惊讶地发现了自己写的书，以及关于鲁迅、莫言、白先勇等人的书籍。坐在书桌前，翻阅着一本本书籍，实在是难得的幸福时光。Main Library 的 3 楼则是我写书稿的场所。这里有很多电脑可供使用，每个人都坐在电脑前专心地思考打字、查阅文献，安静的气氛给我提供了良好的写作思路。无论是在 Music Library 还是在 Main Library，身心疲惫时，都可以看到不远处的维多利亚湾，或看看美丽的海景，或发会儿呆，都是不错的休憩。

　　即便有香港第五波疫情，我也常来香港大学 Main Library 6 楼看书，或者到 3 楼修改书稿。疫情时期的港大美丽优雅，远离喧嚣，是不折不扣的世外桃源。香港的天气往往成片晴天，成片雨天，若遇连日大雨，我便窝在 24 层的"家"中写稿，思路顺畅时，一天可以写到一万字；思路不畅时，一天抓耳挠腮地只能写到一两千字。每天至少几千字的写作速度令我感到时光没有虚度。写累了，我便看向窗外，楼下是车水马龙的德辅道西，来往的叮叮车不时驶过，绿灯亮起时急促的叮叮声时不时传上来，还有楼下商铺主人劳作的声音也听得十分真切。空中有成群结队的云朵缓缓移动，仿佛不知名的族群正偷偷迁徙；隐形魔术师把或明或暗的日光洒在对面大楼上，大楼的墙壁上便时亮时暗，如同有人在制作沙画。往北望去，可见不远处的维多利亚湾，海面上的船只昼夜不息。大海不断变化着多种颜色，时而是蓝色，时而是灰色，时而是绿色。

　　我喜欢在港大最负盛名的建筑陆佑堂前驻足，建于 1912 年的陆佑堂是香港法定古迹。在这座港大最古老的地标建筑，许多政治历史文化名人在此活动留影，我仿佛看到李克强总理在此参加港大百年校庆的喜庆场面，仿佛看到孙中山先生受邀回母校在此演讲并留影，仿佛看到李安导演在此拍摄电影的场景，也仿佛看到才女张爱玲毕业之际在此留影，港大时期张爱玲的留影脸上常带笑容。每次来这座楼前，我常会陷入沉思。我沉浸于别具风情的课室和复古风格的走廊，凝望着一棵棵或高大或矮小的椰子树，体味着港大的独特魅力。七月初的港大，有不少学生和同学、恩师持花在此拍照留念。来港大前，便被朋友告知，港大像迷宫，一不小心便会迷路。一进港大，果然像迷宫。港大位于港岛西环的太平山半山，依山而建，楼宇之间不在一个平面，是立体校园，和许多大学的平面建筑结构截然不同。港大校园楼和楼之间常连接在一起，通过楼的前门和后门可以分别到达另外的处所，譬如通过陆佑堂的后门乘坐电梯可达 Main Library，Main Library 又分地下和地上，乘坐电梯，可达 Main Library 的地上部分。又如沿明华楼乘坐电梯可达仪礼堂和梅堂。港大校园里虽多是高高低低的建筑，但因到处可见扶手电梯和便利直梯，因此走起来并不十分辛苦。疫情时期的港大校园随处可见贴心的自动酒精搓手装备。我常站在通往 Main Library 的通道前眺望，迷宫的感觉尤为强烈，往对面望去，上层是人来人往的大学道所在的 G 层，下面是黄克兢餐厅所在的 LG 层。往下面望去，是高大的古树枝干上长满绿色的小叶片，像巨人身上长满了密密麻麻的绒毛，给人一种沧桑无比的感觉。从古树望下去，下面是多层一直向下延伸的台阶。身处港大校园，无论从哪个角度望出去，都可见灵山秀海！无论从哪个角度望出去，亦都可见层层叠叠的校园，这令我想起宫崎骏《千与千寻》中的神奇宫殿和重庆的洪崖洞。我也常流连于旁边便是孙中山像的荷花池，感受孙中山先生的伟大精神，沐浴着他在港大的无上荣耀。荷花池景色优美，古树成荫。我喜欢看水中自由游动的鱼儿，看池中含苞待放的莲花，看别具风情的木栈道。荷花池也是电影《玻璃之城》的取景地之一。港大的免费网络和开放校园充满了包容和接纳，令港人可享港大的优质资源，譬如附近读书的小学生中午放学可来港大餐厅吃饭。我还拜访过港大学子毕业照必拍地月明泉，还有大学道一号、龙虎山环境教育中心、校友墙等。

港大校园餐厅也给我留下美好回忆，最常光顾的是黄克兢餐厅，这家餐厅无论工作日还是假期都会开放，是"港漂"的我去得最多的餐厅，餐厅里烧腊至尊窗口的四宝饭、双拼饭、口水鸡是吃得最多的美食。中餐窗口的麻婆豆腐饭、西餐厅窗口的咖喱鸡饭、日式餐厅的海鲜面都是我光顾过的。午餐时间的黄克兢餐厅最是热闹，坐满了大块朵颐的食客，既有校内的学子，也有校外的人员。和校外的餐饭比较起来，港大餐厅的餐饭味美价廉！坐在黄克兢餐厅室外木桌旁就餐，可以同时欣赏近在咫尺的山景美色。每次从黄克兢餐厅吃完晚饭，便是动身步行回"家"的时间。而每次动身前，我都会给家人发消息，告知我要回"家"了。先在港大地铁站 A2 出口乘坐电梯下去一层到薄扶林道，之后沿薄扶林道走到皇后大道，途经水街、李升小学、西营盘邮局、U 购 SELECT、大快活、惠康、7—11、万宁。归途看路人大包小包，或行色匆匆，或排队等车；看香港市井风情，最热闹的当属正街，正街有正街街市、西营盘街市，超市有惠康、百佳，还有各种店铺如肉店、豆腐店、饰品店，快餐厅则有大快活、大家乐。正街街口两侧一家是蔬菜店，一家是水果店，无论何时，这两店铺永远堆着满满当当的蔬菜和水果，永远围满了熙熙攘攘的顾客，生意好得不得了。再往前走，便是花店，一到花店，便离我的"家"很近了。经过大约二十分钟左右的步行，便可到"家"，一到"家"，我便会给家人发消息告知我已平安抵达。港大餐厅另有颇受欢迎的亚洲餐厅，餐厅内有新加坡菜、越南菜等，有我最念念难忘的洋雏菊蜂蜜柚子茶、鲜虾炒金边粉、越式猪扒捞檬。我常在这家餐厅外面的木制餐桌旁享用午餐，边用餐边饱览不远处的维多利亚湾的海景美色。还清晰记得在这家餐桌旁和林姵吟教授边吃边聊张爱玲、聊创意写作的情形。饭后还可在近旁的水池中看鱼儿和乌龟，乌龟喜欢三五成群地趴在石头上享受新鲜空气。当你蹲下时，乌龟便会仰头讨食，而不是逃离或潜水，可见它们之前收到的都是善良。而我却没有食物可喂，只是静静地看着它们舞动小短腿时可爱的游姿和渴望的眼神。鱼儿则比较警惕，见有人来便犹豫着游走。还有"一念素食"餐厅的全素餐食、意大利餐厅的三文鱼意面，也是我光顾过的美食。

还有趁疫情平稳期间拜访过的香港中央图书馆、孙中山纪念馆、M＋、香港大学美术博物馆、金紫荆广场、尖沙咀星光大道、百年钟楼、香港公园、香港故宫文化博物馆等，都令我感受到香港文化的独特魅力。几乎每天都会去散步的孙中山纪念公园更是我的"密友"，陪我度过最难忘的香港时光，特别是香港第五波疫情最高峰时期的艰难时光。坐在海边的长木凳上，我像一位虔诚的观众，看海，看船，看云，看远方。最喜欢看的是各式各样的船从维多利亚湾的海面上驶过，有自西向东的，有自东向西的。有运输石块等建材的巨型运货船，行驶起来特别缓慢，像一位负重过多的老者，在海面上蜗行前进；有黄色的轻便客船，行驶起来十分便捷活泼，像一位充满活力的运动健将；也有涂有彩虹条纹图案的迷你小船，看起来十分俏皮可爱；还有黄昏时分出现的粉色三层巨型观光船，载着游客赏景行至西九龙的海上便掉头折返，像一位可爱女郎在海面上表演。香港的天气多变，阴晴不定，维多利亚海湾也便随之上演不同的美丽风光。阴天时的维多利亚湾是令人陶醉的中国古典水墨画，天空中的云是墨色的，海面也是墨色的，在海天交融的墨色中穿插丝丝缕缕的白色；晴天时的维多利亚湾则是张扬奔放的西方油画，大朵大朵的白云悬挂高空，美得令人窒息，此时的海水是湛蓝色的。黄昏时分的维多利亚湾开始变得宁静，夕阳在海面上洒下金子一般璀璨的亮光，由金色变为红色，再为橙色，直到最后消失了所有的色彩。在此美景的滋养之下，我的心情也随之开朗。从中山纪念公园眺望对岸，可见著名的西九龙文化区，这里聚集了香港故宫博物馆、M＋等知名建筑。故宫博物馆的鼎状外形极好辨认，至于M＋，一到傍晚，便在其外观闪现彩色"M＋"字样。沿着公园海滨长廊步行几分钟便可到达港澳码头，沿途有人在垂钓，有人在跑步，有人在喂饲野鸽。时光流逝，中山纪念公园的花儿们也在追随时光的脚步自动变幻，初来是大片的杜鹃花，有红色的、粉色的、白色的；之后是龙船花、鸡蛋花、马缨丹、黄蝉、野牡丹、腊肠树花、十字爵床、爆仗竹、长隔木、假苹婆、艳山姜、茉莉花、朱槿、紫薇、琴叶珊瑚等。最好看的是鸡蛋花，一朵花大约五六瓣，从地上捡来几朵自然掉落鸡蛋花，仔细端详，每一朵、每一瓣都是精美的艺术品，淡淡的黄色从花心中央向外晕染，一直绵延到乳白色花瓣的三分之二处，总体色调淡雅精致。和花瓣多而密的龙船花比较起来，鸡蛋花简约而高雅。因为鸡蛋花美丽高雅，喜欢她们的人很多。我多次见老者在鸡蛋花树下捡拾掉落的鸡蛋花，一次见一对老夫妇捡了很多装在塑料袋子里，便问老奶奶捡鸡蛋花做什么用处，她说放在家里看，我微笑并把捡到的几朵鸡蛋花送给了她。最有趣的是腊肠树花，黄色的花朵和许多长长的"腊肠"长在同一棵树上，清风吹来，仿佛挂了一树的黑色风铃，十分壮观。除了各种美丽的花朵，每个周日便会在公园里遇见放假的菲佣。她们聚在一起，或铺地垫在草地，或搭帐篷在路边，三五成群，或吃喝聊天，或高歌跳舞，或开心大笑，她们的快乐总能感染我。在这个公园，我遇见中西区举办的巨型国旗、区旗展，听到现场演奏、高歌《义勇军进行曲》和《歌唱祖国》，不禁心潮澎湃。现场很多市民在拍照录像，一位善良的小姐姐发现我在拍她手中挥舞的国旗和区旗，便主动展开两面小旗，摆好角度让我拍，我十分感动并向她道谢。在不远处的海上，不时有悬挂庆祝香港回归祖国二十五周年红色旗帜的宣传船只驶过。公园里还有诸多难忘的熟悉的陌生人，是每次去散步都会遇到的，譬如：总是穿着白色制服的工作人员，无论天冷，还是天热，都穿着白色长袖，拿着长柄雨伞；还有总爱光着上身、只穿短裤、从不戴口罩跑步的中年男人，跑起步一跳一跳的，在人群中十分显眼；以及每天穿得邋里邋遢的男子，站在路边慢吞吞地做着养身健身动作。公园也是许多金发碧眼的外国宝宝喜爱光顾的场所，他们在这里踢球、跑步、骑行、玩耍、野餐。

除了孙中山纪念公园，疫情期间光顾较多的还有中环荷里活道公园，这里留下了我诸多难忘的回忆和散步的足迹。公园虽然不大，但景色不错，水池中有自由自在游泳的各色锦鲤，有趴在石头上昂头享受日光浴的乌龟们，还有在公园古亭顶端梳理羽毛、在高大树枝上谈情说爱的灰色野鸽。公园里的植物也很多，乍到公园是开得正艳的粉色和黄色百合花，在雨水的滋润之下，显得异常娇媚。之后是大黄色的黄钟木花，在微风吹拂下，黄色花朵轻轻摇落，美得惊艳，引得路人纷纷拍照。公园里还有香港几乎到处可见的红色龙船花，以及山茶花、红蕉等。还有一棵高大的古树，古树不仅垂下如老者胡须一般的繁多藤须，还将无数根须扎进土地，因为空间限制，很多根须无处伸展，裸露在外，堆积纠缠，像饱经沧桑的老者裸露在外纵横交错的血管。这个公园也有许多印在脑海中的"熟悉的陌生人"，譬如无论白天晚上都坐在公园石凳上度时光的流浪汉、每天来公园坐上几个小时然后拄着拐杖颤颤巍巍一步步挪回家的老奶奶、每天在公园里拖着大扫帚用力扫地的瘸腿女人、每天穿白色工作制服用长木棍清理水池杂物的光头男子，还有时不时从公园穿行而过的三三两两的香港阿Sir们。

特别感谢我的合作导师林姵吟教授，不仅在生活上给我关心，还在学术上分享很多中外著名学者的讲座信息，令我得以聆听到来自香港、台湾、美国等地区或国家学者和作家的讲座，譬如哈佛大学王德威院士、香港浸会大学葛亮博士、台湾教授作家吴明益等名家的讲座。聆听讲座令我眼界大开，倍感幸运。在香港疫情最高峰时，极少出门的我却可以每周跟着林教授听课上课是幸福而难忘的访学经历。至今难忘和林教授在港大聊天的时光。很幸运的是能够结识同时跟随林姵吟教授访学的暨南大学青年学者兼青年作家林培源老师。港大中文学院梁栩蓝小姐也给我许多帮助，每次我遇到困难写信向她求助，她都不厌其烦地帮我解答，令我倍感温暖！还有Miss Gran的帮助！还要感谢在港期间互相鼓励、给予帮助的同事！以及主动热情给予我帮助的人们，比如在港大Music Library主动询问我"我可以帮你吗"的男生，得知我需要复印，热情用自己的卡片付费帮我复印，令我十分感动。还有路上主动问我"Can I help you"的陌生人，都令我感受到香港的温暖。更要特别感谢港大、港大中文学院提供给我宝贵的访学机会！适逢香港大学111周年校庆，祝愿港大发展更加璀璨辉煌！

写下这些文字的时候，我的香港大学的访学生涯已接近尾声，港大校园内美丽的叶子花盛开数月，初识它们，如梦如幻，之后再见，仍觉惊艳无比，现今也已凋零。初来港大校园时，校园里中山阶旁是大片璀璨的杜鹃花，此时已更变为鲜艳的红色龙船花。从最初来港的种种不适应到现在离别之际的恋恋不舍，香港的美好令人难忘，港大的美好令人难忘。恰逢香港回归祖国二十五周年，有幸现场见到香港到处悬挂中国国旗五星红旗和香港特区紫荆花区旗，现场感受香港回归祖国二十五周年的喜庆气氛。叮叮车、双层巴士、过街天桥、公交站点也多可见庆祝香港回归的宣传图片、海报、横幅！难忘港大时光！难忘香港时光！祝愿祖国繁荣昌盛！祝愿香港繁荣稳定！

2016 年 12 月至 2022 年 2 月写于青岛

2022 年 2 月至 2022 年 8 月写于香港

2022 年 9 月改于青岛